*Desenho de Ciro Seiji Yoshiyasse*

# HISTÓRIA DO PT

# Lincoln Secco
(Universidade de São Paulo)

# HISTÓRIA DO PT

*6ª edição revista*

Ateliê Editorial

Copyright © 2011 Lincoln Secco

Direitos reservados e protegidos pela Lei 9.610 de 19 de fevereiro de 1998. É proibida a reprodução total ou parcial sem autorização, por escrito, da editora.

1ª edição – 2011 | 2ª edição – 2011
3ª edição – 2012 | 4ª edição – 2015
5ª edição – 2018 | 6ª edição – 2023

Dados Internacionais de Catalogação na Publicação (CIP)
(Câmara Brasileira do Livro, SP, Brasil)

Secco, Lincoln
*História do* PT / Lincoln Secco. – 6. ed. –
Cotia, SP: Ateliê Editorial, 2023.

Bibliografia.
ISBN 978-65-5580-103-3

1. Partido dos Trabalhadores (Brasil) – História
2. Partidos políticos – Brasil – História I. Título.

23-152116                                          CDD-324.21070981

Índices para catálogo sistemático:
1. Partido dos Trabalhadores: Brasil: História
324.21070981
Cibele Maria Dias - Bibliotecária - CRB-8/9427

Direitos reservados à
ATELIÊ EDITORIAL
Estrada da Aldeia de Carapicuíba, 897
06709-300 – Granja Viana – Cotia – SP
Tels.: (11) 4612-9666 / 4702-5915
www.atelie.com.br / contato@atelie.com.br
facebook.com/atelieeditorial / blog.atelie.com.br

2023

Printed in Brazil
Foi feito o depósito legal

*Para Maria Reisewitz*

# Sumário

AGRADECIMENTOS  *9*

SIGLAS  *11*

PREFÁCIO À SEXTA EDIÇÃO  *15*

APRESENTAÇÃO – *Emilia Viotti da Costa*  *17*

INTRODUÇÃO  *21*
Fases  24; *O Modelo*  26; *Pioneirismo*  31; *Outro Brasil?*  33

1. FORMAÇÃO (1978-1983)  *35*
   ABC *da Greve*  36; *Legalização*  43; *A Dinâmica Regional*  49;
   *A Dinâmica Social*  61; *Política Sindical*  67

2. OPOSIÇÃO SOCIAL (1984-1989)  *77*
   *Conselhos Populares e Poder Local*  89; *As Tendências e o Centro*
   92; *O Cotidiano dos Encontros*  96; *Formação*  104; *Finanças*
   105; *As Diretas Já!*  113; V *Encontro*  121; *Da Constituinte às*
   *Vitórias nas Capitais*  127; *Campanha de 1989*  132

3. OPOSIÇÃO PARLAMENTAR (1990-2002)  *145*
   *Do* VII *Encontro ao Primeiro Congresso*  150; *As Alianças*  156;

*A Esquerda Petista Chega ao Comando* 158; *Centros Paralelos* 161; *Campanha de 1994* 166; *O Neoliberalismo* 173; *Recuo Estratégico* 176; *O Declínio da Militância* 178; *Dinâmica Interna* 186; *Campanha de 1998* 189; *Eleições Diretas no* PT 192; *O Grande Tournant* 197

4. PARTIDO DE GOVERNO *199*

*A Carta ao Povo Brasileiro* 201; *Vitória* 204; *Oposições* 207; *Nacionalização do* PT 209; *A Crise* 214; *Recuperação Eleitoral* 234; *Campanha de 2010* 239; *Questão Meridional* 244; *Novos Recrutas* 247

CONCLUSÃO *251*
*Os Ciclos do* PT 263

POSFÁCIO *267*
*As Jornadas de Junho* 270; *O* PT *e os Protestos Contra a Copa* 276; *Eleições de 2014* 278; *As Novas Formas de Organização* 281; *O "Vandalismo"* 282

CRONOLOGIA *285*

GLOSSÁRIO *291*

APÊNDICES *301*
1. *Principais Lideranças das Tendências ao Longo da História do* PT 301; 2. *Principais Tendências do* PT *no* I *Congresso* 302; 3. *Principais Tendências do* PT *no* III *Congresso* 302; 4. *Lista de Presidentes do* PT 302; 5. *Símbolos do Partido* 303; 6. *Número de Filiados ao* PT 304

FONTES *307*
*Fontes Primárias* 307; *Depoimentos, Cartas etc.* 313; *Bibliografia (Livros, Artigos, Teses, Dissertações)* 314; *Arquivos* 325

ÍNDICE ONOMÁSTICO *327*

# Agradecimentos

Muitas pessoas concorreram para o aperfeiçoamento desse livro. Estão todas nomeadas na lista abaixo. Mas eu não poderia deixar de destacar alguns companheiros que tiveram a paciência de ler algumas partes e anotar sugestões e correções preciosas: Paulo Henrique Martinez sugeriu que eu fizesse uma obra leve e concisa, além disso, fez observações importantíssimas. O mesmo devo dizer sobre Eduardo Bellandi, Agnaldo dos Santos, Artur Scavone, Gilberto Maringoni, David Maciel, Ciro Seiji, Luiz B. Pericás e Sergio Domingues. Para cumprir o protocolo é óbvio que eles não têm responsabilidade pelos meus erros.

No NEC-PT: Heitor Sandalo, Marianne Reisewitz, Walcir Bruno, Ligia Yamasato, Marisa Yamashiro, Luis Fernando Franco, José R. Mao Junior e Carlos Félix Vieira.

Em São Bernardo do Campo (SP): Vicente Paulo da Silva.

Em Maceió (AL): Luiz Eduardo S. Souza.

Em São Luiz (MA): Menezes Gomes.

Em Teresina (PI): Antonio Carlos Andrade.

Em Florianópolis (SC): Milton Pomar.

Em Campinas (SP): Francisco Hernandez Del Moral.

Em Sorocaba (SP): Fabio Rogério Casimiro.

Em Ubatuba (SP): Victor Santos Vigneron de La Jousselandiere.

Em Franca (SP): Márcia Pereira.

No Mato Grosso do Sul: Gilmara Franco.

No Rio de Janeiro: Claudio Roberto Marques Gurgel.

Em Marília (SP): Marcos Cordeiro Pires e Marcos Del Roio.

Em Salvador (BA): Wellington Castelucci Jr., Milton Pinheiro, Aldrin Castelucci, Emiliano José.

Em Belo Horizonte (MG): Nilmario Miranda e Rudá Ricci.

Em Wanderlândia (TO): Maria Helena Lopes.

Em São Paulo: Marisa Midori Deaecto, Antonio Donato, Flavio de Campos, Rogério Chaves, Raimundo Nonato de Souza, Antonio Messias da Silva, Salvador Pires, Eloi Pietá, Iole Iliada, Ricardo Musse, André Singer, José Dirceu, Ivana Jinkings, Claudio Barroso, Cloves Castro, Paul Singer, Ioná Gabrielli, Valter Pomar, Henrique Carneiro, Amadeu Amaral, Henrique Olitta, Kennedy Ferreira, Tibério Canuto, Osvaldo Coggiola, Emir Sader, Maria Alice Vieira, Mauro Iasi, Jacob Gorender, Takao Amano e Luis Zimbarg.

# Siglas

| | |
|---|---|
| Apeoesp | Associação dos Professores do Ensino Oficial de São Paulo |
| AE | Articulação de Esquerda |
| ALN | Ação Libertadora Nacional |
| Anampos | Articulação Nacional de Movimentos Sindicais e Populares. |
| AP | Ação Popular |
| APML | Ação Popular Marxista Leninista |
| Avalu | Avançar a Luta |
| CEBS | Comunidades Eclesiais de Base |
| Ceret | Centro Recreativo do Trabalhador |
| CGT | Central geral dos Trabalhadores. |
| CGTB | Central Geral dos Trabalhadores do Brasil |
| CLTB | Comitê de Ligação dos Trotskistas Brasileiros |
| CNB | Construindo um Novo Brasil |
| CNBB | Conferência Nacional dos Bispos do Brasil |
| CNTI | Confederação Nacional dos Trabalhadores na Indústria |

| | |
|---|---|
| Conclat | Coordenação Nacional da Classe Trabalhadora. |
| CPG | Centro dos Professores de Goiás |
| CPI | Comissão Parlamentar de inquérito |
| CS | Convergência Socialista |
| CTB | Central dos Trabalhadores do Brasil |
| CUT | Central Única dos Trabalhadores |
| DR | Democracia Radical |
| DS | Democracia Socialista |
| ENPT | Encontro Nacional do PT |
| ECT | Empresa de Correios e Transportes |
| Entoes | Encontro Nacional dos Trabalhadores em Oposição à Estrutura Sindical |
| FBP | Frente Brasil Popular |
| FPA | Fundação Perseu Abramo |
| FS | Força Socialista |
| HV | Hora da Verdade |
| IPCA | Índice Nacional de Preços ao Consumidor Amplo |
| Libelu | Liberdade e Luta |
| MCR | Movimento Comunista Revolucionário |
| MDB | Movimento Democrático Brasileiro |
| MEP | Movimento de Emancipação do Proletariado |
| MOMSP | Movimento de Oposição Metalúrgica de São Paulo |
| MR-8 | Movimento Revolucionário 8 de outubro |
| MST | Movimento dos Trabalhadores Rurais Sem Terra |
| MT | Movimento dos Trabalhadores |
| MTM | Movimento por uma Tendência Marxista |
| NCST | Nova Central Sindical de Trabalhadores |
| NEC | Núcleo de Estudos de *O Capital* |

| | |
|---|---|
| OCDP | Organização Comunista Democracia Proletária |
| ORM-DS | Organização Revolucionária Marxista – Democracia Socialista |
| OSI | Organização Socialista Internacionalista |
| OT | O Trabalho |
| PC do B | Partido Comunista do Brasil |
| PCB | Partido Comunista Brasileiro |
| PCBR | Partido Comunista Brasileiro Revolucionário |
| PCR | Partido Comunista Revolucionário |
| PDT | Partido Democrático Trabalhista |
| PED | Processo de Eleição Direta |
| PFL | Partido da Frente Liberal |
| PL | Partido Liberal |
| Polop | Organização Revolucionária Marxista Política Operária |
| PPB | Projeto para o Brasil |
| PPS | Partido Popular Socialista |
| PPS (Poposo) | Poder Popular e Socialismo |
| PRC | Partido Revolucionário Comunista |
| PSDB | Partido da Social Democracia Brasileira |
| PSOL | Partido do Socialismo e Liberdade |
| PSP | Partido Social Progressista |
| PSTU | Partido Socialista dos Trabalhadores Unificado |
| PTLM | PT de Lutas e de Massas |
| PV | Partido Verde |
| UDR | União Democrática Ruralista |
| UNE | União Nacional dos Estudantes |
| VS (Verso) | Vertente Socialista |

# Prefácio à Sexta Edição

Dois espectros rondavam o Brasil depois do golpe de 2016. Contra Lula se ergueram todos os poderes: um juiz de Curitiba e o STF; manifestantes de verde e amarelo e pastores evangélicos; a Fiesp e a Faria Lima; generais de pijama e a mídia corporativa. Lula foi preso em 7 de abril de 2018. Enquanto isso, Bolsonaro era aclamado.

A Lava Jato agravou a crise econômica e política. O resultado foi a vitória de um movimento fascista em 2018: Jair Bolsonaro obteve 55,13% dos votos válidos contra 44,87% de Fernando Haddad (PT).

Em 9 de junho de 2019 foram divulgadas conversas entre o juiz Moro, o promotor Dallagnol e outros integrantes da Lava Jato que confirmaram a natureza política daquela operação policial. Lula foi liberto em 8 de novembro de 2019. Ainda no canto do ringue, o PT não conquistou nenhuma prefeitura de capital em 2020, mas nas enquetes recuperava gradualmente o apoio popular.

Bolsonaro governou sob dois impactos negativos na economia: a pandemia global, iniciada em março de 2020, e a guerra da Ucrânia, a partir de 2022. O desemprego não impediu que ocorressem greves, mas predominava o caráter defensivo das paralisações.

Em meio à pandemia, houve uma ascensão da popularidade do presidente, não obstante ele duvidar da letalidade do vírus. Ele contrariou sua equipe econômica, colocou em dúvida a manutenção do limite constitucional dos gastos públicos e concedeu auxílio emergencial à população durante a quarentena. Apesar de ações que destruíram parte do Estado e provocaram a morte de milhões de pessoas por falta de vacina, o bolsonarismo manteve sua força e se preparava para a transição de seu governo a um regime político. Perdeu as eleições de 2022 com a diferença mais apertada da história. Lula teve 50,9% dos votos válidos contra 49,1% do seu inimigo. O PT atravessou a tempestade.

Foi uma vitória histórica que impediu a trajetória fascistizante do país. Ainda assim, a extrema direita se manteve fortalecida. O V Governo petista estreou perante uma malograda tentativa de golpe de Estado no dia 8 de janeiro de 2023.

Nesse contexto, como desfascistizar as forças armadas e as polícias, reconstruir o Estado, ampliar o gasto social e o investimento e induzir o crescimento da economia?

Contra o dogma do superávit primário, uma ampla oposição parlamentar e midiática e um Banco Central independente do governo, mas não do mercado financeiro, o PT recebeu o desafio de não frustrar seu eleitorado e não permitir o retorno ao poder de neoliberais e fascistas, mancomunados ou não.

A História do PT continua.

# Apresentação

## Emilia Viotti da Costa
*Professora Emérita da Universidade
de São Paulo e da Yale University*

O presente livro é bem documentado e relata de maneira sintética o percurso do PT desde sua fundação até nossos dias. O autor procura manter-se a distância das controvérsias internas que tem abalado sua história, o que é louvável, e analisa as transformações que o tornaram um partido de representação nacional de tendência predominantemente social-democrata.

A análise é convincente, se bem que é possível lançar dúvidas sobre o caráter social-democrata do partido, uma vez que as tendências que justificam qualificá-lo dessa forma são mais expressivas da política pragmática desenvolvida por Lula do que do partido que sempre esteve dividido entre várias tendências de esquerda, algumas tradicionalmente inimigas da democracia social, muitas das quais acabaram por abandonar o partido. Acredito, no entanto, que sua análise agradará a todos que, como eu, reconhecem a complexidade do momento histórico vivido pelo PT.

Na época em que o partido foi fundado a ditadura acabara perdendo o apoio de muitos que a haviam sustentado. Havia a falta de liberdade dos parlamentares, as derrotas do partido do governo, a perseguição, tortura e mortes de militantes da esquerda, a perseguição do clero e dos estudantes, a corrupção entre os militares, inquietação crescente da população, o desmantelamento dos partidos e das organizações da nova esquerda, as constantes alterações na legislação por parte dos militares, o renascimento do movimento operário, o desejo de um novo partido que reunisse os descontentes da ditadura e que fosse mais eficaz e, finalmente, o movimento de redemocratização que criou as condições para o surgimento do PT.

Esse processo definiu os primeiros passos do partido ao qual afluíram pessoas que jamais estariam juntas não fossem aquelas circunstâncias. É preciso salientar que a partir de então os governos conservadores de Margareth Thatcher e Ronald Reagan, a adoção de medidas neoliberais, o desmantelamento progressivo do estado de bem-estar, a nova Revolução Industrial, as medidas contra os trabalhadores e a queda da União Soviética criaram um clima pouco favorável ao discurso tradicional das esquerdas. O PT cresceu dentro desse clima que, na América Latina, começou a mudar com o aparecimento de novos movimentos populares.

A ascensão ao poder com Lula é uma nova fase com novos problemas, agora de natureza interna. E como o autor demonstra, o partido sofre as consequências de estar no poder: acomodações, conciliações, perseguições dos inimigos e corrupção.

Um dos aspectos mais valiosos do livro é a tentativa de colocar a história do PT dentro das condições internas e internacionais sem as quais seria impossível entender sua trajetória desde a sua fundação até nossos dias. Esse tipo de abordagem permite pensar a história como um processo contínuo, dialético e aberto, sujeito a mudanças que dependem da ação dos que a compreendem e continuam lutando por um mundo melhor.

# Introdução

> *Escrever a história de um partido significa*
> *escrever a história geral de um país.*
> ANTONIO GRAMSCI, *Quaderni del Carcere*.

A saudade e a mágoa talvez sejam os polos da lembrança. Numa noite de inverno paulistano, este autor apanhou o trem na Estação da Luz e viu dois militantes do PT diante de um homem simples. Dizia não votar em Lula por ele ser analfabeto. Os dois jovens eram estudantes universitários. E um deles retrucou: "Pois então vote em Lula, pois eu tenho nível superior e você não". A luta de classes, evidentemente, estava ali. Mas havia algo de errado...

Muito tempo depois eu soube que um *office boy* da Confederação dos Metalúrgicos viajava com sindicalistas aos arredores da cidade de São Paulo para uma confraternização de fim de ano. Quando atendeu ao telefone celular, respondeu à sua mãe que estava indo a uma festa da firma... Todos riram. O caso parece ter ocorrido e *si non é vero é bene trovato*.

Como o PT passou por esta transformação? É o que este livro pretende explicar. Infelizmente para o historiador, uma geração viva e atuante e que tem o apreço que todas as pessoas têm pelo seu passado jamais poderia se reconhecer por inteiro numa obra como esta.

Evitar a saudade ou a mágoa é difícil, mas esta história não se pretende nem oficial nem de um dissidente. E, decerto, tanto os membros da "esquerda" petista quanto os da "direita"[1] discordarão de algumas avaliações, ainda que por razões distintas.

*Apesar de uma miríade de livros e artigos, não havia uma história do PT.* Nem mesmo uma oficial feita pelo próprio partido. Entre os inúmeros estudos de caso e teses acadêmicas sobre o período de formação do partido, raras foram feitas por historiadores profissionais ou não. É que não era possível uma visão de conjunto da trajetória petista. Se (salvo exceções) os sociais democratas europeus demoraram quarenta anos ou mais para chegar ao poder, o PT o fez na metade do tempo. Antes disso, seria temerário escrever-lhe a história já que só o poder desfaz as ilusões.

Mas em vez de escrever um livro acadêmico eu preferi uma história ensaística e voltada aos que "trabalham" *com* o PT: jornalistas, cientistas políticos, pesquisadores estrangeiros e, decerto, os militantes da esquerda. Assim, deixei

---

1. A alusão à "esquerda" e à "direita" refere-se sempre às correntes internas do PT sem juízo de valor. Apenas explica o lugar que elas ocupam na disputa interna.

de lado o balanço bibliográfico inicial, cujo interesse é acadêmico. Mas a obra visa, especialmente, os estudantes e os jovens em geral que são herdeiros dessa história e desejam superá-la.

Também não fiz um trabalho de história oral e nem de grandes eventos. Eu fiz poucas entrevistas. Quando fiz, escolhi militantes intermediários ou de base e não os que viveram os grandes fatos cujo brilho se apaga com o passar do tempo. Tentei citar o menos possível personalidades que, embora fossem importantes depois, elas eram menos nas origens do partido.

Embora eu tenha compulsado vasta documentação primária e bibliografia memorialística e acadêmica, deixei de lado muitas fontes. Certamente, o pesquisador acadêmico sentirá falta de uma análise mais profunda das administrações petistas, incluindo a federal. É que preferi um ensaio de interpretação da nossa história recente centrada na dinâmica interna do partido. Ou da luta de classes no Brasil através do PT, cuja força centrípeta crescia com aquelas lutas.

Por outro lado, a força centrífuga do capital se opõe à tentativa do partido superar a fragmentação das classes subalternas. Dessa dialética alimenta-se a narrativa de sua formação. Mais do que expor períodos, procurei escrever um ensaio sobre formas, acompanhando as diferentes configurações que o PT assumiu para dar sentido às contradições que ele interiorizou ao longo do tempo. Assim, a sua história reconstitui as formas social, institucional e eleitoral. Formas que se sucedem no tempo sem deixar de *em parte* se justapor.

## Fases

A periodização deste livro obedeceu às fases de constituição do PT. Não quero dizer que o PT seja o reflexo fiel de cada uma dessas etapas. Quando acentuo o fato de que só nos anos noventa o partido se torna uma oposição institucional relevante, não desdenho o fato de que sua bancada parlamentar tenha tido um papel na Assembleia Nacional Constituinte. Quando afirmo que a oposição extraparlamentar foi mais significativa nos anos oitenta, não quero esquecer que os movimentos sociais onde o PT era hegemônico cresceram no decênio seguinte. Só que o seu impacto na vida interna do PT era relativamente menor face à influência dos mandatários de postos executivos e parlamentares. As etapas seguem critérios de predominância de determinadas características e não exclusividade.

Embora o PT tenha sido oficializado em 1980, é evidente que sua formação se inicia em 1978, quando apareceu a sua proposta. Mas resolvi não recuar a narrativa para fazer um histórico amplo da ação sindical no período, à qual faço alusões de passagem. Há uma vasta bibliografia sobre isso. O meu objetivo centrou-se na organização do partido, sem olvidar que, sobretudo nos anos iniciais, a história do PT está muitas vezes fora dele.

Somente em 1984 abre-se a etapa do PT como oposição extra-parlamentar predominante nos movimentos sociais e sindicais. Naquele ano, o PT está armado de duas experiências: a consciência de que precisa ter um centro comprometido com a construção estratégica do partido e a derrota política e isolamento depois das Diretas Já.

O ano de 1989 assinala a maioridade do PT. Aquilo que ele já se tornara socialmente (a oposição de esquerda predominante na sociedade civil) ele se converte no Estado: uma oposição dentro do aparelho de Estado político. Por isso, em 1990 descortina-se um novo período marcado pela crise do socialismo e pela exigência de *aggiornamento* ideológico de suas correntes majoritárias.

Como o PT nunca teve um congresso como o do SPD alemão em Bad Godesberg[2] para renegar o marxismo, sua transformação se deu de maneira molecular especialmente durante os dois mandatos de Fernando Henrique Cardoso. O ano 2002 coincide com o *aggiornamento* completo do PT. A instituição do Processo de Eleição Direta e a consolidação de alianças com setores mais conservadores revelam que o partido se apresenta como probabilidade (mais que mera possibilidade) de governar o país. Desde então ele se transforma em Partido de governo. A crise de 2005 acabou com parte da simbologia do PT.

---

2. Em 1959 durante o seu congresso extraordinário realizado nesta cidade o Partido Social Democrata Alemão (SPD) abandonou o marxismo oficialmente (J. Rovan, *Histoire de la Social-Démocratie Allemande*, Paris, Seuil, 1978, p. 283).

Cada fase dessa história constitui apenas um recorte analítico[3]. Não quer mostrar que as outras desapareceram e foram substituídas. Os anos de formação e de oposição extraparlamentar continuaram como rio subterrâneo que realimenta a imagem pública do PT e atinge a superfície de forma tímida em seus momentos de crise. Aqueles anos entre 1984 e 1989 foram tão vitais como os posteriores para a construção da identidade e da força política do PT.

## O Modelo

Os primeiros estudos e memórias sobre o PT sacramentaram a visão de um partido constituído por três fontes: a igreja progressista, os remanescentes dos grupos da luta armada e o novo sindicalismo. Aos três elementos poderíamos atribuir, respectivamente, a capilaridade social nas periferias das grandes e médias cidades e nas áreas de conflito rural; a adoção do socialismo (ainda que indefinido); e o papel dirigente no mundo do trabalho.

A discussão do modelo faz-se hoje necessária[4] para entendermos melhor as minúcias daquele processo de for-

---

3. Uma primeira periodização bastante sugestiva em: Paulo H. Martinez, "O Partido dos Trabalhadores e a Conquista do Estado", em D. A. Reis e M. Ridenti (orgs.), *História do Marxismo no Brasil*, vol. 6, 2007.
4. Uma apreciação sobre o papel dos intelectuais, por exemplo, em Luiz Dulci, "Os Intelectuais e a Criação do PT", em Flavio

mação do partido e resgatar o que ele teve de original ou não. Desdobrando aquele tripé, poderíamos dizer que o PT surgiu de pelo menos seis fontes diversas. A primeira foi o chamado novo sindicalismo; a segunda, o movimento popular influenciado pela Igreja Católica; a terceira, políticos já estabelecidos do MDB; a quarta, os intelectuais com origens diversas, como o antigo PSB ou posições liberais radicalizadas; a quinta, militantes de organizações trotskistas; a sexta, remanescentes da luta armada contra a ditadura (embora seja possível agrupar estes dois últimos).

O chamado Novo Sindicalismo talvez venha sendo reavaliado, depois de influentes arroubos interpretativos que lhe davam a condição de portador de uma nova consciência de classe revolucionária (ou mesmo de não tê-la). Isto é possível hoje porque se tornou muito pequena a diferença que separa alguns dos pressupostos do velho sindicalismo do passado com a ação do PT e da CUT no início do século XXI.

As greves do ABC provocaram várias análises dos estudiosos da época e levaram muitos a considerar uma ruptura total entre o assim chamado novo sindicalismo e os comunistas, vistos como reformistas. Mas havia quem dissesse que no Novo Sindicalismo "uma orientação revolucionária" dificilmente poderia consolidar-se[5], já que os

---

Aguiar (org.), *Antonio Candido: Pensamento e Militância*, São Paulo, Editora Fundação Perseu Abramo, 1999, pp. 186-196.

5. Leoncio M. Rodrigues, "Tendências Futuras do Sindicalismo

sindicalistas do ABC, diferentemente de seus aliados mais radicais da capital paulista, atuavam dentro da estrutura sindical e haviam optado pela legalidade tanto na luta econômica quanto política.

No caso da Igreja, embora seu papel seja imprescindível para o PT, houve o reverso da moeda também. Em muitos lugares ela atacou o partido e quando apoiou o PT sofreu uma demora cultural em adotar os temas da nova esquerda pós 1968, o que causava a insatisfação ou estranhamento com duas correntes (Libelu[6] e Convergência Socialista) que cedo se destacaram na liberdade comportamental que escandalizava a própria esquerda. Ora, o PT como agremiação tinha líderes públicos que eram contra o aborto (como Hélio Bicudo), enquanto a homossexualidade era motivo de piadas do próprio Luiz Inácio da Silva (Lula), ainda que candidatos *gays* tivessem se lançado já em 1982, como em São Paulo e Belo Horizonte. No ano de 2010, uma ampla base social petista de baixa renda ou emergente estava mais próxima de igrejas evangélicas neopentecostais enquanto a CNBB e muitos católicos progressistas se distanciavam do partido.

É verdade que o número de políticos do MDB aderentes ao partido foi pequeno, mas a dependência financeira

---

Brasileiro", *Revista de Administração de Empresas*, n. 4, Rio de Janeiro, FGV, dez. 1979, pp. 50-51.
6. Liberdade e Luta, nome da corrente estudantil dos trotskistas da OSI (Organização Socialista Internacionalista).

daqueles deputados e vereadores já existia no PT em seu nascedouro (assim como dos sindicatos). Sua entrada não foi insignificante em alguns Estados. E ao longo dos anos o que era um tabu no partido passou a ser aceito. Políticos de duvidosa procedência foram se integrando ao PT.

A maioria dos intelectuais não exerceu mandatos ou cargos de direção, mas deu ao programa do partido a confiabilidade que faltaria aos sindicalistas neste campo.

Já a esquerda organizada que aderiu ao PT não divergia muito sobre o caráter tático do partido. Algumas correntes afirmavam que integravam o PT para desintegrá-lo[7]. Mas os que vieram da luta armada aceitavam uma agenda nacionalista, enquanto os trotskistas eram os maiores defensores das causas internacionais (como o apoio ao sindicato polonês Solidariedade). Por outro lado, remanescentes da luta armada garantiam certa aceitação dos "avanços do socialismo real" e se dirigiam, ao lado de sindicalistas, para fazer cursos na Alemanha Oriental[8].

Se as três fontes e as três partes constitutivas do PT podem ser desdobradas em três mais elementos, ainda assim eles são insuficientes para dar conta da riqueza da formação petista. Afinal, os processos da história são as-

---

7. "As Organizações de Esquerda e o PT", editorial do jornal *Em Tempo*, ago. 1983.
8. Como foi o caso de Djalma Bom (cf. M. M. Ferreira e A. Fortes (orgs.), *Muitos Caminhos, uma Estrela: Memórias de Militantes do PT*, São Paulo, Editora Fundação Perseu Abramo, 2008, p. 97).

sumidos e encarnados por pessoas de verdade e elas são complexas. Assim, um trotskista histórico como Mário Pedrosa não aderiu ao PT nesta condição e disse que todos deveriam deixar sua velha roupagem do lado de fora. Um dirigente militar como Apolônio de Carvalho também não ingressou no partido como membro do PCBR. Manoel da Conceição, líder camponês reconhecido, era da AP, mas não militou nesta corrente a partir de 1980. Podemos considerá-lo "apenas" uma liderança popular e ignorar seu passado político? Florestan Fernandes ingressou depois já na condição de maior sociólogo brasileiro, mas ele não retomou suas atividades na USP e se tornou deputado federal duas vezes.

Da mesma forma não havia operários, militantes organizados ou católicos "puros". Alguns sindicalistas nasceram politicamente nas Comunidades Eclesiais de Base (CEBs) da Igreja Católica. Paulo Skromov, por exemplo, exerceu trabalho manual, foi bancário, depois estudou História na USP e retornou à fábrica, além de frequentar organizações trotskistas[9]. Frei Betto fazia a interlocução de Lula com a Igreja, mas havia sido preso político e apoiado a ALN. Geraldo Siqueira era um político estabelecido e nessa condição ingressou no partido, mas ele era ligado a grupos de extrema esquerda. Alguns estudantes foram mandados por suas organizações esquerdistas para

9. *Teoria e Debate*, n. 63, jul./ago. 2005.

trabalhar em fábrica e se tornaram sindicalistas permanentemente. Como devemos considerá-los?

## *Pioneirismo*

Outro aspecto que é preciso relativizar na história do PT é o seu pioneirismo como primeiro partido de massas criado realmente de baixo para cima e diferente de toda a esquerda anterior como afirmavam seus primeiros documentos[10]. Hoje já se podem notar as insuficiências dessa visão, bem como as continuidades numa história de ruptura. Há que se reconhecer que o PCB, por exemplo, também cumpriu os requisitos que o sociólogo francês Maurice Duverger atribuiu ao partido de massa: nasceu fora dos meios políticos tradicionais (do parlamento), foi fundado por trabalhadores, era bastante pedagógico, organizado em células de base, nacionalmente centralizado e controlava rigorosamente a filiação de seus membros. Mas não encontrou uma forma legal de inserção na vida política.

As novas pesquisas historiográficas já permitem reconhecer que o PCB se não foi, esteve muito perto de ser um verdadeiro partido de massas num de seus curtos períodos de legalidade (1945-1947). Em 1945 o partido ti-

---

10. Vide por exemplo um boletim de núcleo: *Partido dos Trabalhadores, Núcleo Quarteirão da Saúde*, São Paulo, 1980. Mas era uma formulação disseminada.

nha mais de cinquenta mil militantes[11] e elegeu catorze deputados, um senador e muitos vereadores pelo país, fazendo mesmo a maior bancada no Distrito Federal. Seu candidato a presidente teve 570 mil votos (a população era de quarenta milhões). Nas eleições suplementares de 1947 os comunistas elegeram mais dois deputados por São Paulo através de outra legenda (o PSP ademarista)[12]. O Partido estava inserido em associações de moradores, organizava concursos de beleza[13], fazia campanhas eleitorais em centros espíritas, atuava em escolas de samba e lojas maçônicas e dirigia sindicatos que muitas vezes desobedeciam a linguagem moderada do partido e estimulavam greves. Sua imprensa era diária e muito superior à do PT em toda a sua história, contando com uma estrutura profissionalizada e distribuída por muitos Estados, mesmo depois da cassação do seu registro. Por fim, o partido não teve tempo de crescer dentro do estado e nem se financiar com recur-

---

11. R. Poppino, *International Communism in Latin America: A History of the Movement 1917-1963*, London-New York, Macmillan, 1966, p. 231.
12. Partido Social Progressista do governador paulista Ademar de Barros. Ele foi chamado de "populista de direita" e envolveu-se em enormes casos de corrupção. Esta corrente teve depois em Jânio Quadros e Paulo Maluf os continuadores.
13. P. E. R. Pomar, *Comunicação, Cultura de Esquerda e Contra-hegemonia: O Jornal* Hoje *(1945-1952)*, São Paulo, ECA-USP, 2006, tese de doutorado.

sos públicos, embora contasse com irregulares aportes internacionais enquanto o PT já nasceu dentro da legalidade.

## *Outro Brasil?*

Todavia, aquela visão do PT sacramentada nos anos oitenta não é irrelevante. Apenas o modelo, uma vez elaborado, precisa retornar à história concreta. A diversidade regional e social brasileira criou inúmeros PT diferentes. No atual estágio de pesquisas monográficas sobre o partido podemos ter uma pálida ideia dessa diversidade e já é possível apreciar a dialética entre os impulsos locais e os movimentos de conjunto e entender melhor as difíceis mediações expressas nas constantes divisões internas, muitas vezes carentes de qualquer raiz ideológica importante.

O Brasil no qual o PT surgiu era muito diverso daquele em que Lula chegou à presidência em alguns aspectos. Em Mundo Novo (MS), por exemplo, o PT elegeu já nos anos 1990 uma prefeita, deficiente física, oriunda da pastoral da juventude e do Movimento dos Trabalhadores Rurais Sem Terra (MST). Em 1999 ela foi assassinada! Inúmeros foram os casos de militantes do partido ou de organizações populares que tiveram o mesmo fim. José Rainha do MST sofreu tentativas de assassinato.

Não obstante todas as suas debilidades (especialmente na definição teórica e na formação política interna), o Partido dos Trabalhadores concorreu decisivamente para "civilizar" a Sociedade Civil, conquistando nela um espaço político para os trabalhadores, tornando as greves legítimas (ainda quando fossem ilegais). Este foi o "caráter pedagógico"[14] do PT e que permitiu que ele fosse uma alternativa de poder em 2002 independentemente da "Carta aos Brasileiros", o documento de compromisso com as classes dominantes. Se mais tarde o partido também foi em alguma medida tragado pela tradição clientelista brasileira, este é outro capítulo de sua história.

O partido que emerge de uma trajetória assim tem a grandeza e as limitações do solo histórico onde vicejou. Pode não ser a melhor, mas é a história do PT.

---

14. Eduardo Bellandi, "Hegemonia e Democracia: Ensaio sobre o PT no seu Trigésimo Aniversário", *Mouro: Revista Marxista*, n. 3, jul. 2010.

# 1. Formação (1978-1983)

> *A Emancipação da classe trabalhadora deverá*
> *ser obra da própria classe trabalhadora.*
> KARL MARX, "Estatutos Gerais da Associação
> Internacional dos Trabalhadores", 1871.

Como a cidade em que foi fundado, o PT nasceu num Colégio. O Sion é uma escola situada num bairro de alta classe média de São Paulo. Lugar improvável para a fundação de um partido operário. Entretanto, no dia 10 de fevereiro de 1980 cerca de 1200 pessoas (sendo quatrocentos delegados eleitos em dezessete Estados brasileiros) compareceram àquela escola para fundar o Partido dos Trabalhadores.

A maioria dos presentes era de estudantes, intelectuais e líderes de movimentos populares, mas não de trabalhadores[1]. Além disso, o *Manifesto do PT*, aprovado naquela reunião, não falava em socialismo (ao contrário da *Carta de Princípios* divulgada no ano anterior), todavia era patente que se tratava de uma organização de esquerda

---

1. Ou ao menos se lamentava assim o Deputado Federal Edson Khair (RJ), presente no encontro (*Jornal do Brasil*, Rio de Janeiro, 11 fev. 1980, p. 3), ligado ao Trotskismo.

e radicalmente favorável aos interesses imediatos dos trabalhadores[2], até então impedidos de ter voz na sociedade civil, ou seja, "integrar na atividade política legal camadas que dela estavam marginalizadas"[3]. A simples presença de intelectuais históricos, vinculados ao trotskismo, ao comunismo ou a uma opção liberal clássica e radical ao lado de sindicalistas que acabavam de afrontar a Ditadura Militar e o capital transnacional em grandes greves, mostrava a que viera o PT.

O partido nascia fora da órbita do comunismo soviético, portanto do Partido Comunista Brasileiro (PCB); afastava-se do "populismo" e negava oficialmente a herança Social-Democrata. Os petistas afirmavam o socialismo num horizonte distante enquanto defendiam um "programa para a democracia"[4]. As posições de seus documentos iniciais pareciam refletir uma mistura de redação trotskista com aportes sindicalistas.

## *ABC da Greve*

Afastada do centro de São Paulo pela Avenida do Estado e a Via Anchieta, o ABC (ou ABCDM) é a região da Grande São Paulo que congrega Santo André da Borda do

2. *Manifesto do PT*, Comissão Nacional Provisória do Movimento Pró-PT, São Paulo, 1980 (CSBH).
3. Paul Singer, "A Fundação", *Folha de São Paulo*, 14 fev. 1980.
4. "Pontos para a Elaboração do Programa", em M. Pedrosa, *Sobre o PT*, São Paulo, Ched, 1980, pp. 83-106.

Campo, São Bernardo do Campo, São Caetano do Sul, Diadema, Mauá, Ribeirão Pires e Rio Grande da Serra.

Dos anos de 1930 até o início dos anos de 1980, o Brasil viveu pelo menos dois grandes processos estruturais que afetaram aquela região: a industrialização e a urbanização, ligadas ao aumento demográfico e à acumulação acelerada de capital, espacialmente centralizada no Estado de São Paulo. No ABC, a grande indústria automobilística se concentrou, assumindo a vanguarda produtiva e tecnológica do Brasil com suas montadoras e fábricas de autopeças: nos anos setenta, a indústria automotiva liderou a acumulação de capital, com taxas anuais de crescimento acima de 30%[5].

A taxa de urbanização da população era, em 1940, de 26,35%, e atingiu 77,13% em 1991[6]. A industrialização e a urbanização se associaram, obviamente, a grandes correntes migratórias, o que se explica pela mobilidade do próprio capital e pela demanda de trabalho gerada pelo seu movimento de reprodução ampliada. Mas o caráter acelerado desse movimento gerou efeitos econômicos, demográficos e políticos singulares. O Brasil viveu sua *transição demográfica*[7] (em que a taxa de mortalidade cai rapidamente e a de natalidade continua alta) no século XX.

---

5. B. Fausto, *História do Brasil*, São Paulo, Edusp, 1996, p. 485.
6. M. Santos, *A Urbanização Brasileira*, São Paulo, Hucitec, 1993.
7. C. Benjamin e T. B. Araújo, *Brasil: Reinventar o Futuro*, Rio de Janeiro, Sindicato dos Engenheiros, 1995, p. 36.

O novo protesto sindical saíra das entranhas do desenvolvimento econômico da ditadura. As primeiras movimentações foram causadas pela manipulação dos índices inflacionários pelo governo, à época do ministro Delfim Netto. Em 1977 a *Folha de S. Paulo* revelou que a variação dos preços internos e por atacado em 1973 havia sido de 22,6% (acima da versão governamental que divulgara 11,9% e 12,6% respectivamente). Mario Henrique Simonsen admitia confidencialmente que o custo de vida havia subido 26,6%[8]. A partir daquele ano, as mais diversas categorias mobilizaram-se contra o arrocho salarial, mas com predominância dos industriários. Em 1978, do total de greves, 75,9% ocorreram no setor industrial.

Neste ano os operários da Scânia, no ABC, insatisfeitos com o salário do mês, entraram na fábrica e cruzaram os braços diante das máquinas paradas; logo o movimento se espalhou por 150 000 metalúrgicos[9]. O caráter *molecular* e relativamente espontâneo do movimento representou necessariamente um impulso para novas formas de organização, como sói ocorrer com esses tipos de movimentos[10]. A greve da Scânia pode ter nascido realmente de decisões

---

8. Miguel Chaia, *Intelectuais e Sindicalistas. A Experiência do Dieese*, Ibitinga, Humanidades, 1992, p. 156.
9. Frei Betto, *Lula: Biografia Política de um Operário*, São Paulo, Estação Liberdade, 1989, p. 33.
10. Francisco C. Weffort, "Participação e Conflito Industrial: Contagem e Osasco 1968", *Cadernos Cebrap*, pp. 23-24.

espontâneas do pessoal da ferramentaria[11] e da ação de base de um ou outro sindicalista. De qualquer maneira a postura do sindicato no movimento de reposição salarial de 1977 e na campanha salarial de 1978 foi vital para que a Scânia (e depois muitas outras) parassem[12].

Somente entre maio e dezembro de 1978, Lula e seus companheiros organizaram 328 greves[13]. Pesquisas posteriores registraram 118 naquele ano e o serviço de informações da ditadura contabilizou 93 greves[14]. Para Florestan Fernandes a "greve de 1978 efetuou uma ruptura, que punha o grande capital, a contrarrevolução e seu governo ditatorial de um lado, os operários e o movimento sindical de outro"[15]. O seu exemplo foi evocado por todas as forças operárias que se contrapunham aos *pelegos* e à estrutura sindical oficial. Em São Paulo eclodiram greves e comissões de fábrica, bem como uma atuante oposição metalúrgica ao sindicato oficial, particularmente na Toshiba, Siemens, Philco e Massey-Ferguson[16]. A aproximação entre a oposi-

---

11. Depoimento de Gilson Menezes, *História Imediata*, n. 2, São Paulo, 1979.
12. Laís W. Abramo, *O Resgate da Dignidade*, Campinas, Unicamp, 1999, p. 227.
13. Entrevista de Lula, *Brasil Revolucionário*, ano IV, n. 19, São Paulo, Instituto Mário Alves, ago./set. 1995.
14. *Movimento Grevista 1964-1983*, Arquivo do Estado de São Paulo.
15. F. Fernandes, *O PT em Movimento*, São Paulo, Cortez/Autores Associados, 1991, p. 40.
16. Oposição Sindical Metalúrgica, *Comissão de Fábrica*, Rio de Ja-

ção de São Paulo e o ABC se daria gradualmente, especialmente no comitê de solidariedade à greve de 1980[17]. Era o sindicalismo dos autênticos.

O novo protesto sindical era auxiliado, sem sombra de dúvida, por uma extensa rede comunitária dos bairros onde moravam os trabalhadores e suas famílias. Os piquetes não se limitavam às portas de fábrica e eram feitos nos pontos de ônibus[18]; os encontros se davam em bares e as reuniões, proibidas pela polícia, acabavam na Igreja Católica. O estádio de futebol de Vila Euclides, onde Lula discursava para milhares de pessoas sem o apoio de aparelhagem de som, simbolizou o espírito de comunhão daqueles operários. Os que se postavam à frente do palanque, ouviam com atenção e repetiam as palavras do líder para os que estavam atrás...

Ainda em 1978, Lula declarava que a organização da classe operária num partido era só questão de tempo![19]

O ano de 1979 também foi marcado por grandes greves no ABC, mas agora sob a direção do sindicato e de Luiz Inácio da Silva, o Lula. Em janeiro de 1979, no congresso dos

neiro, Vozes, 1981.
17. V. Gianotti e S. Neto, *CUT por Dentro e por Fora*, 2. ed., Petrópolis, Vozes, 1991, p. 33.
18. Vide F. B. Macedo, *Vidas Operárias: Redes Informais de Sociabilidade e Formação da Classe Operária em São Bernardo do Campo (1960-1980)*, São Paulo, USP, 2007.
19. Lula, "As Greves se Alastrarão por Todo o Brasil", *Cadernos do Presente*, n. 2, São Paulo, jul. 1978, p. 75.

metalúrgicos do Estado de São Paulo, ocorrido em Lins, e em junho de 1979, no congresso nacional dos metalúrgicos, em Poços de Caldas, a ideia de um Partido dos Trabalhadores ganhou apoio na principal categoria operária do país. A chamada Tese de "Santo André-Lins" foi um dos marcos daquele processo. Ela foi apresentada pela assessoria de Benedito Marcílio, do sindicato de Santo André e ligada à convergência socialista. Há relatos de uma proposta de criação de um Partido dos Trabalhadores em julho de 1978, no Congresso dos Petroleiros, em Salvador, Bahia[20]. Em Belo Horizonte houve iniciativa de correntes trotskistas, mas só depois que Frei Betto mediou o contato com Lula e Jacó Bittar o PT iria surgir ali. E é comum ouvir militantes de esquerda afirmando-se donos da ideia. O que importa é que ela estava em muitas cabeças.

De toda maneira, no ato de primeiro de maio de 1979, em São Bernardo do Campo (SP) foi lançada a Carta de Princípios do PT, assinada por Paulo Skromov, Jacó Bittar, Henos Amorina, Wagner Benevides e Robson Camargo. O documento já se encontrava redigido um mês antes e uma primeira versão foi impressa na gráfica de uma publicação da Convergência Socialista. Só que ela estava no mesmo formato do jornal daquela corrente, o que desagra-

---

20. *Fundação Perseu Abramo. Partido dos Trabalhadores: Trajetórias: das Origens à Vitória de Lula*, São Paulo, Fundação Perseu Abramo, 2003, p. 21.

dou os propositores da carta. Assim, uma segunda versão com mil cópias foi rodada em mimeógrafo[21].

Eram momentos de confronto, pois em 13 de março os 180 mil metalúrgicos do ABC resolveram parar as máquinas. Estavam a dois dias da posse de João Batista Figueiredo como Presidente da República[22]. Por causa disso, o lançamento do PT não era consensual entre aqueles sindicalistas que eram chamados de autênticos. Muitos viam no partido uma proposta divisionista e favorável à ditadura e mesmo Lula achava que aquilo diminuiria o nível de solidariedade política às greves no ABC.

Depois do Primeiro de Maio, as articulações prosseguiram. Dos dias 1 a 3 de junho reuniram-se no Pampas Hotel em São Bernardo do Campo as forças que buscavam um novo partido de trabalhadores ou um partido mais amplo, popular. A divisão parecia cada vez mais clara, embora ainda não efetivada. Dessa forma, o encontro pró-PT de Contagem (MG) em 28 de junho não teve o apoio de Lula[23].

No dia 13 de outubro de 1979, no Restaurante São Judas Tadeu, em São Bernardo do Campo, foi lançado oficialmente o movimento pró-PT e aprovadas as normas transitórias para o funcionamento do movimento onde os

21. Marcia Berbel, *Partido dos Trabalhadores: Tradição e Ruptura na Esquerda Brasileira*, São Paulo, FFLCH– USP, 1991, p. 88, dissertação de mestrado.
22. *Veja*, edição 551, São Paulo, 28 mar. 1979, p. 116.
23. M. Berbel, *op. cit.*, p. 98.

núcleos tinham grande relevo, uma declaração política e a Carta de Princípios. Também foi formada a Comissão nacional Provisória com Arnóbio Silva, Carlos Borges, Édson Khair, Firmo Andrade, Francisco Auto, Godofredo Pinto, Henos Amorina, Ignácio Hernandez, Jacó Bittar (coordenador), José Ibrahim, Luiz Inácio da Silva (Lula), Luiz Dulci, Manoel da Conceição, Olívio Dutra, Sidney Lianza e Wagner Benevides. Da lista, nota-se que poucos foram os que seguiram, de fato, uma carreira política pública no PT. O movimento se espraiou pelas ruas. Inúmeras viagens, reuniões e até comícios locais prepararam a fundação. Em novembro de 1979, por exemplo, houve um comício pró-PT no Largo 13 de Maio em Santo Amaro, bairro da zona sul paulistana[24].

O passo seguinte era o Sion.

## *Legalização*

A diversidade regional e social do PT é maior do que se supunha nos anos 1980. Em certos casos, como veremos adiante, a Igreja não só não colaborou como se opôs ao partido; em outros, inexistia um sindicalismo atuante ou ele era favorável ao governo, como no Maranhão, onde o PT criou o novo sindicalismo e não o contrário[25] – mesmo

---

24. Cf. Antonio Donato, mensagem eletrônica ao autor, fev. 2011.
25. Arleth S. Borges, *A Construção do Partido dos Trabalhadores no Maranhão*, Campinas, Unicamp, 1998, p. 96, dissertação de mestrado.

numa cidade do ABC, Santo André, o partido nasceu do Movimento dos Direitos dos Favelados (MDDF), da Igreja local e do movimento de usuários do transporte público[26].

Havia casos em que a presença de um político estabelecido deu início ao partido, como Freitas Diniz, no Maranhão ou Henrique Santillo em Goiás (embora, a ação de outros segmentos assustasse, posteriormente, aqueles deputados); e, por fim, havia locais em que o partido praticamente só tinha militantes trotskistas ou de organizações sobreviventes da luta armada. A reorganização do movimento estudantil também forneceu militantes ao PT, como foi o caso do Rio de Janeiro onde a maioria das adesões veio de líderes estudantis[27], assim o PT fluminense inicial reduzia-se a um partido de "setores médios"[28].

26. Lenir F. Viscovini, *A Política Cultural do Partido dos Trabalhadores em Santo André: Da Inovação à Tradição*, Unicamp, 2005, p. 30, dissertação de mestrado.
27. Isabel Oliveira, *Trabalho e Política: As Origens do Partido dos Trabalhadores*, Petrópolis, Vozes, 1988, p. 132. A retomada da luta estudantil teve seu marco na noite de 22 de setembro de 1977, quando o campus da Pontifícia Universidade Católica de São Paulo foi invadido pela Polícia Militar devido ao fato de ali ter acontecido o III Encontro Nacional de Estudantes (ENE), cujo objetivo maior era reorganizar a UNE (União Nacional dos Estudantes), finalmente "reconstruída" no Congresso de Salvador em 29 e 30 de maio de 1979 (cf. *Proposta de Manifesto de Reconstrução da UNE*, São Paulo, DCE-USP, 1979. Também *Jornal da UEE*, São Paulo, n. 1-4, 1979).
28. Maria S. S. Braga, "Partidos dos Trabalhadores: Condições de

Socialmente, a base mais importante do PT depois dos operários de empresas multinacionais e do sindicalismo de funcionários públicos foi, seguramente, a Igreja Católica. Sua influência popular era extensa através das Comunidades Eclesiais de Base (CEBs) que se multiplicaram nos anos setenta por causa da repressão sobre outras organizações populares (em 1974, o número de CEBs era de 40000[29]). Em Viana (ES), por exemplo, cidade da Grande Vitória, o PT foi obra das CEBs[30]. O semanário *O São Paulo* da Arquidiocese de São Paulo defendia um partido popular na época da fundação do PT.

Associou-se a isto, é claro, a aproximação dos católicos com o socialismo depois do pontificado de João XXIII e da Teologia da Libertação, que tinha uma leitura radical da Bíblia e usava categorias marxistas, o que fez com que a edição da Bíblia Pastoral, usada pelos progressistas, fosse recolhida e censurada. Só isso explica que padres católicos declarassem simpatia pelos comunistas[31]. Frei Betto, conselheiro de Lula chegou a dizer mais tarde à imprensa: "Um autêntico

---

Origem e Variações Estaduais", em V. Angelo e M. Villa (orgs.), *O Partido dos Trabalhadores e a Política Brasileira*, São Carlos, Edufscar, 2009, p. 77.

29. Thomas Skidmore, *Brasil: De Castelo a Tancredo*, Rio de Janeiro, Paz e Terra, 1988, p. 359.
30. Carolina Júlia Pinto, *História do Partido dos Trabalhadores na Grande Vitória (1975-2000)*, Comunicação apresentada na UFES, s./d.
31. Caso do Padre Jaime Santana no *Programa Nacional de Televisão do PC do B*, 25 abr. 1986.

comunista é um cristão, embora não o saiba, e um autêntico cristão é um comunista, embora não o queira"[32].

Em muitos locais as reuniões do PT se davam dentro da Igreja, como em Bebedouro (SP) onde o partido foi fundado no salão paroquial[33]. Em Barretos (SP) o PT nasceu da ação de estudantes de Engenharia Civil, mas só se enraizou socialmente com o apoio da Pastoral da Juventude. Mas isto dependia exclusivamente do local. Em cidades tão diferentes quanto Marília (SP) e Wanderlândia, hoje pertencente a Tocantins, a esquerda católica criou o PT. Nesta última o partido e o Sindicato dos Trabalhadores Rurais foram organizados concomitantemente com apoio do Padre Josimo[34] entre 1979 e março de 1983. Com a sua substituição, os militantes perderam o apoio da Igreja e o local das reuniões[35].

Aliás, os trabalhadores rurais estiveram na base do PT em vários Estados onde não havia concentração industrial de monta. Era uma época difícil para sindicalizar no campo. Entre 1975 e 1989 foram assassinados 1 377 trabalhado-

---

32. *Folha de S. Paulo*, 11 maio 1986.
33. Mauro Iasi, *As Metamorfoses da Consciência de Classe. O PT entre a Negação e o Consentimento*, São Paulo, Expressão Popular, 2006, p. 371.
34. Mais tarde Josimo seria assassinado.
35. Maria Helena Lopes, Depoimento ao autor, Brasília, 26 fev. 2011. Maria Helena foi, aos 23 anos, a primeira candidata do PT à prefeitura local.

res em conflitos agrários[36]. O PT refletia necessariamente essas lutas. Na fundação da CUT (1983), no Pavilhão Vera Cruz, São Bernardo do Campo, 27,3% dos sindicatos presentes eram rurais. Por outro lado, em Ubatuba (SP) a Igreja Católica não teve nenhum papel maior na fundação do partido. A cidade possuía uma presença evangélica importante e coube à Associação dos Professores do Estado de São Paulo (Apeoesp) e à Libelu os papéis centrais[37].

Já o papel dos militantes de organizações clandestinas em geral só se sobrelevava na elaboração teórica, onde seu jargão e alguns procedimentos se impuseram nos primeiros dez anos da história partidária. Mas na prática concreta dos movimentos sociais e campanhas eleitorais o jargão não encontrava ressonância maior. Havia uma relação inversamente proporcional entre a importância interna da linguagem radical e a influência na sociedade.

Muitos grupos organizados aderiram ao PT, ainda que vissem nele uma frente eleitoral ou um partido tático. A OSI – Organização Socialista Internacionalista (mais tarde corrente O Trabalho), por exemplo, tinha sérias reservas até aderir definitivamente[38]. A Convergência Socialista, que esteve nas articulações iniciais, terminava o ano de

---

36. Pere Petit, *A Esperança Equilibrista: A Trajetória do PT no Pará*, São Paulo, Boitempo, 1996, p. 142.
37. Depoimento de Victor Santos V. de La Jousselandiere, 18 mar. 2011.
38. Cf. Ricardo Azevedo, *Por um Triz: Memórias de um Militante da AP*, São Paulo, Plena, 2010, p. 244.

1979 tornando-se uma associação civil com a perspectiva de legalizar-se como outro partido[39]. Mas acabou ingressando no PT. O PCBR, ALN, MEP, a AP e dissidentes do PC do B, PCB e MR-8 ingressaram no partido. A maioria se dissolveu ou formou novas tendências internas.

Uma pesquisa com uma amostra de militantes do PT no Primeiro Congresso (1991) revelou que na época de sua filiação ao partido somente 10,4% dos entrevistados haviam pertencido a grupos marxistas de extrema esquerda[40]. Todavia, de modo algum o papel dos militantes organizados pode ser apagado da construção partidária, afinal eles forneceram muitos formuladores políticos para os sindicalistas, mas quase sempre ao custo da passagem molecular daqueles militantes das alas esquerdistas ao centro ou direita do partido. Em alguns casos eles lograram chegar a algumas fábricas e bairros de periferia das grandes cidades através dos pouquíssimos operários recrutados anteriormente ou pela proletarização forçada de militantes provenientes do meio estudantil.

Se alguns agrupamentos recusaram o PT, como o PCB, MR-8 e PC do B, alguns grupos de extrema-esquerda prefeririam inserir seus militantes, em regra geral provenientes do meio estudantil e do funcionalismo público, para influenciar as assembleias do sindicato dos metalúrgicos, algo que

39. Marcia Berbel, *op. cit.*, p. 104.
40. B. T. Cesar, *PT: A Contemporaneidade Possível (19080-1991)*, Porto Alegre, UFRGS, 2001, p. 228.

se tornou prática habitual, sendo que alguns deles foram "proletarizados" e, depois, se tornaram sindicalistas, embora tivessem desde cedo sua origem reconhecida pelos dirigentes operários[41]. Um local de intervenção era o curso de Madureza do Sindicato dos Metalúrgicos de São Bernardo do Campo e Diadema. Quando Lula descobriu que aquilo era um aparelho da esquerda, resolveu fechá-lo[42].

A importância dos marxistas no PT sempre foi maior na disputa interna do que na externa (especialmente quando esta disputa se reduzia às eleições). Isto faz sentido, pois os marxistas buscavam um partido dirigente de sindicatos e movimentos sociais e não uma agremiação meramente eleitoral.

Assim, as CEBS e o novo sindicalismo foram os dois vetores sociais mais significativos da formação do PT. E isto explica muito das imprecisões conceituais futuras com a qual a direção partidária interpretou em diferentes conjunturas o seu "socialismo".

## *A Dinâmica Regional*

Em julho de 1981 o PT estava organizado em 21 Estados. O número de filiados superava os vinte mil apenas em São Paulo, Rio de Janeiro, Minas Gerais e Rio Grande

---

41. Denise Paraná, *Lula, o Filho do Brasil*, São Paulo, Fundação Perseu Abramo, 2009, p. 105.
42. Ricardo Azevedo, *op. cit.*, p. 239.

do Sul, o que já era pouco num país como o Brasil. O Partido também estava presente nas seguintes unidades da federação: Acre, Pará, Rondônia, Alagoas, Bahia, Ceará[43], Maranhão, Paraíba, Pernambuco, Piauí, Rio Grande do Norte, Sergipe, Goiás, Mato Grosso do Sul, Espírito Santo, Paraná e Santa Catarina.

Em quase todos eles (a exceção foi Alagoas) o partido conseguiria lançar candidatos a governador. Apesar de não estar presente em todo o Brasil, o PT estava nos principais Estados e já demonstrava ter uma militância até na Região norte, mais distante dos grandes centros políticos e econômicos brasileiros. Nas eleições de 1982, o partido elegeu vereadores no Acre, Amazonas, Pará e Rondônia.

Ainda assim, os líderes operários do ABC formaram o eixo principal da rotação política do PT, ora mais a esquerda, ora a favor da moderação, contrapondo-se à imposição de uma doutrina oficial ao partido. Na primeira convenção nacional do Partido dos Trabalhadores, em Brasília, no ano de 1981, Luiz Inácio da Silva proferiu o histórico discurso que foi incorporado aos documentos básicos da formação política do PT. Ele declarou "que é falso dizer que os trabalhadores, em sua espontaneidade, não são capazes de passar ao plano da luta dos partidos, devendo limitar-se às simples reivindicações econômicas"[44], tal qual afirmavam

---

43. Cabe lembrar que José Genoíno, cearense, estimulou o PT local e seu irmão seria mais tarde deputado.
44. *Documentos Básicos do Partido dos Trabalhadores*, São Paulo, 1991.

tanto a esquerda tradicional quanto a direita, que elogiava os operários enquanto não se imiscuíssem "na política".

Todavia o principal elemento da formação do PT (o novo sindicalismo) nem sempre existiu dependendo da cidade onde o PT surgiu. Fortaleza, como veremos, teve uma presença de esquerda forte, embora o partido tenha sido fundado num Convento Carmelita, na periferia. Lá, não só a primeira prefeita entrou em choque com o partido, como a esquerda do PT sempre teve uma representatividade. Até mesmo na gestão de Luiziane Lins (ligada à DS), quase trinta anos depois da fundação.

No Estado da Paraíba, a Pastoral Operária criada em 1976 e as oposições sindicais que conquistaram a Associação do Magistério Público do Estado da Paraíba (Ampep) e o Sindicato dos Têxteis fundaram o PT em 1980, e, posteriormente (com alguns sindicatos rurais) a Central Única dos Trabalhadores (CUT)[45]. Em Vitória (ES) o PT tinha em Vitor Buaiz, por exemplo, um sindicalista, mas de uma área bem distinta dos operários. Ele era médico, enquanto João Carlos Coser era militante da Igreja e Perly Cipriano ex-preso político.

---

45. Isto em julho de 1984, no Centro de Vivência da Universidade Federal da Paraíba. Sobre este tema, vide Paulo G. A. Nunes, *O Partido dos Trabalhadores e a Política na Paraíba: Construção e Trajetória do Partido no Estado (1980-2000)*, João Pessoa, Sal da Terra, 2004.

Fora da Grande São Paulo e de alguns núcleos onde existia um embrião de "novo sindicalismo", como Porto Alegre, o PT contou ora com políticos locais (em geral ligados ao MDB) ora com militantes de organizações de extrema esquerda ilegais. O que reforça a tese de que a extrema esquerda tinha maior força interna onde era menor o peso social do partido.

No Rio Grande do Norte, embora o PT tivesse base no sindicalismo rural, foram duas forças de esquerda que o disputaram, o PCR (que depois se fundiu ao MR 8 e saiu do partido) e o PCBR, que nos primeiros seis anos de vida partidária teve o controle da direção estadual[46].

No Piauí a formação do PT se deveu à Igreja Católica (um padre italiano muito contribuiu, inclusive financeiramente) e a um grupo de professores, mas os sindicalistas eram da área rural[47].

No Acre, o PT só tinha 822 filiados, mas este número perfazia 7,1 filiados por mil eleitores, a maior relação do Brasil. Naquele Estado o PT foi fundado em 12 de março de 1980 e fortaleceu-se no campo apropriando-se da ação da Igreja Católica na organização dos seringueiros em sindicatos rurais. Algumas lideranças rurais ficaram famosas nacionalmente

---

46. Alessandro Augusto Azevêdo, *Sem Medo de Dizer Não: O PT e a Política no Rio Grande do Norte (1979-1990)*, Natal, Universidade Federal do Rio Grande do Norte, 1996, p. 106, dissertação de mestrado.
47. Depoimento de Antonio Carlos Andrade, 16 mar. 2011.

por terem sido vítimas fatais do latifúndio como Wilson Pinheiro e Chico Mendes. Também Osmarino Amâncio era reconhecido nacionalmente, muito antes de despontarem na direção local e nas eleições as figuras de ex-estudantes (também de origem humilde, como Marina Silva ou não).

O partido no início era frágil e invariavelmente dividido, ainda que as disputas nem sempre reproduzissem a dinâmica do debate ideológico nacional. Ali mesmo no Acre o partido se cindiu entre PRC, OSI e uma ala baseada em líderes comunitários e no mandato do Deputado Federal Nilson Mourão que constituiria mais tarde a Articulação[48]. Em Rondônia também havia uma diversidade política parecida[49].

Mesmo nos centros econômicos desenvolvidos e próximos à ação do Novo Sindicalismo o partido não lograva unidade. Na cidade de Mauá (SP), praticamente dois grupos fundaram o PT separadamente. A Direção Estadual destituiu a primeira Comissão Provisória e reconheceu outra[50] e durante seus primeiros quinze anos o partido mauaense seguiu dividido na maior parte do tempo. Em Diadema (SP), primeira cidade conquistada e governada, o prefeito seria expulso do partido e, posteriormente, outro prefeito também.

---

48. Marcos I. Fernandes, *O PT no Acre*, Natal, UFRN, 1999.
49. Cf. Depoimento de Hamilton Pereira, em M. M. Ferreira e A. Fortes (orgs.), *Muitos Caminhos, uma Estrela: Memórias de Militantes do PT*, São Paulo, Editora Fundação Perseu Abramo, 2008, p. 261.
50. Nilton C. M. Santos, *Resgate da História. Partido dos Trabalhadores*, São Paulo, STS, 2003, p. 20.

O partido tinha uma especial dificuldade em combinar luta social e institucional, como ficou provado nos governos de Maria Luíza Fontenelle (Fortaleza – CE, 1985) e de Luiza Erundina (São Paulo, 1989). Aliás, as duas sairiam mais tarde do partido por motivos diversos. Ora, os problemas já ocorreram nas duas primeiras prefeituras petistas de Diadema (SP) e de Santa Quitéria (MA).

A cidade de Diadema foi conquistada como resultado do impulso da gênese do partido no grande ABC. O governo do prefeito Gilson Menezes tentou articular-se à população organizada através dos conselhos populares a partir de 1984, mas o conflito entre a administração e o Diretório Municipal levou à expulsão do prefeito ainda naquele ano, decisão revertida pelo Diretório Estadual. Mesmo assim, a administração foi bem sucedida, pois ao final do mandato o prefeito tinha 55% de aprovação e o PT 68% de simpatia do eleitorado. No entanto, Menezes abandonou o PT e voltou mais tarde a ser prefeito pelo PSB.

A outra cidade onde o PT obteve a prefeitura nas eleições de 1982 foi Santa Quitéria do Maranhão, distante 365 km de São Luís, a capital do Estado. Mas a vitória foi totalmente circunstancial e se deveu particularmente ao apoio do pároco local. Além disso, o partido surgiu de cima para baixo, apoiado pelo médico e o padre, por professores, pequenos e médios proprietários de terra e comerciantes. O eleito, Manoel da Silva Costa (Manuca), só ingressou no partido porque não tinha espaço na Direita (representada pelo PDS, sucessor da ARENA). Desligou-se do partido no ano seguinte já que entre optar por lutar isoladamente contra a política clientelista do governador ou tornar-se cliente e, assim, obter algum apoio financeiro para o município, ele optou pelo clientelismo[51].

O PT do Pará também sofreu intervenções. Em 1982 o partido se dividiu durante a pré-convenção para escolha dos candidatos a governador e senador. Lula passou uma noite em Belém tentando mediar os conflitos sem sucesso. A Direção Nacional, em reunião realizada nos dias 6 e 7 de setembro, dissolveu o Diretório Regional do Pará e nomeou uma comissão interventora[52]. O que de fato havia era uma disputa entre um grupo ligado a Jader Barbalho e as bases de trabalhadores rurais capitaneadas pelo PT de Santarém[53]. Apesar disso, o PT cresceu. Ele tinha ali oito mil filiados em 1982 e terminou aquele decênio com trinta mil (em 1989). Em 1992, estava estruturado em 44 municípios e se estruturando em outros 47 (o total de municípios do Pará era 128).

De norte a sul a situação se repetia. No Paraná, o primeiro "racha interno" ocorreu em agosto de 1983, no bojo

---

51. Arleth S. Borges, *A Construção do Partido dos Trabalhadores no Maranhão*, Campinas, Unicamp, 1998, p. 205, dissertação de mestrado.
52. Pere Petit, *A Esperança Equilibrista: A Trajetória do PT no Pará*, São Paulo, Boitempo, 1996, p. 109.
53. Depoimento de Avelino Ganzer, em M. M. Ferreira e A. Fortes, *op. cit.*, p. 173.

das avaliações sobre a derrota eleitoral do ano anterior. Para a pré-convenção estadual uniram-se PCBR, MEP, membros do que se configuraria como PRC e militantes das pastorais (chamados pela esquerda de "igrejeiros"), deixando de fora os "independentes", como Edésio Passos (primeiro candidato a governador do partido) e a corrente O Trabalho. Curiosamente, estes dois últimos foram a base da formação da tendência Articulação no Paraná, ao lado dos "igrejeiros", os quais no racha de 1983 estiveram ao lado da extrema esquerda. Na renovação da Direção Estadual em abril de 1986, o PCBR perdeu as eleições internas com 36% dos votos e Gilberto Carvalho foi eleito presidente estadual[54].

Em muitas cidades o partido só pôde aparecer devido à extrema esquerda, até que depois evoluísse eleitoral e socialmente, o que em regra geral levou à exclusão ou à conversão dos militantes esquerdistas à política mais parecida com a social democracia. Em Londrina (PR), onde o PT tinha oitocentos filiados em 1981, foram militantes do PCBR e O Trabalho que formaram o partido, já que os sindicatos estavam na oposição ao PT e os setores da Igreja e uns poucos do PMDB só entraram mais tarde[55]. Em Maringá (PR) a OSI foi a principal força formadora do PT.

---

54. Roberto Elias Salomão, *Os Anos Heróicos: O Partido dos Trabalhadores do Paraná do Nascimento até 1990*, Curitiba, PT, 2010, pp. 78 e 114.
55. Janaina Carla S. Vargas Hilário, "A Experiência do Partido dos

No Maranhão, a corrente majoritária do partido, a Articulação foi formada principalmente por ex-estudantes com origem na Polop, enquanto a outra tendência, de natureza regional e chamada PT de Aço, tinha peso entre os trabalhadores rurais, devido à liderança de Manoel da Conceição, camponês que militou na AP[56]. Na Paraíba as forças principais de criação do PT vieram da esquerda organizada (PCR, PCBR, MEP, OSI, CS e CLTB – Comitê de Ligação dos Trotskistas Brasileiros, racha da OSI)[57].

Era no Estado de São Paulo que as tendências de esquerda tinham mais força social porque o PT como um todo era maior. Em Botucatu, o PT surgiu com apoio de antigos militantes da APML, com origem entre estudantes de medicina[58], mas a cidade teve uma presença comunista anterior, ligada ao PCB e uma classe operária estabelecida na área metalúrgica (como também foi o caso de Bauru); num outro extremo do país, na cidade gaúcha de Pelotas, a contribuição decisiva veio das correntes trotskistas Liberdade e Luta (Libelu), Avançar a Luta (Avalu) e Peleia

---

Trabalhadores em Londrina a Partir da Cultura Política", *Revista de História Regional*, 15(1), Ponta Grossa, Verão, 2010, pp. 258-302.
56. Arleth S. Borges, *A Construção do Partido dos Trabalhadores no Maranhão*, Campinas, Unicamp, 1998, p. 249, dissertação de mestrado.
57. Paulo G. A. Nunes, *op. cit.*, pp. 73 e 83.
58. Como era o caso de Valdemar Pereira Pinho, mais tarde vice-prefeito. Cf. Ricardo Azevedo, *op. cit.*, p. 204.

(grupo regional que se integraria à Organização Revolucionária Marxista – Democracia Socialista (ORM-DS)[59].

A diversidade social do PT também era grande desde o seu início e isso lhe deu uma originalidade na história da esquerda brasileira e se corporificou no debate intenso, no direito de tendência e na democracia interna. Por exemplo, em Guarulhos, além dos sindicatos e da Igreja já havia inúmeras organizações de esquerda na origem do PT. Mas diferentes foram os casos de outras três cidades paulistas: Sorocaba[60], onde o PT nasceu do movimento da saúde e da presença da Libelu; Sumaré, onde o partido surgiu pela obra exclusiva de militantes católicos; e Cubatão, com a presença de defensores dos transportes públicos e da causa ambiental[61], então no seu nascedouro.

Em outros casos, o PT tinha presença na capital do Estado e tinha que deslocar militantes dotados de títu-

---

59. Lauro Luis Borges Júnior, *As Relações Perigosas: o PT e o Governo Municipal de Pelotas (2001-2004)*, Pelotas, UFPE, 2009, p. 79, dissertação de mestrado.
60. O biólogo Oswaldo Noce foi o primeiro vereador. Também foram importantes a Comissão de Anistia liderada pela futura deputada Iara Bernardi; o sindicato dos têxteis, o dos metalúrgicos (formado com apoio de operários do ABC) e o movimento contra a instalação de Aramar (base de pesquisas nucleares na Fazenda Ipanema). A este grupo pertencia Claudio Maffei, depois prefeito de Porto Feliz. Cf. depoimento de Fabio Rogério C. Corrêa.
61. Margareth Keck, *A Lógica da Diferença: o Partido dos Trabalhadores na Construção da Democracia Brasileira*, São Paulo, Ática, 1991, p. 122.

los em cidades do interior para lançarem-se candidatos, como em Minas Gerais[62] ou simplesmente fazer o partido existir, como aconteceu em Itapetininga mediante um jornalista e um aluno da USP.

A organização do PT dependia também em grande medida das viagens pelo país de dirigentes radicados em São Paulo, mas não só. O velho líder camponês Manoel da Conceição, que foi candidato a Governador de Pernambuco em 1982, teve papel destacado no Rio Grande do Norte e no Maranhão, por exemplo. Dirigentes de Minas Gerais, sindicalistas gaúchos e tantas outras pessoas foram responsáveis por levar a ideia de criação do PT.

Naqueles anos iniciais os petistas de vários Estados exigiam a presença de Lula, que viajou por todo o Brasil para fazer reuniões e falar em comícios. No já citado Paraná, por exemplo, onde o partido, em 1982, estava organizado em 85 municípios, Lula percorreu em menos de uma semana Londrina, Cambé, Ibiporã, Cornélio Procópio, Arapongas, Apucarana, Rolândia, Paranavaí, Maringá, Cascavel e Toledo.

No Rio Grande do Sul o PT contava com a liderança do bancário Olívio Dutra (e que havia estudado Letras na UFRGS) e com o vertiginoso crescimento do Centro de Professores do Estado do Rio Grande do Sul (CPERS-Sindicato), originalmente animado pelo PMDB[63]. No entanto foi no Rio

---

62. N. Miranda, *Memória Essencial. A Trajetória Vitoriosa do PT em Minas Gerais*, Belo Horizonte, 2003, p. 135.
63. J. H. Dacanal e J. H. Weber, *A Nova Classe. O Governo do PT*

Grande do Sul que o PT, alimentando-se de sua ampliação na classe média e, certamente, de uma permanência de longa duração, conseguiu suplantar os remanescentes do velho trabalhismo e forjar-se como o grupo hegemônico no campo de esquerda. Este processo iniciou-se com a conquista da prefeitura de Porto Alegre e com as sucessivas vitórias da candidatura presidencial de Lula no Estado. O contrário ocorreria em São Paulo, onde o PT surgiu e era socialmente mais importante. Ali, apesar da crônica deficiência de suas sucessivas direções, o principal fator foi uma forte tradição liberal, que remonta à República Velha e à celebração da Revolução de 1932. Em São Paulo, apesar do apoio entre os trabalhadores, o trabalhismo (e, depois, o petismo) nunca gozou de um forte apoio nas elites das classes dominantes e na maior parte da pequena burguesia.

O PT também nasceu da ação de parlamentares já estabelecidos que compuseram sua primeira bancada por adesão. Antônio Carlos de Oliveira (MS), Edson Khair (RJ), Luiz Antonio Cechinel (SC), o senador Evandro Carreira (AM), o senador Henrique Santillo (GO) e o deputado Freitas Diniz (MA). Os dois últimos mostram bem a tensão que os parlamentares causavam no partido já desde o início. Em Goiás, o partido tinha uma base forte no Centro dos Professores (CPG)[64] e a Libelu e a Convergência

---

*no Rio Grande do Sul*, 3. ed., Porto Alegre, Novo Século, 1999, p. 132.
64. Fernando Silva Santos, *Os Efeitos da Modernização Conservadora na Luta Política e Sindical dos Trabalhadores no Sudoeste Goiano:*

faziam oposição aos parlamentares que aderiram. Goiás só perdia para São Paulo em número de núcleos, provavelmente[65]. Ali, o PCBR e o MT (Movimento dos Trabalhadores) disputariam palmo a palmo com os moderados conforme David Maciel, estudioso do período. No Maranhão, Freitas Diniz entrou em conflito com os estudantes petistas da universidade federal. Mesmo no Rio Grande do Sul, o primeiro vereador em Porto Alegre, o engraxate Antonio Candido, conhecido como Bagé, havia sido eleito em 1978 pelo MDB. O primeiro eleito sob a legenda petista foi um jornalista, Antonio Hohlfeldt.

## A Dinâmica Social

O PT era tão diverso social quanto regionalmente. Aliás, a desigualdade social era inseparável da espacial. Em Itaquiraí (MS) o partido nasceu praticamente dentro de um acampamento de sem terra enquanto outros núcleos se formaram em universidades. O *slogan* da campanha petista em 1982 era: "Vote 3, o resto é burguês". Era o número do partido antes de seu registro definitivo com o número 13. Em 1982, 51% dos eleitores do PT em São Paulo eram trabalhadores do setor industrial[66].

---

*O Bonapartismo, a Autocracia Burguesa e o Partido dos Trabalhadores (1975-1982)*, São Paulo, PUC, 2010, p. 154.
65. Cf. *Em Tempo*, 3 de junho de 1980.
66. Benedito Tadeu Cesar, *Verso, Reverso, Transverso. O PT e a Demo-*

Apesar do *slogan*, o PT foi desde o início um partido multiclassista e estava além de uma base de apenas trabalhadores manuais. É claro que nenhum outro partido brasileiro teve tantas pessoas de classe média baixa ascendendo socialmente pela militância política. Nenhuma outra agremiação tinha tantos sindicalistas (portanto, antigos trabalhadores) em suas bancadas parlamentares.

A base social de recrutamento político era formada inicialmente por "operários da indústria, como metalúrgicos, químicos, petroleiros, coureiros, vidreiros, e do setor de serviços, como os empregados em empresas de transporte, bancários, pequenos proprietários e trabalhadores rurais sem terra, além de funcionários públicos, como professores das redes municipais e estaduais de ensino"[67].

Até oficiais da Polícia Militar de São Paulo se organizaram no interior do partido, apesar das punições que sofriam na corporação. O primeiro militar ativo filiado ao PT foi possivelmente o Tenente Francisco Paz, membro desde a fundação. Quando mais tarde o PT ganhou a prefeitura de São Paulo o Coronel Vicente Sylvestre, policial militar que tinha sido perseguido político, foi nomeado comandante da Guarda Civil Metropolitana.

---

*cracia no Brasil*, Unicamp, 1995, p. 135, tese de doutorado.
67. Paulo H. Martinez, "O Partido dos Trabalhadores e a Conquista do Estado", em D. A. Reis e M. Ridenti (orgs.), *História do Marxismo no Brasil*, vol. 6, 2007, p. 246.

Uma abordagem especificamente marxista das classes sociais em sociedades complexas é difícil. O conceito de "classe média" é de origem funcionalista. Decerto, uma estratificação por renda é insuficiente. Proletários de colarinho branco, como professores estaduais (não das universidades) por vezes auferem rendimentos muito inferiores a operários qualificados de empresas multinacionais.

No entanto, a classe dos trabalhadores produtivos para a qual se dirigiu a pregação socialista historicamente foi a dos operários, dos que trabalhavam com as mãos, vestiam macacão e, no caso europeu, o famoso boné. É necessário diferenciar analiticamente os que trabalham com as mãos dos demais assalariados. Isto porque, apesar da presença marcante deles (os do campo e da cidade) no PT, obviamente tiveram maior dificuldade em se afirmar como dirigentes e candidatos às eleições.

Leve-se em consideração também que o setor de serviços se ampliou dos anos 1980 em diante. O operário Djalma Bom, deputado federal eleito em 1982, lembra que os parlamentares riram de seu primeiro discurso porque ele falava errado[68]. A Câmara Municipal do Rio de Janeiro demorou a oferecer um carro oficial a Benedita da

---

68. Cf. M. M. Ferreira e A. Fortes (orgs.), *Muitos Caminhos, uma Estrela: Memórias de Militantes do PT*, São Paulo, Editora Fundação Perseu Abramo, 2008, p. 97.

Silva, em 1982, porque afinal o carro não poderia subir a favela onde ela morava...[69]

Nas tendências era muito comum o petista "lumpemproletário intelectual", jovem de classe média, morador de uma zona semiperiférica, estudante, desempregado, calça jeans, bolsa a tiracolo, com um livro marxista. Ou um proletário dos serviços, em geral professor das redes públicas estaduais.

Era também inevitável que o partido incorporasse outros setores mais abastados ou com maior preparo intelectual nas suas fileiras em posições de prestígio. Vários dirigentes e candidatos eleitos tinham origem nas organizações de esquerda anteriores ao PT e que possuiam um recorte de classe média.

Em 1980 metade dos membros das comissões provisórias era sindicalista. Entre os 38 candidatos paulistas do PT à Câmara dos Deputados em 1982 somente sete eram operários, ainda que houvesse alguns assalariados de pouca renda (vigilante, motorista) a maioria não estava nesta categoria. E dos 67 candidatos à Assembleia Legislativa de São Paulo, 22 eram operários (um razoável índice de quase 33%).

Já entre os vinte membros da Executiva Nacional eleita em dezembro de 1987, havia apenas quatro trabalhadores manuais, embora dez fossem sindicalistas. É que os sindicalistas, sempre presentes em todas as direções e bancadas de deputados federais, eram predominantemen-

---

69. *Idem*, p. 296.

te do setor de serviços. Dos 16 deputados eleitos em 1986 somente dois eram metalúrgicos. Não se pode esquecer, entretanto, que a diversidade regional brasileira se expressou na composição do PT. No Maranhão, por exemplo, entre 1982 e 1994, dos 33 mandatários eleitos pela legenda petista, nenhum era operário, mas doze eram lavradores e quatro eram pescadores[70]. Isto não impediu que PT maranhense ficasse conhecido como "partido de estudantes"[71] e tivesse sua política fortemente influenciada por militantes que atuavam ou tinham atuado no Movimento Estudantil. Pode-se dizer que ali 36% dos fundadores do PT pertenciam a uma camada de baixa renda[72]. Já no Rio Grande do Norte, metade dos candidatos a deputado na chapa apresentada pelo partido em 1982 era de trabalhadores rurais, além dos candidatos a vice-governador e a senador[73].

Em Minas Gerais a chapa de candidatos a deputado federal tinha cinco trabalhadores manuais num total de dezesseis. No Pará, a primeira reunião para formação do PT não tinha nenhum operário ou trabalhador rural: eram cinco professores secundários, três bancários, três estudantes universitários do Centro Acadêmico da UFPA, um sociólogo e um jornalista. A primeira Direção Regional tinha

---

70. Arleth S. Borges, *A Construção do Partido dos Trabalhadores no Maranhão*, Campinas, Unicamp, 1998, p. 282, dissertação de mestrado.
71. *Idem*, p. 68.
72. *Idem*, p. 124.
73. Alessandro A. Azevêdo, *op. cit.*, p. 114.

um advogado como presidente, um economista, um técnico da Fase – Federação de Órgãos para Assistência Social e Educacional, um comerciário, dois bancários, um professor e um operário da construção civil[74], embora a base de Santarém tivesse, sob a liderança dos irmãos gaúchos Ganzer, muitos trabalhadores rurais. Entre os primeiros líderes do partido no Paraná, praticamente não havia operários.

Os militantes, portanto, continuaram sendo recrutados nos estratos de renda média. Só que cada vez mais entre trabalhadores de colarinho branco. E mais e mais profissionalizados na máquina pública governada pelo partido. Os outros o abandonaram, mas em geral porque podiam sustentar seu radicalismo com profissões estáveis no funcionalismo público, com honrosas exceções ou nos meios estudantis, onde ainda não se colocava tal problema[75].

Embora não seja um índice desprezível, a presença da classe operária no PT é menos importante do que o real compromisso do partido com as causas dos trabalhadores. E nisso o PT foi coerente por muitos anos. As dificuldades vieram quando ele passou a ocupar um número grande de governos locais e teve que entrar em conflito com políticas emanadas dos sindicatos de funcionários públicos e de movimentos sociais.

---

74. Pere Petit, *A Esperança Equilibrista: A Trajetória do PT no Pará*, São Paulo, Boitempo, 1996, p. 89.
75. Embora se desconheçam estudos sobre a composição social da extrema esquerda no Brasil (incluindo as alas radicais do PT) é possível que ela faça seu recrutamento em setores de rendimentos mais elevados.

## Política Sindical

O líder máximo do PT era sindicalista. Nas paredes seu nome era sempre pichado em maiúsculas: LULA. Era natural que o PT despendesse muita energia prática na construção e manutenção de seus aparelhos sindicais.

É comum também considerar o velho PCB como ligado a uma estrutura antiquada diante de um "novo sindicalismo". O próprio Lula declarou num debate no Instituto Cajamar em 1987 que "o grande empecilho para criar o Partido dos Trabalhadores eram exatamente os comunistas"[76]. Na verdade, era difícil em 1978 separar radicalmente sindicalistas do PCB e do futuro PT.

Lula despontou como líder nacional na campanha salarial de 1977, depois que ficaram patentes o aumento da produtividade industrial, o achatamento dos salários e as manipulações dos índices inflacionários pelo governo. Mas até então ele era distante de uma definição ideológica. O discurso que ele leu na posse como presidente do sindicato dos Metalúrgicos rejeitava o capitalismo e a ideologia marxista, embora representasse muito mais a concepção católica do autor do texto: o advogado Maurício Soares[77].

No V Congresso da Confederação Nacional dos Trabalhadores na Indústria (CNTI) os sindicalistas chamados

---

76. Vários autores, *Socialismo em Debate*, São Paulo, Instituto Cajamar, 1988, p. 259.
77. D. Paraná, *op. cit.*, p. 102.

"autênticos" se distanciaram dos pelegos. Entre aqueles se incluíam os comunistas[78]. Depois do Congresso dos Metalúrgicos de Poços de Caldas (MG) se tornou mais clara uma distinção entre os autênticos e a chamada *Unidade Sindical*, que agrupava PCB, PC do B, MR 8 e sindicalistas mais conservadores. Os primeiros, unidos às oposições sindicais, defendiam a indicação de delegados destas em eleições paralelas ao sindicato oficial e propugnaram o Entoes – Encontro Nacional dos Trabalhadores em Oposição à Estrutura Sindical, realizado nos dias 13 e 14 de setembro de 1980; também atuaram através da Anampos – Articulação Nacional de Movimentos Sindicais e Populares. Os comunistas não atacavam frontalmente a estrutura sindical, mas faziam muitas críticas a ela.

Os autênticos surgiram dentro da estrutura sindical vigente e se reproduziram ao longo dos anos nela. Eles se separaram da Unidade Sindical e fundaram em 1983 a CUT. Os comunistas, por seu turno, ficaram reféns dos chamados pelegos na Conclat – Coordenação Nacional da Classe Trabalhadora. Até fins dos anos 1980 a CUT foi basicamente petista (com participação minoritária de outros grupos).

Os comunistas argumentavam que a maioria dos sindicatos sucumbiria sem o imposto sindical e o atrelamento ao estado. Isto ficava mais evidente num quadro

---

78. Marco Aurélio Santana, "Esquerdas em Movimento: A Disputa entre PCB e PT no Sindicalismo Brasileiro dos Anos 1970/1980", *Revista Perseu*, n. 1, dez. 2007, p. 45.

geográfico bem preciso. No ABC, onde os petistas eram hegemônicos nos sindicatos, predominavam grandes empresas. Em São Paulo a dispersão de fábricas era maior. Aqui atuava a Oposição Metalúrgica de São Paulo, formada por militantes oriundos da luta armada e católicos. Ambos os sindicatos eram financeiramente fortes. Mas o PCB tinha uma visão de conjunto, o que o PT, predominantemente paulista e avesso a alianças de classe, não tinha. Passados alguns decênios, as diferenças entre autênticos e demais correntes sindicais se apagaram no que toca à luta contra o modelo sindical herdado da Era Vargas e o PT fez alianças iguais às do PCB.

Depois que o Governo Lula aplicou a opção pelo neo-desenvolvimentismo ficou mais evidente que o PT é uma continuidade da tradição do marxismo brasileiro gestado no período 1954-1964. Francisco de Oliveira foi um dos primeiros a notar que o PT se insere naquela tradição onde o PCB foi o elemento central, mas outros estudiosos posteriormente confirmaram esta hipótese[79].

O que efetivamente separava comunistas e petistas era muito mais a leitura da conjuntura política e o vínculo internacional do que o sindicalismo. Tanto que em março de 1981, o PCB discernia o "PT histórico" de Lula, cuja

---

79. Depoimento de Luiz Dulci, em M. M. Ferreira e A. Fortes, *op. cit.*; Ricardo Musse, "As Aventuras do Marxismo Brasileiro", São Paulo, USP – LeMarx, 2010; F. Oliveira, em E. Sader (org.), *E Agora PT?*, São Paulo, Brasiliense, 1986, p. 11.

trajetória era vista positivamente, das alas de esquerda que tinham um "papel desorganizador e divisionista"[80]. Havia mesmo grupos que entendiam como estratégica uma aliança entre PT e os comunistas[81].

Certamente aquela mistura de católicos e sindicalistas com adeptos de outras linhas leninistas cedo ou tarde tinha que encontrar resistências no velho PCB, então ainda o mais influente partido de esquerda nos meios operários, apesar de sua *débâcle* em 1964.

Ocorre que o PT era crítico acerbo da União Soviética. Na primeira metade dos anos 1980, Lula era comparado ao líder oposicionista polonês Lech Walesa (que liderava os trabalhadores do Estaleiro de Gdanski). Ambos eram católicos e foram recebidos pelo Papa João Paulo II. Era comum ver carros de petistas com a inscrição *oPTei* ao lado de "Solidariedade" e muitos militantes usavam indistintamente camisas e broches do sindicato polonês ao lado da estrela do partido, proposta por Julio de Grammont[82]. Boletins municipais reproduziam notas de apoio ao sindicato Solidariedade[83].

Na sua trajetória posterior, ambos chegariam à presidência de seus países, mas Walesa foi muito mais influen-

---

80. "Resolução Sindical dos Comunistas do Estado de São Paulo", 1981, Cedem-Unesp.
81. *Frente Operária*, n. 419, jul.-ago. 1983.
82. Jornalista e militante de esquerda que atuava no ABC.
83. PT Curitiba, órgão da Coordenação Municipal Provisória, dezembro de 1985.

te no início, posto que o declínio do Leste Europeu fosse tema de importância geopolítica maior do que a redemocratização do Brasil. Assim Walesa ganhou o prêmio Nobel em 1983[84] e vinte anos depois ninguém se lembrava dele, enquanto Lula não ganhou o prêmio naquele momento, mas se fez personalidade internacional posteriormente.

No último comício da campanha eleitoral de 1982, na Praça Charles Miller, os militantes da Convergência Socialista chegaram gritando a palavra de ordem "Brasil, Polônia, América Central, a classe operária é internacional"[85], embora houvesse divergências sobre a Polônia com os militantes do jornal *O Trabalho* (ligados à OSI)[86]. Alguns comunistas, considerando uma natureza capitalista do Sindicato Solidariedade, até mesmo confeccionaram camisetas com o nome do General comunista Jaruzelski, que acabara de decretar lei marcial na Polônia[87].

O PCB era politicamente moderado e desde dezembro de 1975, como mostra uma de suas resoluções[88], mantinha-se na estratégia de conquista de posições sem ameaçar a lenta transição à democracia. Temia um retrocesso

---

84. Lech Walesa, *Um Caminho de Esperança*, São Paulo, Best Seller, 1987, p. 303.
85. Mensagem de Flavio de Campos, então militante da CS, 17.2.2011. Atualmente, professor da USP.
86. *Luta de Classe*, n. 9, São Paulo, maio de 1982, p. 41.
87. Depoimento de Marcos Cordeiro Pires, militante sindical do PCB nos anos 1980. Atualmente, professor da Unesp.
88. *Resolução Política*, dezembro de 1975.

(na época, o atentado do Riocentro, no dia 30 de abril de 1981 parecia dar razão aos comunistas). O Partido ainda se ressentia do massacre que havia sofrido poucos anos antes[89]. Mesmo seu congresso realizado na Praça Dom José Gaspar, em 1982, foi desbaratado pela polícia.

Ele era já um partido que incorporara as ideias eurocomunistas da democracia como um valor universal (expressão defendida pelo líder comunista italiano Enrico Berliguer)[90] e o prestismo era alcunhado de "ideologia do golpismo"[91]. Por outro lado, a ideia de que o PT tinha sido criado com apoio do General Golbery do Couto e Silva para dividir a esquerda ou impedir que o PCB se tornasse a alternativa da esquerda operária no Brasil era muito difundida pelos comunistas na época (e ainda é repetida por alguns pesquisadores)[92].

---

89. Informe de Balanço da CER à Conferência Estadual de S. Paulo (1981)", em Marco Nogueira, David Capistrano Filho e Cláudio Guedes (orgs.), *O PCB em São Paulo: Documentos 1974-1981*, São Paulo, Livraria Ciências Humanas, 1981, p. 219.
90. *Partido Comunista Brasileiro. Uma Alternativa Democrática Para a Crise Brasileira*, São Paulo, Novos Rumos, 1984.
91. "Resoluções da Conferência Municipal do PCB em São Paulo" (1981), em M. A. Nogueira *et al.* (orgs.), *op. cit.*, p. 206. Prestes havia abandonado o PCB e divulgado uma "Carta aos Comunistas". Refugiou-se no PDT – Partido Democrático Trabalhista, liderado por Leonel Brizola.
92. Algumas referências em Walson Lopes, *Da Negação à Integração: Um Estudo da Trajetória Política do Partido dos Trabalha-*

O PT tinha uma política oposta ao PCB e chegava ao isolamento, como ocorreu em 1984 durante a campanha pelas eleições Diretas. O PCB, ao lado de todos os partidos (exceto o PT) defendeu a eleição de Tancredo Neves através do Colégio Eleitoral[93]. Aliás, as ideias estratégicas defendidas pelos comunistas cedo se pareceriam com as adotadas pelo PT[94].

No entanto, enquanto o PCB fenecia ao não compreender a exigência de radicalismo de um setor decisivo da classe operária, o PT representou uma ruptura com aquela velha esquerda em outros aspectos, como veremos.

Nos anos de formação, o PT ainda esteve muito preso à definição de sua política sindical e às dificuldades de superar seu isolamento político e a fragmentação interna. Assim, os dois primeiros encontros nacionais se dedicaram quase que exclusivamente a tarefas imediatas, como a nucleação em massa e as eleições. O Primeiro Encontro Nacional foi realizado na Assembleia Legislativa de São Paulo nos dias 8 e 9 de agosto de 1981. No discurso lido por Lula a palavra "socialismo" (com a variante "socialista") foi usada quinze vezes. Era natural que muita gente

---

dores (1979-2002), PUC, São Paulo, 2009, dissertação de mestrado.
93. Declaração Política da Comissão Nacional pela Legalidade do PCB, *Voz da Unidade*, n. 219, setembro de 1984.
94. V. Pomar, *A Metamorfose. Análise Econômica, Programa e Estratégia Política do Partido dos Trabalhadores: 1980-2005*, USP, 2005, p. 111. Vide também p. 212.

dentro e fora do PT quisesse saber ou definir ideologicamente o partido. O Regimento Interno foi aprovado e exigia que os núcleos tivessem 21 membros.

A política sindical foi debatida amplamente e afirmou-se a necessidade de se criar uma Central Única dos Trabalhadores (CUT) a partir da Conclat (Conferência Nacional das Classes Trabalhadoras). Ocorre que a reunião da Conclat na Praia Grande, em agosto de 1981, não havia chegado a um acordo. Dois Conclat, orientados por duas correntes de pensamento sindical opostas, seriam convocados. O PT apoiaria a realização do Conclat de São Bernardo do Campo em agosto de 1983, que criaria a CUT, enquanto o de novembro de 1983 manteve a sigla com novo significado (Coordenação Nacional das Classes Trabalhadoras) dando origem em 1986 à CGT – Central geral dos Trabalhadores. E antes mesmo de agosto a Comissão Pró-CUT organizou a primeira greve geral da história do Brasil no dia 21 de julho de 1983.

O PT também fez menção às lutas dos negros, sem terra, índios e mulheres. No plano teórico, definiu-se contra a Social Democracia europeia e a "burocracia soviética", mas manteve-se alheio às críticas contra Cuba[95]. Isto espelhava três elementos: em primeiro lugar, a presença dos trotskistas e dos católicos impunha a crítica ao Leste Europeu e o apoio à oposição polonesa; em segundo lugar, a presença de militantes

---

95. E tanto leninistas quanto trotskistas eram contrários à Social Democracia.

leninistas, maoístas, castristas etc. determinava um intercâmbio com Cuba; e em terceiro lugar, os sindicalistas defendiam que a unidade fosse construída na base de uma plataforma de lutas econômicas. Esta última posição sempre venceu porque era impossível um acordo entre correntes marcadas por profundas divergências ideológicas mas que eram obrigadas a conviver numa mesma organização partidária.

O II Encontro Nacional, ocorrido no Instituto Sedes Sapientiae em Perdizes[96], um bairro rico da cidade de São Paulo, de 27 a 28 de março de 1982, dedicou-se a uma política de alianças, fez menção ao internacionalismo e ao socialismo (nove vezes) e elaborou uma carta eleitoral que comprometesse o parlamentar petista. Este deveria ceder assessores de seu mandato para tarefas partidárias e pagar 30% de seus vencimentos líquidos como contribuição partidária.

Esta decisão foi muito importante porque selou a dependência financeira do PT face o Estado. Desde então, a maior parte do financiamento legal do partido proveio do Fundo Partidário e de contribuições estatutárias (de parlamentares, assessores e mandatários de cargos executivos). Só uma parte insignificante e declinante provinha dos filiados.

---

96. Este bairro tinha fortíssimo simbolismo político. Além do Sedes Sapientiae estavam ali a PUC e a base forte dos dominicanos. Assim, havia uma combinação de estudantes, católicos e intelectuais de esquerda: Octávio Ianni, Florestan Fernandes e Paulo Sandroni, por exemplo.

Como o leitor acompanhou até aqui, aquele partido inicial, quase sem representação parlamentar, era frágil institucionalmente, mas (como veremos no capítulo seguinte) tendia a se fortalecer no pólo oposto: o *social* em todas as suas múltiplas dimensões. Havia adesão voluntária e inorgânica de grupos de teatro, músicos e jornalistas. As artes e cultura estavam mais politizadas e as estreias teatrais recobravam ânimo[97]. A sindicalização dos educadores respondeu também pelo apoio intelectual e cultural ao PT. Por fim, a organização das mulheres foi expressiva: a primeira e pequena bancada paulistana de vereadores tinha Teresa Lajolo, Irede Cardoso e Luiza Erundina.

O que concluir dessa pluralidade toda?

Em seus anos primaveris aqui narrados a formação do PT parece errática. É que o partido nasceu num solo histórico caracterizado pela dispersão, pelas lonjuras fatigantes, pelas dificuldades de comunicação e por violências assustadoras. Impor uma direção política coerente e única foi uma tarefa difícil e incompleta. Diante dessa complexidade o historiador muitas vezes se limita a multiplicar os exemplos quando se espera dele o ensaio de conclusões. É que aquele partido que buscava sua vez e voz na vida brasileira só começaria a ser ouvido depois da ameaça de uma verdadeira revolução democrática que de 1984 a 1989 sacudiu o país, embora não o suficiente.

---

97. Natacha Dias, *As Inovações do Teatro Paulista nas Décadas de 60 a 80*, Universidade de São Paulo, Escola de Comunicação e Artes, 2001.

# 2. Oposição Social (1984-1989)

> *Os comunistas não formam um partido à parte dos outros partidos operários. Não têm interesses separados dos interesses do proletariado como um todo. Não estabelecem princípios particulares segundo os quais queiram moldar o movimento proletário.*
> MARX E ENGELS, *Manifesto Comunista.*

Na acanhada festa de 31 anos do PT na cidade de São Paulo, realizada no Clube Transmontano, um membro da primeira bancada de vereadores da capital paulista, operário, comentava que um novo ministro do governo Federal, então estudante universitário, havia sido seu empregado no gabinete. De repente, o Ministro entrou e ele enrubesceu...

As solidariedades locais, de origem e até etárias foram importantes fatores de aglutinação e afirmação de pessoas pobres e sem um *background* familiar ou pecuniário no ABC paulista. Todavia tais afinidades foram em muitos casos anuladas por outras mais poderosas quando transpostas ao universo de relações mais amplas do partido. Os líderes de tendências, mandatos e organizações sindicais estabeleceram carreiras, enquanto as bases foram para casa. Igualmente, os núcleos perderam totalmente seu poder de influência, como veremos, embora nunca tivessem desaparecido.

Qualquer partido Socialista no Brasil não poderia ter uma organização de base idêntica à da Social Democracia europeia. Os núcleos eram "a veia por onde passa a vida do PT"[1] na expressão de um boletim partidário da época.

Os núcleos do PT não eram uma herança das células comunistas e nem das seções socialistas. Em parte eles mimetizaram as CEBs e foram a expressão política de uma organização popular originalmente religiosa[2]. Isto se comprova pela mistura de círculo de estudos, discussões e organização de ações locais que substituíam muitas vezes carências da população.

Eles também foram impulsionados pelos sindicalistas como contrapeso às tendências que, na opinião deles, ameaçavam tomar o controle do PT ou simplesmente fragmentá-lo. É claro que eles eram muito diversos e um núcleo do bairro de alta classe média paulistana como Vila Madalena não poderia se assemelhar ao da Vila Guilhermina.

---

1. PT Piracicaba, *Boletim do Partido dos Trabalhadores*, n. 0, outubro de 1983.
2. A. M. Doimo, "Os Rumos dos Movimentos Sociais nos Caminhos da Religiosidade", em P. J. Krischke e S. Mainwaring (orgs.), *A Igreja nas Bases em Tempo de Transição (1974-1985)*, Porto Alegre, LPM, 1986, p. 113. Também: M. A. Brandão, *O Socialismo Democrático do Partido dos Trabalhadores*, São Paulo, Anablume, 2003, p. 58.

As enquetes nos ajudam pouco quando se trata de perceber que, apesar de tudo, as classes subalternas estavam lá. Quando os delegados responderam a perguntas sobre sua situação financeira e escolar no I Congresso do PT, ficou evidente que as pesquisas ignoravam as bases que haviam elegido os delegados[3]. Os eleitos eram pessoas que "falavam melhor" nas reuniões dos núcleos, escreviam documentos e gozavam de mais tempo livre para a política. Um exemplo foi um núcleo de base do Cangaíba na zona leste paulistana, formado predominantemente por operários e donas de casa, mas que indicou três delegados ao Encontro Estadual do partido: dois estudantes universitários e um sindicalista! Nenhum outro membro daquele núcleo tinha sequer curso secundário naquela altura.

Enquanto os núcleos existiram as direções petistas, mesmo distanciadas de suas bases, eram obrigadas a ouvi-las em plenárias, receber seus boletins, buscá-las para apoio eleitoral e receber seus reclamos na forma de recursos e propostas. Até mesmo reuniões internúcleos tentavam contornar a burocratização e o monopólio do poder interno nas direções.

Embora o PCB no passado tenha sido por algum tempo um verdadeiro partido de massas, nenhuma agremiação partidária brasileira conseguiu impor-se com tanta capilaridade e de forma tão veloz quanto o PT.

---

3. Carlos A. Marques Novaes, "PT: Dilemas da Burocratização", *Novos Estudos Cebrap*, n. 35, 1993, pp. 217-237.

Em 1980, no norte havia núcleos no Acre (12); Amazonas (22) e Pará (18). No nordeste, Maranhão (39) e Ceará (38) eram seguidos pela Bahia (18), Paraíba (17), Piauí (10) Rio Grande do Norte (12) e Sergipe (5). Mas um Estado importante como Pernambuco só possuía oito, o que refletia certa hegemonia do PCB e do PMDB na esquerda. No Piauí a penetração do PT também seria lenta e a primeira prefeitura conquistada seria numa tradicional região coronelística (Picos, 1996). No Centro Oeste a presença das lutas dos trabalhadores rurais era mais importante no Mato Grosso do Sul onde o PT tinha dezoito núcleos do que no Mato Grosso onde só havia um. Já Goiás, Estado com maior diferenciação produtiva e histórico de atuação de esquerda havia oitenta, além de outros quatro no Distrito Federal. Era no sudeste, evidentemente, que a estrutura do PT se consolidou melhor. O Espírito Santo com dezoito ainda iniciava sua organização, mas São Paulo com 120 núcleos, Minas Gerais (77) e Rio de Janeiro (37) demonstravam isso. No sul, havia 28 núcleos no Rio Grande, 27 em Santa Catarina e 22 no Paraná[4]. Alguns documentos aludiam a 626 núcleos em todo o país outros a um número um pouco menor. De toda maneira, eles englobavam 28 mil filiados. Em 1982 havia cerca de mil núcleos[5].

O PT tinha que agradar a legislação vestindo a camisa de força que esta impunha aos partidos políticos. Eles

4. *Boletim Nacional do PT*, n. 50, 1990, p. 13.
5. Circular n. 1, São Paulo, 1983.

sequer podiam fazer campanhas na televisão. A lei Falcão determinava que os candidatos aparecessem com sua foto, mas sem falar. Eles deviam ser escolhidos em convenções oficiais. As estaduais funcionavam na base de um delegado por municipalidade. Para contornar a legislação da Ditadura Militar, o PT criou as pré-convenções descentralizadas, abertas a uma ampla participação das bases. As Convenções Oficiais serviam apenas para referendar as decisões das convenções ampliadas[6]. O que suscitava um problema. Como todas as energias eram gastas na disputa de chapas do diretório na pré-convenção, o partido precisava fazer um esforço para que os militantes comparecessem e "dessem quorum" na convenção oficial. Preparar a Convenção Oficial diante do desinteresse dos militantes era uma tarefa[7].

A legislação não reconhecia os núcleos e sim os diretórios zonais e municipais como unidades mínimas de organização partidária. Como a legalização do partido era a tarefa central, ela desmobilizou a construção de núcleos[8].

A proposta de organização do PT baseava-se, essencialmente, no princípio da democracia participativa[9]. Em 1982 Eduardo Jorge, eleito Deputado Estadual com base na

---

6. F. Guatarri, *Lula (Entrevista)*, São Paulo, Brasiliense, 1982, p. 23.
7. *PT São Vicente*, n. 3, Órgão Oficial do Diretório Municipal de São Vicente, julho de 1985.
8. *Boletim do Núcleo Bela Vista*, n. 1, março de 1980.
9. Meneghello, *PT: a Formação de um Partido: 1972-1982*, Rio de Janeiro, Paz e Terra, 1989, p. 90.

Zona Leste de São Paulo, defendeu que "o núcleo tem que controlar o diretório distrital e tem de ter mecanismos de controlar a Direção estadual"[10]. Ao longo do tempo aconteceu o contrário. Naquele ano o PT paulista possuía 6 441 militantes em 272 núcleos de base[11]. O número de filiados era 70 933. Entretanto, só 52 núcleos estavam fora da Grande São Paulo. No interior do Estado, mesmo em cidades médias, como Bauru, a organização partidária se restringia ao diretório Municipal e uns poucos núcleos que funcionavam na casa de militantes. Mas em Diadema, onde o partido conquistara sua primeira prefeitura, havia catorze núcleos de base e 1 300 filiados em 1983[12].

Em 1982 eram 13% os petistas em núcleos de base. Ao longo de sua trajetória os núcleos possivelmente nunca congregaram mais do que 5% dos filiados e os encontros municipais, zonais, estaduais e nacionais raramente tinham uma participação expressiva em relação ao número de filiados. O espectro da falta de quorum rondava os militantes. Em 1984 o número de núcleos paulistas caiu para 220[13]. Em 1985 o PT tinha 668 núcleos no país.

Isto significa que o PT deve sua natureza de massas à influência eleitoral associada à inserção seletiva em or-

---

10. "Dossiê 1982", *Perseu*, n. 2, São Paulo, agosto de 2008, p. 133.
11. *Boletim Informativo*, Secretaria de Organização PT-SP, fevereiro de 1982.
12. Julio Tavares e Gonzaga Monte, *op. cit.*, p. 38.
13. M. Keck, *op. cit.*, p. 127.

ganizações da sociedade civil. Ou seja, foi desde o início um partido de quadros (numerosos para a época em que surgiu) que buscava orientar e liderar sua massa crescente de "simpatizantes", os meramente filiados e os eleitores.

Aliás, foi famosa a dicotomia "Partido de Quadros x Partido de Massas", pelo menos até que o PT a suprimisse, afirmando que nem era desejável um partido de massas acéfalas e com um frouxo relacionamento com as organizações internas e nem uma agremiação de dirigentes iluminados e distantes da população.

O núcleo de moradia era um espaço privilegiado de socialização política. A maioria dos núcleos na cidade de São Paulo se organizava por bairros[14]. Não tinha sede e normalmente usava a igreja, a sede municipal do partido ou a casa de alguém como local de reunião. As pessoas eram muito próximas, pois se conheciam do bairro. Mesmo nos núcleos por local de trabalho e de estudo, alguma comunhão para além da disputa política ocorria.

Muitas pessoas faziam reunião pela primeira vez. O sistema exigia a inscrição para falar, o prosseguimento de uma pauta cuja primeira parte eram os informes locais (às vezes nacionais). O aprendizado incluía saber o que era proposta, moção e as famosas questões que podiam ser feitas à mesa fora dos momentos da "falação" ou "fala" do

---

14. Tânia M. Marossi, *Utopia e Realidade: Os Núcleos de Base do PT na Cidade de São Paulo no Anos 80*, PUC/SP, 2000, p. 82, dissertação de mestrado.

companheiro: questão de ordem, de encaminhamento e de esclarecimento.

Em muitos casos as reuniões eram registradas em atas. O núcleo tinha um coordenador, um tesoureiro e um secretário.

Havia uma singularidade em muitos núcleos menores. Neles as grandes divergências nacionais se apagavam por vezes. Assim, mesmo o eventual membro de uma tendência precisava ajudar a vender rifa ou trazer um bolo para a festa do diretório local. Núcleos gigantescos foram, mais tarde, criados e por isso foi cassado seu direito de "tirar" delegados (como se usava falar). Mas eram organismos artificiais obtidos por filiação em massa orientada por cabos eleitorais de parlamentares já nos anos 1990. Por outro lado, as divergências locais às vezes nada tinham a ver com disputas nacionais e sim com interesses pessoais.

Cabe dizer que os núcleos petistas nunca desapareceram completamente. A dinâmica das regiões onde o PT foi se estabelecendo criava diferentes temporalidades. Nas origens do partido, os núcleos foram uma base essencial em certos lugares, em outros não. Depois, quando eles diminuíram em número em muitos locais, cresceram em outros. Em Montes Claros (MG) uma pesquisa baseada nas atas do Diretório Municipal demonstrou que os núcleos começaram a se desenvolver em 1987[15].

---

15. Leandro de Aquino Mendes, *O Povo de Deus na Política: Partido dos Trabalhadores e Igreja Católica em Montes Claros – MG na Dé-*

Os núcleos também não tinham vida orgânica permanente. Já em abril de 1981 muitos núcleos de Campinas estavam desestruturados[16]. Era comum que alguns funcionassem apenas em função de eleições. Assim, eram desativados e, depois, voltavam a funcionar. Em Goiânia, os núcleos do Novo Horizonte e "Domitila" foram reativados com a chegada de Lula e o início da campanha para a prefeitura[17]. Durante a campanha à prefeitura de São Paulo em 1988 ressurgiram núcleos na capital paulista, mas depois muitos militantes foram deslocados para a administração da prefeita Luiza Erundina. Em Campinas, o PT tinha 26 núcleos ativos em 1981[18]. Em 1989 havia trinta núcleos, os quais tiveram um papel na indicação de candidatos a vereador naquele ano[19].

O caráter efêmero dos núcleos tinha uma razão óbvia. A maioria dos militantes se empolgava com as campanhas eleitorais. Em São Luiz (MA), por exemplo, o partido ti-

---

*cada de 1980*, Universidade Federal de Uberlândia, 2010, p. 107, dissertação de mestrado.

16. *Informe da Comissão de Legalização*, n. 3, Campinas, 8 de abril de 1981 (Cedem, fundo LP).
17. PT Goiânia – *Boletim Informativo do Diretório Municipal do Partido dos Trabalhadores de Goiânia*, setembro de 1985.
18. *Informe da Comissão de Legalização*, n. 4, Campinas, 15 de abril de 1981 (Cedem, fundo LP).
19. Carlos E. M. Fialho, *Enfim Sós: O Partido dos Trabalhadores e o Poder no Município de Campinas*, Unicamp, 1999, p. 60, dissertação de mestrado.

nha 915 filiados em 1982 e 1679 em 1990. Em 1981 havia doze núcleos, mas três anos depois apenas dois haviam sobrevivido. Alguns núcleos novos se formaram em anos seguintes, mas na época do 1 Congresso do Partido (1991) novamente só havia dois em funcionamento[20].

No 3º Encontro Nacional realizado no período de 6 a 8 de abril de 1984 debateu-se a "crise da nucleação" (na expressão de um documento interno). Embora fosse aparentemente unanime que sua existência era importante, as alas moderadas ou mais "realistas", para não dizer resignadas, combateram todas as propostas que visavam dar mais poder aos núcleos (como o seu direito de convocar encontros e convenções ou indicar 80% de candidatos às direções)[21].

Dizia a proposta de Regimento Interno que estava no alvo dos moderados: "Artigo 47: As candidaturas a postos de direção do Partido e as de caráter eletivo deverão passar previamente pela indicação dos núcleos na proporção de 80% dos postos a serem preenchidos". Como havia lugares em que o número de núcleos era ínfimo, a proposta, de fato, parecia esdrúxula. Os defensores dos núcleos argumentavam que eles estavam desaparecendo exatamente porque não tinham poder decisório[22]. O seu desaparecimento seria responsável pela fuga da militância

---

20. Arleth Borges, *op. cit.*, pp. 249 e 252.
21. M. Keck, *op. cit.*, p. 126.
22. Jaqueline Ferreira, *O Partido dos Trabalhadores e os Núcleos de*

ou o contrário? De qualquer maneira, sem núcleos o PT se tornava um partido de profissionais.

Eles nunca desapareceram e em alguns lugares continuaram existindo em bom número. Em meados dos anos noventa havia duzentos núcleos no país de acordo com um discurso de Lula à época. Em 1999 havia 179 núcleos ativos na cidade de São Paulo, conforme dados da secretaria estadual de organização. Dos 106 núcleos em que foi possível aferir a data de fundação somente 12% haviam sido fundados nos anos de 1980. A maioria não tinha mais uma característica de órgão de discussão na base. Eram *locus* de arregimentação de filiados para votar em encontros partidários apenas. Havia núcleos com mais de quatrocentos filiados. Os únicos que ainda guardavam uma feição tradicional eram quatro núcleos setoriais[23]. Na verdade eles eram mais[24]: bancários, condutores, estudos do Capital, metroviários, professores da USP, Estudantes da USP e *gays* e lésbicas.

Duas coisas podiam ser notadas: os antigos núcleos de categoria profissional (ou por local de trabalho) haviam praticamente desaparecido e uns poucos remanescentes eram parte dos setoriais. Os outros tinham uma

---

*Base*, Marília, Unesp, 2008, p. 134, dissertação de mestrado em Ciências Sociais.
23. Relação de Núcleos que realizaram encontros em 97 e que realizarão encontro em 99, São Paulo, s./d.
24. O documento consultado tinha mais três núcleos setoriais acrescentados a lápis.

vida orgânica porque estavam vinculados ou a uma "ideologia" (como o marxismo) ou a novas causas mobilizadas como as dos homossexuais[25] na época ainda não integradas numa secretaria específica do partido ou num órgão do governo.

Os discursos e preocupações oficiais captavam o problema. Uns dez anos depois havia cem núcleos atuantes no Estado de São Paulo e foi por isso convocada a I Plenária de Núcleos de base paulista realizada em 12 de abril de 2008 com a presença de oitenta núcleos. Com a criação de uma Secretaria Estadual de Nucleação, a II Plenária, em novembro de 2009, registrou quatrocentos núcleos paulistas. O número de núcleos sempre cresceu em função de decisões que vinham de cima. Ou eram movidos por disputas eleitorais ou internas ao partido. Em 2010 registraram-se 241 núcleos de base espalhados em quarenta cidades paulistas.

Mas algo havia mudado. A cartilha[26] que ensinava a criar um núcleo do PT apresentava quadrinhos de traços tradicionais que se iniciavam na ideia de aderir ao PT até o passo final que é entregar a ata da primeira reunião ao presidente do partido. Os três líderes do núcleo (Coordena-

---

25. Nos anos 1990, um dos primeiros lugares em que surgiu a ideia da hoje tradicional passeata dos *gays* foi o Diretório Municipal do PT paulistano.
26. *Núcleo de Base Passo a Passo*, São Paulo, PT – Secretaria Estadual de Nucleação, junho de 2009.

dor, Tesoureiro e Secretário) eram representados por imagens de uma mulher e dois homens (um negro e um branco). Os três foram alegremente recebidos pelo presidente do diretório do partido, a quem eles tratam de "Senhor"...

## Conselhos Populares e Poder Local

Assim como o PT deveria organizar-se em núcleos, seus governos deveriam basear-se em conselhos.

Há que se considerar que depois dos anos oitenta, vitórias eleitorais se tornaram rotina e o PT foi paulatinamente absorvido pela força histórica do poder local. Famílias de posses ou dissidências oligárquicas muitas vezes controlaram direta ou indiretamente as municipalidades, os cargos "técnicos" ou influenciaram políticas, quando simplesmente não fizeram negócios com políticos de esquerda. Estamos longe daquele modelo italiano em que mesmo na mais remota municipalidade o Partido Comunista e o Partido Democrata Cristão guardavam com convicção suas respectivas identidades hoje também desaparecidas. Ainda que no Brasil seja provável que isso ainda ocorra em alguma medida com os comunistas, com os partidos de extrema esquerda e com setores do PT.

Pode-se dizer que, tardiamente, se articulou uma sociedade civil nos anos oitenta, mas uma sociedade civil não civilizada, como ironizava Florestan Fernandes.

A dificuldade de manter um partido de massas orgânico e centralizado por políticas nacionais de alianças é um fato que deriva da nossa história herdada da colonização, da falta de unidade e da dispersão territorial. As distâncias, mesmo num Estado populoso como São Paulo, ainda são enormes e as pessoas simples não tem poder econômico para se deslocar com rapidez. Ficam submetidas à informação monopolizada e à pressão dos vizinhos e poderosos locais. Isto gerou um contraste entre o programa socialista do PT e sua prática local muitas vezes tradicionalista.

Uma compensação para a força conservadora dos lugares seriam os conselhos populares. Na proposta de Perseu Abramo (1982) os conselhos deveriam ter as seguintes atribuições: apresentação de reivindicações; mecanismo de consultas; tomada de decisões; controle da implantação de políticas públicas; e fiscalização da execução dessas políticas[27]. Embora essa proposta não previsse uma ruptura institucional, ela nunca foi praticada plenamente. O PT superestimava sua força popular e tinha pouco conhecimento da correlação de forças econômicas e sociais que o aguardava em caso de vitória eleitoral. O que caracterizaria mais tarde (anos 1990) as prefeituras petistas seria o modo petista de governar, em nada parecido com as expectativas de extrema esquerda.

Os Conselhos eram rejeitados às vezes (e para surpresa de muitos) pelo esquerdismo. Em Fortaleza eles não

---

27. Perseu Abramo, "O PT e os Conselhos Populares", em Vários Autores, *A Educação como Ato Político Partidário*, 2. ed., São Paulo, Cortez Editora, 1989, pp. 34-35.

saíram do papel porque o PT local achava que seria atrelar o movimento social ao poder local burguês. Em Vila Velha (ES) aconteceu o contrário. Havia o Conselho Comunitário desde 1984 e associações de moradores na maioria dos bairros. O PT inseriu-se nessas instituições e, quando ganhou as eleições em 1987, já tinha hegemonia nas bases sociais. Assim, o Conselho Popular (com o nome de "comunitário") precedeu a administração petista. Em Janduís, sertão do Rio Grande do Norte, o próprio PT surgiu de dentro de um Conselho Comunitário instituído por uma prefeitura progressista do PMDB[28].

Mas a regra era outra. Celso Daniel escreveria em 1988 que os conselhos populares não deveriam ser nem órgãos dos movimentos sociais e nem deliberativos. Neles deveria estar a representação de diversas classes sociais. Os conselhos deveriam ser independentes na escolha de seus membros, mas esta escolha deveria ser reconhecida pelo poder local. Não haveria disputa entre eles e a câmara municipal, posto que as competências seriam distintas e concorrentes. Desse modo, um poder local progressista poderia aceitar as deliberações dos conselhos populares e incluí-las na peça orçamentária a ser levada à Câmara Municipal, pressionando-a por meios legítimos a aceitá-la[29].

---

28. Ricardo Azevedo, "Uma Varinha de Condão?", *Teoria e Debate*, n. 4, São Paulo, setembro de 1987, p. 47.
29. Celso Daniel, "Participação Popular", *Teoria e Debate*, n. 2, São Paulo, março de 1988.

Paul Singer, já na condição de ex-Secretário de Planejamento da gestão Luiza Erundina, lembrava que o Conselho Popular só podia funcionar como locus de "negociação de interesses contrapostos"[30]. Muito diferente de uma concepção leninista de dualidade de poderes...

### As Tendências e o Centro

Um chiste do publicitário petista Carlito Maia dizia que o PT estava "dividido entre xiitas e chaatos"... No Primeiro Congresso do Partido dos Trabalhadores havia dezesseis tendências internas[31].

O Direito de Tendências foi regulamentado no dia 20 de maio de 1990 pelo diretório nacional do Partido dos Trabalhadores, porém, desde as origens, o PT foi um partido de tendências e nisto estava uma de suas reais novidades na história política nacional. Um documento de formação política distribuído a novos filiados muitos anos depois ainda dava ênfase a isso[32]. Afinal, as tendências foram proibidas no Partido Comunista da URSS ainda sob Lênin, de modo que os PCs praticamente não as conheceram. Havia agrupamentos provisórios, em geral em momentos de

---

30. P. Singer, *Um Governo de Esquerda para Todos*, São Paulo, Brasiliense, 1996, p. 243.
31. C. B. Azevedo, *A Estrela Partida ao Meio: Ambiguidades do Pensamento Petista*, São Paulo, Entrelinhas, 1995, p. 134.
32. Secretaria Nacional de Formação Política, "O PT para Novos(as) Filiados(as)", *Cadernos de Formação*, n. 4, São Paulo, 1999.

destruição orgânica do partido, como no início dos anos 1940. Quando havia tendências se formando, eram sumariamente expulsas. Em grupos da luta armada elas levavam aos famosos "rachas" e à dispersão continuada.

Quando o PC do B sugeriu a expulsão de alguns militantes que mais tarde ingressariam no PT, eles supostamente pertenciam a uma corrente "fracionista, liquidacionista, revisionista, trotskista e traidora"[33]. Eis a terminologia da época...

O PT conseguiu juntar quase todo o espectro mais importante da esquerda brasileira por cerca de vinte anos. Os que abandonaram o partido, fossem personalidades, fossem agrupamentos, logo fracassaram.

Mas as tendências eram fator de riqueza de debate interno e de crise de direção, por isso dois movimentos ocorreram no PT:

1. a fundação da articulação dos 113, simbolicamente liderada por Lula. O grupo buscou dar um centro político unificador ao partido[34];
2. o aumento do peso da institucionalidade (executiva, parlamentar e sindical) no partido, voltado para a resolução de questões mais concretas da população, mas também responsável pela maior burocratização

---

33. *Unidade da Classe Operária*, São Paulo, PC do I – Comitê Regional, 1981, ano 1.
34. *Manifesto dos 113*, São Paulo, 2 de junho de 1983.

partidária e pelo deslocamento de centros de decisões para instituições alheias ao partido.

Outro fator, localizado na origem do PT, foi a de afastar sua concepção democrática e popular da teoria das etapas, defendida historicamente pelo PCB e PC do B[35]. Mas a luta direta pelo socialismo nunca foi colocada na ordem do dia.

Um texto que fez época e redigido por Gilney Vianna nos anos 1980 (mas circulou sem assinatura) reconhecia que o caráter de massa do PT só tinha paralelo no PCB em 1946-1948; apontava a diminuição da participação popular nos encontro partidários em contraposição ao seu aumento na base do partido e a diminuição do numero de delegados de origem operária, camponesa ou assalariada urbana proletária[36]. A Articulação se via como a reação popular ao elitismo e ao vanguardismo da esquerda partidária.

A Articulação cresceu rapidamente. Já havia no PT uma espécie de cultura operária "basista" e anti-intelectual, embora desde a sua fundação tivesse atraído muitos intelectuais. Um documento de 1981 dirigido aos membros de agrupamentos clandestinos dizia: "Que ingressem no partido que a classe operária, ela mesma, está organizando, tudo bem. Serão todos bem recebidos. Mas não o

---

35. *Os Limites da Concepção Democrática Popular*, São Bernardo do Campo, 18 de abril de 1996.
36. *A Revolta dos Bagrinhos*, s./d.

façam como donos da verdade, ditadores de regras para as massas"[37].

O primeiro teste da Articulação foi o Encontro Estadual de São Paulo em 1983. A chapa Articulação liderada por Djalma Bom, José Cicote, Luiz Gushiken e Devanir Ribeiro (sindicalistas), Alípio Freire, José Dirceu, José Álvaro Moisés, Marco Aurélio Garcia e outros, num total de 65, teve o apoio de O Trabalho. Já se mostrava ali uma penetração de quadros comunistas na sua direção e a tentativa (ainda frustrada) de quadros trotskistas. Na disputa pela direção estadual, a chapa da Articulação, obteve 73% dos votos[38].

É que quando a Articulação lançou seu manifesto dos 113 a OT decidiu integrar a nova corrente, mas foi repelida. À época do *Manifesto dos 113*, a corrente O Trabalho já acusava, entre outras coisas, os trotskistas mandelistas[39] da Democracia Socialista (DS) de oporem-se à linha do grupo de Lula[40]. É nessa mesma época que o jornal *O Trabalho* publicou uma entrevista de Athos Magno, membro da Articulação em Goiás e primeiro candidato a Governador naquele Estado, na qual acusava a DS de defender posições

---

37. Eros Teixeira, *Independentes do PT: O Futuro lhes Pertence*, Rio de Janeiro, 3 de fevereiro de 1981, mimeo.
38. *Em Tempo*, n. 178, São Paulo, 22.9.83 a 5.10.83.
39. Trotskistas seguidores do teórico marxista belga Ernest Mandel.
40. Cf. Gabriel Martí, *Em Tempo de Iluminados*, São Paulo, 10 de outubro de 1983, mimeo. Provavelmente pseudônimo de Glauco Arbix.

antipetistas, algo que provocou a resposta da DS, na qual acusava O Trabalho de "usar" os sindicalistas da Articulação[41]. De fato, mais tarde a DS priorizou uma aliança interna que até podia incorporar "setores" da articulação com a "esquerda petista", mas não todo o grupo de Lula[42].

## *O Cotidiano dos Encontros*

A formação inicial basista do PT ditou a maneira pela qual os congressos eram organizados. Para o leitor mais jovem é difícil avaliar seu impacto na vida dos militantes de base. Eram eventos que duravam os meses entre a convocação e a realização efetiva. Meses de negociações de líderes de tendências (como eram chamadas as correntes internas) e agrupamentos, líderes sindicais e parlamentares. Realizavam-se debates públicos e, por fim, as pré-teses eram divulgadas depois de "fechadas" internamente nas tendências. Havia também a busca de entendimento entre tendências para a formação de alianças ou tese conjunta. Em geral o acerto envolvia os chamados "capas pretas" (dirigentes), dotados de grande poder pessoal[43].

---

41. *Aos Militantes do Partido dos Trabalhadores*, documento de circulação interna, Goiânia, novembro de 1983.
42. Cf. *A Política dos Revolucionários no Movimento Sindical*, São Paulo, fevereiro de 1986.
43. L. Kowarick e A. Singer, "A Experiência do Partido dos Trabalhadores na Prefeitura de São Paulo", *Novos Estudos Cebrap*, n. 35, 1993, p. 197.

Tudo isso envolvia inicialmente algumas centenas de pessoas que assinavam as teses. O partido seguia a tradição de lançar teses e manifestos assinados primeiro por pessoas política ou intelectualmente significativas e, em seguida, pelos quadros intermediários que estavam mais próximos da base do agrupamento. Eram membros de diretórios municipais e zonais, assessores de parlamentares e sindicalistas e até, eventualmente, coordenadores de núcleos e pessoas que eram "referências" nos bairros ou municípios pequenos.

Por fim, o processo envolvia praticamente toda a militância, pois as pré-teses eram distribuídas (publicadas) e debatidas nas instâncias de base em muitas reuniões. Militantes de organizações esquerdistas menores tentavam deslocar seus militantes de áreas onde eles eram mais concentrados (como zonas nobres das cidades ou universidades) para os bairros periféricos, a fim de influenciar o debate. Mas não com o fito de ganhá-lo e sim de cooptar algum militante popular.

As discussões terminavam na eleição de delegados aos encontros superiores (municipais, estaduais e nacional) de acordo com regras de proporcionalidade que eram definidas *ad hoc* e que se alteraram com o tempo. No início dos encontros, as teses eram defendidas publicamente e, depois, escolhia-se a chamada "tese guia". Normalmente, era a tese da corrente majoritária (Articulação). À esquerda partidária restava disputar emendas aditivas, supressivas, substitutivas ou de redação à tese guia. Nos grupos de trabalho e discussão, novamente as tendências se espalhavam por estes grupos (às vezes divididos por temas) para propor as emendas e também moções, muitas de conteúdo polêmico, mas normalmente em apoio a alguma causa internacional de escasso impacto político na militância.

Os grupos ficavam espalhados pelo local onde o encontro se realizava (em salas ou mesmo num imenso pátio, como era o caso da quadra dos bancários em São Paulo). As emendas apresentadas e aprovadas nos grupos eram submetidas a uma comissão de sistematização que, às vezes, esquecia propostas dos militantes que não pertenciam a nenhuma tendência e, portanto, não tinham dirigentes influentes para defendê-los naquela comissão. Tais militantes eram chamados de "independentes". Mas muitos, de fato, pertenciam à área de influência da corrente majoritária ou de algum parlamentar, já que eram pouco organizados e ingressavam no partido por ter referência nas figuras públicas do PT.

Nos intervalos, os delegados enfrentavam filas para almoço preparados por alguma "empresa" ligada a petistas e contratada para o evento. Nos anos 1990, ONGS e cooperativas foram contratadas. Havia também casos em que se distribuíam tickets para o almoço em outros lugares. À noite, os bares eram os pontos de continuidade da discussão. E mesmo durante o dia, uma maioria expressiva pouco prestava a atenção aos que discursavam, salvo quando era chamada com severidade pelos quadros intermediários para "levantar o crachá" e votar em emendas importantes.

A mesa pedia insistentemente a atenção dos delegados. Isso não é uma tradição do PT, mas um fenômeno de longa duração no Brasil, afinal Auguste Saint-Hillaire estranhou quando viu que todos conversavam durante uma missa em São Paulo no primeiro quartel do século XIX.

Do lado de fora os delegados preferiam beber cerveja nas barraquinhas. Casualmente ou não, ao lado do sindicato dos Metalúrgicos de São Bernardo surgiu uma padaria com o nome de Assembleia 11. As brigas verbais levavam ao grito de palavras de ordem, mas quando os membros da corrente majoritária entoavam um famoso slogan, a esquerda também o repetia: "Partido, é dos Trabalhadores".

Os encontros de todo tipo (não só os nacionais) eram também culturais. Bancas de livros e jornais eram obrigatórias, mas também de suportes da simbologia do partido: broches e camisetas, principalmente. Com o crescimento da participação feminina e adoção da quota de 30% de mulheres nas direções, os encontros passaram também a fornecer o serviço de creche, onde filhos de militantes brincavam sob supervisão de outros militantes e de pessoas contratadas.

O petista médio era forjado numa identidade com as bases que podia chegar às raias do ridículo. Num encontro municipal de São Paulo, no início dos anos 1990, a comida servida aos delegados no almoço estava estragada. A quadra do sindicato dos bancários, na rua Tabatinguera (local de inúmeras atividades do partido) ficou apinhada de *marmitex* jogados no lixo. De repente, uma conhecida vereadora paulistana sobe à tribuna para defender a comida, pois ela havia sido preparada por uma Organização de ex-moradores de rua...

Entre os discursos, os "capas pretas" se reuniam com os crachás de "seus" delegados nas mãos para negociar a composição de chapas para disputar os cargos da executiva e o envio de delegados a outra instância. O resultado desses encontros acabava sendo uma tese moderada emendada pelos radicais.

É claro que a experiência de tendência era mais complexa. O seu militante participava, no fundo, de dois partidos e tinha "duas camisas". Os líderes eram, naturalmente, um intelectual profissionalizado de alguma maneira (assessoria parlamentar ou sindical, membro remunerado de executiva do partido, pago pela contribuição dos membros da tendência, estudante, funcionário público com algum tempo livre, raramente um professor de universidade pública ou simplesmente uma pessoa de posses).

Além disso, o membro de tendência tinha acesso à formação política que o PT negligenciava. Isto se dava nos seminários de formação. Um hotel, chácara ou convento era alugado ou cedido à tendência. Os militantes se organizavam para ficar um fim de semana (de sexta a domingo, às vezes mais tempo) para discutir e ouvir palestras de dirigentes e intelectuais convidados. Dormiam e se divertiam no local, criando uma atmosfera de companheirismo mais marcante. Esta atmosfera era importante principalmente para aqueles que não tinham laços de companheirismo com outros militantes comuns nas empresas onde havia influência de sindicalistas ou no local de moradia, onde os movimentos populares atuavam. Obviamente, o movimento estudantil petista era fator poderoso de socialização, mas ele era externo à vida partidária da maioria.

Há que se perguntar se toda essa estrutura de funcionamento era democrática de fato ou uma idealização posterior. Desde sua pré-fundação, o movimento pró-PT afirmou seu compromisso inarredável com a democracia e o pluralismo: "O PT afirma seu compromisso com a democracia plena exercida diretamente pelas massas, pois não há socialismo sem democracia, e nem democracia sem socialismo"[44]. Mas à democracia formal se somava a democracia direta, numa ambiguidade que expressava o tensionamento interno das várias correntes petistas. Único ponto de acordo perene foi o fato de que ao PT não basta a democracia formal, cabendo estendê-la aos planos econômico e social, como declarou até mesmo Lula: "Democracia não é apenas o direito de voto. Democracia é o direito de vida"[45].

Tais declarações eram uma concessão às bases, já que os primeiros mandatos executivos e parlamentares, impe-

---

44. "Carta de Princípios" (1º de maio de 1979), em M. Gadotti e O. Pereira, *Pra que PT. Origem, Projeto e Consolidação do Partido dos Trabalhadores*, São Paulo, Cortez, 1989, p. 39. Vide também: "Manifesto" (22 de março de 1980), em *Documentos Básicos...*, p. 6.
45. *Folha de S. Paulo*, 29 de dezembro de 1985.

didos de atender todas as demandas dos movimentos sociais e do próprio partido, já tendiam a se autonomizar. Como disse Lula depois de sua primeira derrota à presidência: "Acho que a oposição verdadeira neste país passa por fora da via institucional, do congresso. Ela passa por dentro das fábricas, pelas favelas, pela luta dos sem-terra"[46].

As formas de consulta às bases no PT foram de três tipos: votação direta de filiados; plenárias; reunião ampliada. Esta última consistia em reunir o Diretório (e a Executiva) com a participação de filiados interessados. Os filiados tinham direito a voz, mas não a voto. As Plenárias reuniam todos com direitos iguais, mas elas não eram deliberativas[47]. E por fim, como sói acontecer, elas eram manipuladas por maiorias ocasionais e fabricadas artificialmente pelas tendências.

O maior exemplo de consulta direta aos filiados deu-se na polêmica sobre as eleições indiretas no Brasil (o caso do Colégio Eleitoral). Isto foi em 1984, como veremos daqui a pouco. Em casos assim, dificilmente a Direção poderia ir contra as bases, o que fez com que este tipo de consulta fosse raro. Uma em que a direção foi claramente derrotada pelas bases deu-se em 1993 (posição do partido no plebiscito de forma de governo), quando Lula e muitos dirigentes se declaravam parlamentaristas, mas

---

46. *Folha de S. Paulo*, 30 de dezembro de 1990.
47. C. Gurgel, *Estrelas e Borboletas*, Rio de Janeiro, Papagaio, 1989, p. 100.

os militantes escolheram o presidencialismo. Muitos anos depois, como veremos, o PT adotou também o processo de eleição direta (PED) para eleger seus presidentes, porém numa outra conjuntura e já numa situação interna totalmente diversa.

Por fim, as prévias foram um aspecto menos de democracia interna e muito mais de incapacidade de tendências e lideranças acordar chapas consensuais para a disputa eleitoral. No ano de 1982, quando havia o expediente da sublegenda, o PT de Mauá, cidade situada na Grande São Paulo, lançou dois candidatos. Na capital paulista, a candidatura daquela que viria a ser a primeira prefeita petista em São Paulo, só foi definida ao custo de uma derrota do pré-candidato da direção partidária, Plínio de Arruda Sampaio.

O tipo de disputa interna nem sempre passaria pelas divergências ideológicas. Mais uma vez o símbolo foi Diadema. Na gestão do prefeito Filippi, a divisão do PT entre este e o ex-prefeito Zé Augusto se acentuou mesmo ambos sendo moderados e distantes do radicalismo da esquerda petista da cidade. As disputas se prolongaram pela primeira metade dos anos 1990 com filiações em massa para disputa do Diretório e de prévias para escolha de candidato a prefeito, até que o partido perdeu a prefeitura em 1996[48].

---

48. A derrota foi para o ex-petista Gilson Menezes (PSB). O candidato Zé Augusto foi expulso no ano seguinte, depois que se pro-

## Formação

Uma das debilidades históricas do partido foi a formação política. Isto contribuiu para o desânimo daqueles que não puderam ou quiseram fazer carreira nas assessorias parlamentares, executivas, sindicais ou de movimentos organizados. Afinal, a vida orgânica do partido vinha sendo preenchida pelos "funcionários"[49], embora isto não tenha afastado o PT de sua base social, o que mudou foi o relacionamento com ela.

Por insistência das alas radicais (e este é um dos méritos da esquerda petista) ou mesmo de militantes socialistas da Articulação, o PT criou institutos para a educação política de seus filiados, como o Instituto Cajamar, o qual fez cartilhas críticas de História do Brasil. Um militante poderia escrever uma carta e era atendido pelo correio[50]. Depois, o partido definiu estatutariamente que 10% de sua arrecadação seriam destinadas à formação (o que nunca foi praticado). Só com a criação da Fundação Perseu Abramo em cinco de maio de 1996 houve maior atenção a atividades deste tipo, mas muito insuficientes.

---

vou que o policial militar conhecido como Rambo e que havia assassinado um operário na Favela Naval, era seu segurança. Cf. J. Tavares e G. Monte, *op. cit.*, p. 71.
49. Cyro Garcia, *Partido dos Trabalhadores: Rompendo com a Lógica da Diferença*, Universidade Federal Fluminense, Niterói, 2000, p. 34, dissertação de mestrado.
50. Correspondência de Valter Pomar ao autor, 1986.

As atividades de formação política atingiram um número pequeno de militantes[51]. Coisa diferente não se pode dizer da preocupação do PT com a educação em geral, embora as manifestações a esse respeito fossem mais radicais no inicio (informadas pelo pensamento de Gramsci)[52] do que o seriam posteriormente.

As secretarias de formação política sempre ficaram à margem das grandes disputas entre as tendências e, por isso, acabavam "sobrando" para a esquerda do partido.

Já no início do PT a Comissão Executiva Municipal de Florianópolis criou a Secretaria de Estudos Políticos[53], mas a primeira reunião furou...

## *Finanças*

Cada filiado deveria pagar um cafezinho como contribuição mínima ao partido. Era consenso que uma organização de trabalhadores deveria ser financiada por eles próprios. Mas nunca foi assim.

---

51. Carmem Sílvia Maria Silva, *Contribuições para uma Análise da Política de Formação do PT*, PUC/SP, 1996, p. 147, dissertação de mestrado em História e Filosofia da Educação.
52. Tatiana Polliana Pinto de Lima, *A Concepção de Educação do Partido dos Trabalhadores (PT): Marcos Institucionais e Registros Documentais*, Campinas, Unicamp, 2004, p. 147, dissertação de mestrado.
53. Partido dos Trabalhadores, *Informativo Municipal*, Florianópolis, setembro de 1983.

O PT sempre foi dependente do fundo partidário e das contribuições estatutárias. As receitas próprias derivadas de venda de material, doações e arrecadação em eventos também foram importantes. Como a legislação proibiu que os sindicatos colaborassem com o partido, as finanças oficiais originavam-se mesmo dos cargos de confiança e dos parlamentares. É evidente que ninguém pode ser inocente e esquecer que os partidos brasileiros usam o chamado "caixa 2" e que recebem contribuições não contabilizadas num montante significativo. Com o PT provavelmente não seria diferente, embora no caso dos outros partidos uma parte também significativa é dirigida ao enriquecimento pessoal de líderes partidários.

Uma pesquisa feita junto ao Tribunal de Contas da União e ao Tribunal Superior Eleitoral sobre evolução das finanças do partido revelou que a contribuição dos filiados declinou como percentagem do total depois de 1989[54].

Embora isso pareça inevitável, a campanha de 1989 demonstrou o oposto. Este foi um ano atípico em que a mobilização popular permitiu que 61,9% da arrecadação partidária viessem de receitas próprias e de contribuições de filiados[55]. Havia mutirões de apoiadores do partido que se formavam para fazer depósitos coletivos na conta 13.000-1 da agência 0300.x do Banco do Brasil. Na rua 24 de Maio em São Pau-

---

54. P. F. Ribeiro, *Dos Sindicatos ao Governo: A Organização Nacional do PT de 1980 a 2005*, São Carlos (SP), Edufscar, 2010, p. 105.
55. *Idem, ibidem.*

lo, estendiam-se bandeiras vermelhas onde os transeuntes jogavam dinheiro. A programação de junho de 1989 do PT de Botucatu (SP)[56], por exemplo, previa barraca do partido na festa de Santo Antonio por três dias seguidos; depósito coletivo no dia 13 às 13horas; no dia 17 a inauguração do Comitê Lula; e no sábado, 1 de julho, o comício com Lula[57].

Um dos primeiros capitalistas a se aproximar e apoiar o PT foi Lawrence Pih, o que causava estranhamento. Presidente do grupo Moinho Pacífico, ele ajudou a articular o apoio de empresários às campanhas de Lula. Pih era formado em Filosofia na University of Massachusetts e pertencia à mesma geração de Lula (três anos mais velho do que o líder petista). Manteve-se fiel ao PT. A partir de 1994 (com a permissão da nova lei eleitoral) o PT passou a receber vultosos recursos das empresas privadas para campanhas eleitorais e criou laços com inúmeros capitalistas. Antes disso, era um tabu para o "partido sem patrões" receber auxílio da burguesia. Na empresa de Pih, as primeiras reuniões foram feitas secretamente. Mas em 1994 a relação com empresários se tornou orgânica. O comitê de empresários que apoiava Lula se desdobrou na CIVES – Associação Brasileira de Empresários pela Cidadania. Posteriormente, um grupo saído da CIVES criou o Instituto Ethos.

56. *Panfleto*, PT – Diretório Municipal – Botucatu, junho de 1989.
57. Nesta mesma cidade, Rosane Collor, esposa do candidato do PRN, discursou: "Povo de Boca Tatu...". Collor ganhou as eleições no interior paulista...

A situação financeira do partido sempre foi caótica e deficitária. No III Encontro Nacional também seria aprovada a ajuda aos Diretórios Regionais em dificuldades.

O mesmo diga-se de sua comunicação. Inicialmente só havia os boletins de núcleos. O primeiro veículo informativo petista foi o *Jornal dos Trabalhadores* (março de 1982 a maio de 1983) de periodicidade quinzenal. Um dos mais longevos foi o *Boletim Nacional* que circulou entre outubro de 1983 e outubro de 1994. Era um veículo periódico tabloide do Diretório Nacional, editado por Rui Falcão, que podia ser responsável pelo jornal, pois era jornalista registrado. O Boletim conseguiu chegar a trezentos diretórios do PT, fora os assinantes[58].

O *Brasil Agora*, dirigido por Bruno Maranhão e editado por Alípio Freire, circulou de setembro de 1991 a maio de 1996. O colapso financeiro dessa publicação deixou ao léu treze mil assinantes[59]. Depois dessas publicações surgiram ainda o Linha Aberta (distribuído via fax para seiscentas pessoas) e o PT *Notícias*, dirigido por Gilberto Carvalho e depois Ozéas Duarte. Mas então já se via no horizonte a era da internet.

Um boletim longevo foi *Linha Direta*. Tinha assinaturas e regularidade semanal. Sua tiragem era de 2500 exemplares. Embora publicado pelo Diretório Regional de São Paulo, ele acabava por repercutir as opiniões de di-

---

58. P. F. Ribeiro, *op. cit.*, p. 133.
59. Depoimento de Rogério Chaves, 2 de março de 2011.

rigentes de vários estados, normalmente entrevistados na primeira página. A última página era destinada a resenhas de livros e comentários de cinema. O *Informativo Paulistano* também circulou de maneira irregular, mas sem o impacto do *Linha Direta* e às vezes encartado nele.

Os núcleos e diretórios locais publicavam irregularmente seus boletins. Infelizmente, a maior parte desse material se encontra dispersa ou perdida e não é possível saber a variedade e qualidade política dos boletins dos núcleos, em geral distribuídos gratuitamente e mantidos com cotização de filiados (ainda que ostentassem preços, como o de Curitiba, que custava mil cruzeiros)[60]. Eram rodados em gráficas de sindicatos (com arte, composição, fotolitos e impressão de jornal como o de Belo Horizonte)[61], mimeógrafos de associações de bairro ou em cópias Xerox e, depois, enviados pelo correio e distribuídos em panfletagem nas ruas do bairro. O boletim de um núcleo da zona leste paulistana era rodado com apoio do Sindicato dos Metalúrgicos do ABC e chegou a publicar o ultimo artigo do histórico militante trotskista Fulvio Abramo.

Na ausência de interesse da Direção Nacional, houve núcleos que publicaram até livros. Os mandatos de parlamentares petistas também produziram inúmeros infor-

---

60. PT Curitiba, órgão da Coordenação Municipal Provisória, dezembro de 1985.
61. PT no Horizonte, Comissão Municipal Diretora do Partido dos Trabalhadores, Belo Horizonte, fevereiro de 1985.

mativos que eram enviados aos filiados pelo correio. Era comum no PT as plenárias de mandato, que eram convocadas ou comunicadas através dos informativos. Por fim, os setoriais oficializados ou não geravam seus jornais, como a juventude, por exemplo. A juventude petista era muito dedicada ao movimento estudantil e seus boletins, circulares ou panfletos visavam sempre uma tarefa concreta: a organização para a disputa de algum congresso de estudantes.

As tendências mantinham suas publicações e revistas teóricas. O PRC animou a revista *Teoria e Política* nos anos 1980. Sua ala direita, juntamente com o ex-comunista Roberto Freire, manteve a revista *Esquerda 21*, enquanto o Movimento por uma Tendência Marxista (MTM), juntamente com outros militantes do PT e de fora do partido, manteve a *Revista Práxis*[62] nos anos 1990. Uma publicação anterior, *Arma da Crítica*, não prosperou.

Os dois jornais mais famosos do PT foram de tendências. O *Em Tempo* já era editado pela Democracia Socialista (DS) antes da fundação do PT. Era o de nível intelectual mais elevado e se constitui em fonte apreciável para pesquisas. No final dos anos 1980 seu porte gráfico e tipo de papel eram melhores que os demais. Outro jornal deu nome a uma corrente: *O Trabalho*. Embora pequeno, manteve sua periodicidade. O Brasil Socialista, tendência que sucedeu ao PCBR, tinha um jornal com o nome da tendência e uma revista chamada *Brasil Revolucionário*. Outras tendências

---

62. Nos anos 1980 houve outra revista com este nome.

tiveram informativos irregulares. Curiosamente a Articulação nunca teve um grande jornal próprio, enquanto a Articulação de Esquerda criou a *Página 13*.

No campo editorial, o PT sempre foi frágil e, ao contrário do velho PCB, descuidou de sua produção. Em parte porque a produção teórica exprimia a visão das tendências ou de intelectuais reconhecidos e não do partido. O PT atuou mais na distribuição de publicações que lhe interessavam. Milton Pomar, que tinha experiência na Editora Abril, montou uma pequena equipe para profissionalizar a distribuição no partido.

Como as transportadoras boicotavam a distribuição de material petista em 1989, a equipe ia de ônibus aos Estados e entregava pessoalmente as publicações, além de orientar os diretórios locais a criar as "lojinhas" de modo que alguns dos responsáveis por elas se tornaram mais tarde livreiros[63].

As lojas do PT nunca foram exclusivamente livrarias. Elas vendiam o material de campanha: broches, chaveiros, camisetas, chapéus, relógios além de livros e revistas.

O PT sequer tinha uma editora, embora usasse por vezes o Instituto Cajamar para publicar os debates que eram feitos lá e as cartilhas de formação. Os livros de petistas eram feitos pela Editora Scritta, de Breno e Max Altman através do selo *Brasil Urgente*. Destarte, o partido usava esquemas *ad hoc*. Intelectuais petistas procuravam a Editora Brasiliense, enquanto Caio Graco era vivo (ele era

---

63. Depoimento de Rogério Chaves, 2 de março de 2011.

ligado ao partido). Marília Andrade, por exemplo, tinha a Editora Buscavida nos anos 1980 e cedia livros para a venda em bancas do PT em troca de publicidade no *Boletim Nacional*. Somente com a Editora Perseu Abramo o PT teve verdadeiramente uma editora própria.

Assim, o campo da produção teórica era desorganizado completamente. Em 1987 o Diretório Regional de São Paulo criou a revista *Teoria e Debate* que pretendia ter (e teve) um papel "no debate entre as diversas correntes de opinião" que se manifestavam no interior do PT. A revista tinha 48 páginas, era trimestral e a assinatura anual tinha um preço de quatrocentos cruzados (ou de apoio: mil cruzados). Sua sede era na rua 13 de Maio, 1082, no bairro do Bexiga em São Paulo (a própria sede do partido).

O primeiro Conselho de Redação era formado por Eder Sader, Eugênio Bucci, João Machado, Paulo de Tarso Venceslau, Perseu Abramo, Ricardo Azevedo e Rui Falcão[64]. Quando a Fundação Perseu Abramo foi criada a revista passou a ser editada ali sob responsabilidade do Diretório Nacional. Até 2011 ela chegou a ter 91 números, quando se tornou *on line*.

Somente em 2007, no III Congresso Nacional do PT, surgiu a proposta de um projeto piloto em alguns municípios para transformar os diretórios municipais em pólos culturais de debate com bibliotecas. Essa debilidade em comunicação e em edições custaria caro ao PT em dois

---

64. PT: *Teoria e Debate*, panfleto de propaganda, São Paulo, 1987.

sentidos: ele tinha sua imagem forjada exclusivamente pela imprensa burguesa, como veremos no caso da campanha de 1989; a sua formação política seria frágil e sua militância desarmada teoricamente.

## As Diretas Já!

O PT *não* deu início à maior campanha de massas da história republicana: as "Diretas Já!". Muitos petistas defenderam esta ideia. Na verdade, ela foi capitaneada pelo PMDB e começou em 15 de junho de 1983 em Goiânia e não na Praça Charles Miller (São Paulo) no fim do ano[65]. Sua preparação remonta ao mês de abril onde as iniciativas do PMDB tiveram também a participação do PC do B que na altura tinha três deputados federais sob a legenda peemedebista. O PCB demorou a apoiar porque considerava que as eleições diretas deveriam ocorrer depois de uma Assembleia Constituinte[66].

O PT conquistou o protagonismo nas ruas, embora não fosse a principal força daquela campanha. Em boa medida ela teve grandes comícios porque em São Paulo o Governador Franco Montoro abriu as catracas do Metrô e muitos funcionários públicos foram dispensados mais

---

65. D. Leonelli e D. Oliveira, *Diretas Já. 15 Meses que Abalaram a Ditadura*, São Paulo, Record, 2004, p. 304.
66. Fabrício P. Silva, "Utopia Dividida. A Crise do PCB (1979-1992)", *Revista de História*, n. 158, São Paulo, USP, 2008, p. 228.

cedo. Além disso, com o Governador no palanque, a polícia militar não interviria. O apoio da Imprensa também ajudava os manifestantes. Jornais de extrema esquerda já se vendiam nas bancas livremente, como a *Tribuna Operária* do PC do B (o partido ainda era ilegal). A *Folha de S. Paulo* chegava às bancas com uma tarja verde e amarela (as cores da campanha) e a revista *Veja* fazia o mesmo em uma de suas capas de janeiro de 1984[67].

Entre as lutas de massas, o partido resolveu realizar o seu III Encontro Nacional, no Pampas Palace Hotel de São Bernardo do Campo (SP) de 6 a 8 de abril de 1984. Não parecia o melhor momento para dedicar-se à luta interna, e as divisões interiores mostravam como elas garantiam o caráter democrático do partido, mas também conseguiam paralisá-lo em instantes inoportunos. Nem o socialismo foi um tema importante. No documento final a palavra foi citada só seis vezes. A tônica do debate se deu entre a proporcionalidade e o caráter majoritário da composição da Executiva Nacional, algo insignificante para as amplas massas que seguiam o PT nas praças. A Articulação teve 65,8% dos votos em sua tese e impôs que a proporcionalidade entre as várias tendências ficasse restrita ao Diretório Nacional, que se reunia menos e promovia os debates mais amplos, mas que na Executiva, ligada às tarefas e decisões do dia a dia, só ela tivesse acesso aos cargos.

---

67. *Veja*, n. 804, 1 de fevereiro de 1984, São Paulo.

Ainda em abril a emenda Dante de Oliveira foi derrotada no Congresso (faltaram 22 votos). As oposições unificadas continuaram desafiando o governo e realizaram um comício no Ceret – Centro Recreativo do Trabalhador na Zona Leste de São Paulo onde Lula não pode comparecer e depois numa terça-feira, 26 de junho, na Praça da Sé em São Paulo, além de comícios gigantescos em outras capitais. Nesses comícios o PT crescia[68]. Em 31 de julho voltaria a haver na Assembleia Legislativa de São Paulo outro ato pelas eleições Diretas.

Lentamente, o foco das mobilizações passou pela cogitação da Emenda Teodoro Mendes para, finalmente, se aninhar nos braços da Aliança Democrática que elegeria Tancredo Neves em 1985 indiretamente. Adiava-se a eleição direta para 1988 (e, depois, devido a manobras do Governo Sarney, que sucedera Tancredo Neves devido à morte deste, o mandato presidencial foi aumentado, de modo que as eleições ficaram para 1989).

Naquele ínterim, o PT se dividiu mais uma vez. A questão era a ida ou não de seus deputados ao Colégio Eleitoral. Houve mais de 450 encontros de base em todo o país. Dos 290 mil filiados, apenas 19 916[69] compareceram para definir se os parlamentares do PT deveriam ir ao Colégio Eleitoral votar em Tancredo Neves. Airton Soares era o deputado que apresentou a proposta de ida ao

---

68. Partido dos Trabalhadores, São Paulo, Zonal 2, julho de 1984.
69. *Boletim Nacional*, n. 10, junho de 1985.

Colégio (5,7% dos votos). Proposta de ida condicionada a um acordo programático foi propugnada por Paul Singer e outros militantes (8,3%). Venceu aquela que já tinha o apoio da maioria do Diretório Nacional com 86% dos votos. Mas a decisão dos filiados teve que ser ratificada pela Direção Nacional.

A desobediência à decisão partidária levou à saída dos deputados Bete Mendes (SP); José Eudes Freitas (RJ) e de Airton Soares (SP). Todos tinham uma militância política anterior ao PT. O advogado pernambucano José Eudes atuara na AP; Bete Mendes era santista, estudara Artes Cênicas e Sociologia na USP e fora presa política; e o advogado paulista Airton Soares fazia parte dos "autênticos" do MDB na época da formação do PT.

O PT isolou-se. Encontro Nacional Extraordinário realizado em Diadema (SP) nos dias 12 e 13 de janeiro de 1985 avaliou positivamente a independência de classe do partido na campanha das Diretas. E como sói acontecer em momentos assim, a discussão é internista ou se volta para teorias. O termo socialismo (socialista) foi citado 83 vezes[70]. Para alguns a chamada Aliança Democrática de Tancredo Neves era culpada de usurpar o direito dos brasileiros ao voto[71]. O isolamento era bem visto, de certa maneira. Quando o féretro de Tancredo Neves atravessou

---

70. Curiosamente o mesmo número do Encontro seguinte.
71. PT *São Vicente*, n. 1, Órgão Oficial do Diretório Municipal de São Vicente, abril de 1985.

a Avenida 23 de Maio em São Paulo na direção do Aeroporto, milhões de pessoas foram às ruas. Pôsteres de Tancredo Neves eram afixados nas bancas de jornal e a música "Coração de Estudante", associada a ele, tocava em todas as rádios. O PT desapareceu da cena principal.

Era um partido organizado em apenas 1100 municípios brasileiros (havia 4022). Em 1985 o PT disputou a prefeitura de São Paulo sob a liderança de Eduardo Suplicy. Em março o PT tinha 10,7% da preferência *partidária* do eleitorado e em maio chegou a 18,4%[72]. Mas muito longe do PMDB. O partido não conseguiu combater o "voto útil" e quebrar a polarização entre o reformismo de Fernando Henrique Cardoso e o anticomunismo de Jânio Quadros[73] e acabou em terceiro lugar com 19,7% dos votos. A primeira conquista importante seria em Fortaleza (CE) com Maria Luíza Fontenelle (ligada ao PRC e depois ao "racha" deste, o PRO – Partido Revolucionário Operário). Rapidamente a sua gestão perdeu o apoio financeiro dos governos estadual e federal. Diante de uma dívida monumental, acusações de nepotismo e dificuldades de administrar a coleta de lixo, sua popularidade despencou. Também a cidade de Vila Velha (ES) seria conquistada em seguida em eleições suplementares para um mandato tampão, onde Magno Pires colocou pela primeira vez em

---

72. *Boletim Nacional*, n. 10, junho de 1985.
73. Vera Chaia, *A Liderança Política de Janio Quadros*, Ibitinga, Humanidades, 1991, p. 260.

prática o Orçamento Participativo, que seria uma bandeira de todas as prefeituras petistas[74].

O Partido vivia um novo isolamento devido à legitimidade que o Plano Cruzado (baseado no controle dos preços e na adoção de nova moeda) dava ao PMDB e seus aliados de esquerda. Este partido elegeu 22 dos 23 governadores. Logo depois, o Plano Cruzado II começou a desfazer grande parte da popularidade peemedebista.

Favoreceu o PT o estelionato eleitoral praticado pelo Governo Sarney, que esperou que o PMDB ganhasse as eleições para promover o descongelamento dos preços. Assim em julho de 1987 a simpatia pelo PT atingia 17,1%, ainda contra 24,1% do PMDB[75]. O fato é que o PT cresceu ininterruptamente.

E continuava avesso a alianças. O IV Encontro Nacional, ocorrido no Hotel Danúbio de 30 de maio a 1º de junho de 1986 na cidade de São Paulo proibiu que os Diretórios Regionais da Bahia e Pernambuco apoiassem os peemedebistas Waldir Pires e Miguel Arraes nas eleições. Aprovou também uma aproximação maior com a CUT. A Articulação obteve sua maior vitória na história do PT: 72,2% dos votos de delegados.

Como o leitor pode notar, a aversão às alianças amplas revelava que aquela fase de isolamento tinha uma natureza externa que se realizava através das contradições inter-

---

74. A. Singer, "O PT", São Paulo, *Folha de S. Paulo*, 2001, p. 72.
75. C. Gurgel, *op. cit.*, p. 27.

nas entre as tendências. Assim, a hegemonia do PMDB na campanha das Diretas deixou o PT no campo de defesa, mas *internamente* lhe permitiu dedicar-se à sua organização e ao debate estratégico que *aparentemente* (como já o dissemos) era extemporâneo. O que o PT buscou na segunda metade dos anos 1980 foi criar para si mesmo um espaço próprio na sociedade civil, mesmo ao custo da solidão política. Essa escolha de suas lideranças reforçou sua identidade *externa* como grupo de oposição social. Desse modo, crescia o número de seus simpatizantes e sua presença nos movimentos sociais.

Até mesmo a aparentemente inexpugnável fortaleza do PC do B foi assediada e tomada em outubro de 1987 durante o XXXVIII Congresso da UNE quando foi eleito o paraense Valmir Santos (petista da tendência PCR). Este crescimento da preferência provocava o seu contrário e era comum uma crítica conservadora e sempre confusa ao PT. Ora por não se assumir como "comunista", ora por sê-lo. Esta foi uma constante em sua história e se reproduziu durante o governo Lula, já no início do século XXI. Os setores mais conservadores atribuíam até atentados e sequestros ao partido, o que obrigou o PT a condenar veementemente o caso da expropriação feita por militantes de uma organização de extrema-esquerda (PCBR) abrigada no partido em Salvador (BA), em abril de 1986.

Em julho do mesmo ano Djalma Bom preparava-se para acompanhar a greve dos canavieiros em Leme (SP) quando encontrou José Genoíno na Assembleia Legislativa. Disse-lhe que não queria viajar sozinho e o convidou para irem juntos. Foram[76]. Naquela cidade do interior paulista houve dois mortos em confronto com a polícia. A Polícia Federal, com apoio da imprensa, responsabilizou o PT pelos disparos[77]! Demorou até que setores da Imprensa reconhecessem o absurdo da acusação.

Declarações de personalidades públicas foram necessárias para mostrar que o PT não pretendia ferir o ordenamento jurídico existente nem o direito positivo instituído através de atos violentos, como a de Eduardo Suplicy: "Nós somos críticos do capitalismo, queremos o socialismo por meios democráticos e pacíficos"[78]. Mais tarde ele acrescentaria: "Eu me considero um pacifista"[79]. A transição pacífica ao socialismo foi defendida na mesma época por Plínio de Arruda Sampaio[80].

O deputado federal José Genoíno Neto foi à televisão e se viu diante de perguntas sobre sua participação no PRC e sua opinião acerca da coletivização e negação do direito de propriedade. Ainda militante marxista e de extrema-esquerda, não se furtou a responder dizendo: quem primeiro negou a propriedade individual foi

76. J. Genoíno Neto, *Entre o Sonho e o Poder*, São Paulo, Geração Editorial, 2006, p. 114.
77. David Maciel, *De Sarney a Collor: Reformas Políticas, Democratização e Crise (1985-1990)*, Goiânia, UFG, 2008, p. 153.
78. *Folha de S. Paulo*, 22 de julho de 1986.
79. *Idem*, 25 de setembro de 1986.
80. *Idem*, 28 de setembro de 1986.

a própria concentração capitalista[81]. Mas depois mudou totalmente de opinião.

Por seu turno, a extrema Direita se organizava sem que fosse necessária alguma profissão de fé democrática de sua parte. A União Democrática Ruralista (UDR), associação de latifundiários, já tinha 37 sedes naquele ano. Em 1987 já eram duzentas. O número de filiados saltara no mesmo intervalo de tempo de cinquenta mil a 230 mil pessoas[82].

Urgia dar forma mais orgânica e perene a uma ação desordenada e violenta dos fazendeiros.

De toda maneira, se a Direita e os veículos de imprensa cobravam definições teóricas do PT, o próprio partido buscava sua estratégia de conquista do poder.

## V Encontro

O V Encontro Nacional foi o mais importante da história do PT. Ele ocorreu em Brasília entre 4 e 6 de dezembro de 1987. O clima de fim de ano ajudava a olhar para dentro e menos para fora, embora o socialismo (sete vezes citado nos documentos daquele encontro) não fosse a questão principal e sim a organizativa.

O lado de fora podia ser apenas vislumbrado pelo vidro. Era o horizonte do próximo ano. Desse modo, se o partido lançou Lula à presidência e aprovou um conjunto

---

81. *Programa Roda Viva*, TV Cultura, São Paulo, 5 de outubro de 1987.
82. *Veja*, n. 1001, 11 de novembro de 1987, p. 30.

de resoluções para orientar a bancada na Constituinte, a questão central foi de novo a proporcionalidade na Comissão Executiva Nacional. É que a Articulação teve menos delegados do que no encontro anterior e as alas de esquerda tinham força para repor o debate interno que lhes interessava. Em 1988, de fato, as alas de esquerda entrariam na Comissão Executiva e isto seria formalizado depois[83].

O v Encontro afirmou pela primeira vez de forma oficial como estratégia para o socialismo a constituição dos trabalhadores em "classe hegemônica e dominante no poder de Estado"[84], atacando a distinção entre partido de massas e de quadros e associando construção do poder nas lutas cotidianas com o momento estratégico da tomada do poder político, fato depois reafirmado pelo VII Encontro. Também indicou a tarefa de centralização partidária, de tal sorte que as tendências não poderiam ter objetivos estratégicos próprios. Mas isso não impediu que continuassem abrigados no PT grupos que promoviam aquilo que no jargão de esquerda se denomina *entrismo*, ou seja, participação de um grupo revolucionário num partido legal como *fachada* para suas atividades clandestinas, de modo a fazer agitação pública sem expor a estrutura do agrupamento.

---

83. Apostila do Curso Básico de Formação Política, São Paulo, PT, Diretório Zonal de Sapopemba, s./d., p. 7.
84. *Resolução Política do V Encontro Nacional do PT*, Brasília, 4, 5, e 6 de dezembro de 1987, p. 10.

A corrente majoritária Articulação obteve 59,4% dos votos. Ela considerava que, para tais grupos de extrema-esquerda, o PT era um partido *tático* e transitório, uma frente parlamentar de esquerda, quando em verdade deveria ser afirmado o caráter *estratégico* do PT. O problema (coexistência de partidos menores dentro de um maior) já era discutido desde a fundação do partido[85]. A própria Articulação jamais conseguiu ver a si própria como uma tendência igual às outras. Surgiu muito mais como uma antitendência, ditando a política que acabava tornando-se de todo o partido, como foi o caso da crítica do colégio eleitoral e à transição conservadora[86] e o ataque à "hegemonia burguesa" e ao pacto social consubstanciado na Aliança Democrática, em 1984-1985[87]. A Articulação aliava o pragmatismo das lutas concretas com uma vaga definição socialista, sempre defendendo o "caráter de massas e democrático" desse socialismo[88].

---

85. *O Partido dos Trabalhadores e as Demais Correntes Políticas de Esquerda*, s./l., janeiro de 1981 (não pude fazer uma crítica externa desse documento, de modo que se deve vê-lo com reservas), mimeo.
86. *Articulação: Por uma Alternativa Democrática e Popular*, São Paulo, 15 de novembro de 1984.
87. Ruptura Popular: a alternativa dos trabalhadores contra o pacto social e a transição burguesa. São Paulo, 11 de janeiro de 1985. Ver também: Articulação, 21 de junho de 1985.
88. Cf. *Articulação: Por uma Proposta Democrática e Socialista*, s/d. Provavelmente o texto é de 1985.

A necessidade de se organizar para enfrentar a esquerda, no entanto, levou a tendência majoritária a se organizar enquanto tal. Ocorreu um seminário nacional logo depois do v Encontro em que se declarou que a Articulação não tinha objetivos estratégicos, era apenas uma "articulação tática", a adesão a ela era por "solidariedade", não era centralizada e deveria ter uma "estrutura leve". Só que a Articulação estabeleceu ali plenárias de representantes estaduais e uma coordenação política nacional própria para ter um "funcionamento regular, cotidiano" e não só nos encontros do partido[89].

A hegemonia da Articulação fazia com que seu caráter de tendência fosse sobrepujado pelo de agregado de todos aqueles que desejavam (ou assim argumentavam) um PT unido e sem tendências. Destarte, a Articulação rejeitava duramente o paralelismo de suas estruturas com as do PT[90], embora, com o passar do tempo, não faltassem aqueles que começavam a exigir que seus membros atuassem como uma tendência[91].

Este esforço para enquadrar as tendências e centralizar o partido provocou as primeiras cisões sérias das tendências de esquerda, como a OT – O Trabalho. Em

---

89. *Resoluções do Seminário Nacional da Articulação*, s./d.
90. Cf. *Resoluções do Seminário Nacional da Articulação*, agosto de 1988.
91. Cf. A. C. Escouto, *Articulação: Reafirmação de uma Tendência*, Sapucaia (RS), s./d.

maio de 1987, 11 membros da coordenação da organização desencadearam a formação do *Agrupamento* da corrente "o Trabalho em defesa da IV Internacional (Centro Internacional de Reconstrução)", sendo expulsos pela maioria da coordenação nacional. No X Encontro de O Trabalho, a maioria decidiu integrar-se à Articulação, enquanto a minoria que formava o *Agrupamento* preferiu manter a tendência[92].

Tais divisões não se explicam só pelos movimentos internos do PT quando se tratam de tendências trotskistas e sim por uma intervenção do centro dirigente do grupo em Paris.

O mesmo não ocorreu explícita e imediatamente com o Movimento Comunista Revolucionário (MCR), que surgiu na mesma época, mas com militantes de perfil diferente (ex-integrantes de organizações da luta armada vinculados a alguma variante da III Internacional). Três grupos formaram o MCR: a ala vermelha (dissidência do PC do B nos anos 1960); o MEP – Movimento de Emancipação do Proletariado (dissidência da Organização de Combate Marxista Leninista Política Operária, que tornou-se depois Fração Bolchevique e finalmente, em 1976, MEP); e a OCPD – Organização Comunista Democracia Proletária,

---

92. Cf. *Boletim O Trabalho*, n. 5 (259), São Paulo, junho de 1987 (editado pela maioria, anunciando as resoluções do X Encontro) e *Boletim O Trabalho*, n. 5 (259), São Paulo, julho de 1987 (editado pela minoria).

sucessora da APML, sigla abandonada em 1982[93]. Mais tarde, extinguiu-se o MCR e formou-se a Força Socialista[94].

Já o PRC foi fundado em janeiro de 1984. Considerava que o Brasil passara por uma Revolução passiva e tinha uma estrutura de dominação baseada numa hegemonia passiva. O projeto da burguesia seria tentar transformar essa hegemonia passiva em ativa, enquanto o PT constituiria um obstáculo a esse projeto. Ora, por isso era tão importante impedir que isto acontecesse. Na época da sua fundação o PRC propugnava as "diretas já" apenas como uma etapa inicial da revolução armada, conforme seu manifesto que foi distribuído na Praça da Sé, em São Paulo, durante o comício de 25 de janeiro de 1984[95].

O principal nome do grupo era o Deputado Federal por São Paulo, José Genoíno Neto[96]. Ele disse posterior-

---

93. Cf. *Resoluções do Primeiro Congresso do Movimento Comunista Revolucionário*, s./l., outubro de 1985.
94. A Força Socialista propunha um plano democrático-popular e nacional para o Brasil. Vide: Projeto Nacional e Luta pelo Socialismo no Brasil, São Paulo, fevereiro de 1994 (conferência de Ivan Valente no seminário internacional na Johann Wolfgang Goethe Universitat, Alemanha). Mais tarde integrou a APS – Ação Popular Socialista, corrente do PSOL. O nome é uma alusão à velha AP, cf. informação de Tibério Canuto.
95. Partido Revolucionário Comunista, *Eleições Diretas: Avançar no Caminho da Revolução (Manifesto do Partido Revolucionário Comunista Fundado em 21 de janeiro de 1984)*, São Paulo, comitê regional do PRC, 1984. Arquivo pessoal do autor.
96. J. Genoíno Neto, *Entre o Sonho e o Poder*, São Paulo, Geração Editorial, 2006, p. 96.

mente ter sido contra a fundação do partido, mas tornou-se membro de sua direção nacional.

O PRC era efetivamente um partido clandestino que usava o PT como fachada legal, às vezes até autorizando "dobradinhas" eleitorais de seus militantes com outros partidos, além do PT, ao menos segundo informações de seus adversários internos[97]. Em 1987, o PRC ainda se preocupava com "a elaboração de uma teoria da violência revolucionária organizada"[98], porém, suas conclusões táticas em setembro de 1988 já falavam na luta de massas pelo socialismo e, taticamente, pelo governo democrático e popular, interpretando à sua maneira o objetivo do V Encontro[99].

Mas a política oficial do PT tinha suas próprias cores radicais. Em documento da época o governo petista foi definido como algo "em choque com o capitalismo e a ordem burguesa".

## *Da Constituinte às Vitórias nas Capitais*

No ano de 1987 a batalha parlamentar se iniciou. A bancada constituinte do PT, formada majoritariamente por sindicalistas, foi de dezesseis deputados (eleitos por Minas Gerais, Rio de Janeiro, São Paulo, Rio Grande do Sul e Espírito Santo).

---

97. Cf. *O Trabalho*, n. 52, São Paulo, 4 de abril de 1986.
98. PRC, *Teses para Discussão*, III Congresso, agosto de 1987, p. 12.
99. *Nova Tática*, primeira conferência nacional extraordinária, s./l., setembro de 1988.

Olhando os movimentos de conjunto da sociedade brasileira nos anos 1980 e 1990 vemos primeiro um decênio de quebra do Estado e de dissolução do tecido social. A recessão e a inflação fizeram com que os empresários industriais fossem mais convidados às inversões financeiras do que produtivas. O país estava em compasso de espera (a imagem era de Florestan Fernandes) e em meio a uma revolução nacional e democrática simbolizada pela campanha das Diretas e pela disputa eleitoral em 1989. Revolução falhada.

A Assembleia Nacional Constituinte galvanizou as esperanças radicais da sociedade que se viram canalizadas institucionalmente por uma constituinte congressual e não exclusiva. A formação do "centrão", grupo majoritário de deputados que resistiam às mudanças, acabou por criar uma Constituição que, entre outras mazelas, manteve a tutela militar sobre o poder civil.

Todavia, a Constituição criou e ampliou a promessa de muitos direitos sociais e gerou a base jurídica para uma democracia formal. E não é um enigma o fato de uma Assembleia Constituinte conservadora ter trazido em seu ventre o seu contrário, ou seja, uma Constituição com direitos sociais avançados. Ela estava sob pressão de movimentos sociais e fechando um ciclo ditatorial. Muitos Deputados estavam envergonhados do passado e temerosos do futuro. Mais tarde, a própria direita promoveu a revisão constitucional sob a oposição do PT.

Embora por vários anos os meios de comunicação tenham afirmado o oposto, não é verdade que o PT não tenha assinado a nova Constituição. A bancada petista votou contra, mas assinou. Assinaram: Benedita da Silva (RJ); Eduardo Jorge (SP); Florestan Fernandes (SP); Gumercindo Milhomem (SP); Irma Passoni (SP); João Paulo Pires (MG); José Genoíno (SP); Luiz Gushiken (SP); Luiz Inácio Lula da Silva (SP); Olívio Dutra (RS); Paulo Delgado (MG); Paulo Paim (RS); Plínio de Arruda Sampaio (SP); Virgílio Guimarães (MG); Vitor Buaiz (ES); e Vladimir Palmeira (RJ).

Em meio às discussões parlamentares, houve as eleições de 1988. No Brasil, inesperadamente o PT elegeu prefeitos em 36 municípios (incluindo as capitais São Paulo, Porto Alegre e Vitória). O número de vereadores saltou de 179 a 992. O Partido parecia pronto a dar um salto maior.

Na capital paulista o impacto foi grande. Na consulta aos filiados Luiza Erundina obteve 54,9% dos votos contra 43,3% de Plínio de Arruda Sampaio[100]. Apenas 1,8% de nulos e brancos. Plínio de Arruda Sampaio, que não era da Articulação, tinha o apoio dela e até a declaração pública de Lula a seu favor. Erundina foi apoiada pela esquerda do partido e por parte das bases da Articulação[101].

Nas eleições, a estratificação do voto na cidade de São Paulo mostrava que Luiza Erundina havia obtido 27,2% de apoio em pessoas de alta renda. Na classe média ti-

---

100. *Informativo Paulistano*, n. 16, 14 de junho de 1988. O PT paulistano tinha 30 mil filiados (10% eram militantes).
101. C. G. Couto, *O Desafio de Ser Governo: O PT na Prefeitura de São Paulo (1989-1992)*, Rio de Janeiro, Paz e Terra, 1995, p. 113.

nha 27,8% e, na classe baixa, tinha 34%[102], mas não sabemos qual o comportamento eleitoral da classe operária. O exercício do mandato foi marcado por conflitos com o sindicato dos condutores e vários escândalos, destacados pela imprensa, como o desmoronamento de parte da Favela Nova República, cuja responsabilidade foi colocada sobre a administração; o caso Lubeca[103] que atingiu o vice-prefeito Luiz Eduardo Greenhalgh e que foi usado pelo latifundiário Ronaldo Caiado da UDR na campanha contra Lula; o caso da Prodam, onde o seu presidente, o militante da tendência O Trabalho, Edson Cardoni, foi acusado por usar recursos públicos para o transporte de militantes da CUT Regional (SP)[104] etc.

Como o maior inimigo do PT era o próprio PT, conflitos com o Diretório Municipal preencheram o resto do tempo de lutas internas, agora entre membros da administração e do partido. Nas bases e nas tendências de esquerda a oposição à prefeitura também surgiu por outros motivos. Esperava-se que além do orçamento participativo, o qual só deliberava sobre parte ínfima do orçamento real e de-

---

102. C. Gurgel, *Estrelas e Borboletas*, Rio de Janeiro, Papagaio, 1989, p. 25.
103. Uma empresa teria doado recursos à campanha de Lula (1989) em troca de favores na prefeitura. O caso foi arquivado depois.
104. Cardoni assumiu a responsabilidade e defendeu a legitimidade de sua ação, sendo por isso demitido pela prefeita e, mais tarde, condenado à prisão e a pagar uma multa, ocasionando uma campanha internacional para ajudá-lo. O PT devolveu o dinheiro aos cofres públicos. *O Estado de S. Paulo*, 16 de fevereiro de 1990, p. 3.

pendia da aprovação da Câmara de Vereadores, os Conselhos Populares fossem criados como órgãos deliberativos, ainda que fora da estrutura oficial do poder municipal.

Apesar de tudo, a administração inverteu prioridades, favorecendo a área social. A polêmica com a esquerda partidária também se deu por causa da ideia de governar para todos. Como Luiza Erundina começou isolada politicamente e com pouco apoio na Câmara, onde o petista Eduardo Suplicy era o presidente, suas mensagens foram perdendo o radicalismo inicial. A esquerda não aceitava a ideia de que pudesse haver uma área de interesse comum entre trabalho e capital (por exemplo, o crescimento econômico)[105].

A querela dos conselhos populares e da divisão entre PT, Movimentos Sociais e administração ficou simbolizada pelos episódios de Diadema naquele mesmo período. Como o leitor se recorda a cidade já tinha sido governada pelo PT e o primeiro prefeito rompera com o partido em conflito com os conselhos populares e com o Diretório Municipal. Diadema foi um caso de prolongamento das lutas internas dos primeiros anos do partido. Na segunda gestão petista na cidade, do prefeito José Augusto da Silva Ramos (o Zé Augusto), o vice-prefeito, o professor Antonio Justino (o Tonhão, um professor da rede pública formado em Letras na USP) defensor de uma linha basista, nem compareceu à cerimônia de posse. Ele comandou juntamente com o vereador Boni a ocupação do buraco

---

105. P. Singer, *Um Governo de Esquerda*, p. 241.

do Gazuza por seiscentas famílias. O prefeito usou a força policial e isto causou grande celeuma na Direção Estadual do PT que suspende o prefeito por três meses e expulsa o vereador[106]. Boni era membro do T-POR[107] e teria a mão decepada no episódio de dezembro de 1990 da Vila Socialista, quando quinhentas famílias foram violentamente desalojadas pela Polícia Militar e a prefeitura petista recusou dar abrigo aos desalojados[108].

## Campanha de 1989

Naqueles tempos até o publicitário era militante. Um dos criadores do *slogan* "Lula Lá" declarou que jamais faria campanha para alguém que não fosse do PT[109]. Mas era Carlito Maia...

Aquela eleição surpreendeu a todos, dentro e fora do PT. Em 16 a 18 de junho de 1989 o partido fez o seu VI Encontro Nacional. O evento transcorreu no Colégio Caetano de Campos na capital paulista. Situado nas imediações do pacato bairro do Cambuci, aquela escola pública

---

106. Julio Tavares e Gonzaga Monte, PT *Diadema: Uma História de Militância e Luta*, São Paulo, Terra das Artes, 2004, p. 56.
107. Tendência por um Partido Operário Revolucionário, dissidência da Causa Operária, grupo trotskista que, por sua vez, era uma facção da OSI.
108. J. Tavares e G. Monte, *op. cit.*, p. 59.
109. *Propaganda*, ano 35, n. 446, janeiro de 1991.

serviu outras vezes para encontros municipais do partido. Naquele ano o PT registrava 550 mil filiados[110].

Diante do massacre da Praça da Paz Celestial, o PT rompeu com o PC chinês naquele encontro, embora o Deputado Florestan Fernandes tivesse feito um discurso na Câmara que não defendia o massacre, mas não rompia com os comunistas chineses[111].

Ali, os petistas estavam de olho nas eleições e elaboraram as bases de um Plano de Ação de Governo. É verdade que no programa econômico de Lula as palavras "socialismo e imperialismo" não são citadas uma única vez[112], porém isto reforça o fato de que o partido deixa de lado questões teóricas quando se vê diante de desafios eleitorais maiores e precisa elaborar um discurso amplo. Por outro lado, no documento aprovado houve 46 referências ao socialismo. O ataque ao capital monopolista e a distinção entre governo e poder foram estabelecidos naquele Encontro. O PT defendia também uma política econômica baseada na suspensão do pagamento da dívida externa[113].

---

110. *Veja*, n. 1095, 6 de setembro de 1989.
111. Discurso na Câmara dos Deputados, sessão de 21 de junho de 1989, *Diário do Congresso Nacional*, 22 de junho de 1989, p. 2080.
112. Paulo Fernandes Baia, *A Economia Política do Partido dos Trabalhadores – Um Estudo sobre o Discurso Petista (1979-1994)*, PUC/SP, 1996, p. 82, dissertação de mestrado.
113. F. Weffort (org.), *PT: Um Projeto para o Brasil*, São Paulo, Brasiliense, 1989, p. 71.

Em 1989 Lula enfrentaria uma eleição *sui generis* que congregava muitos políticos estabelecidos, de enorme envergadura (fato que nunca mais se repetiria): Ulysses Guimarães (PMDB), que fora presidente da Assembleia Nacional Constituinte; Mário Covas (PSDB); Leonel Brizola (PDT); Paulo Maluf (PPB) e Aureliano Chaves (PFL). Até o PCB lançava pela terceira vez na história um candidato a presidente: Roberto Freire. A direita se fazia representar também por Ronaldo Caiado, líder da UDR e por Guilherme Afif Domingos, da Associação Comercial de São Paulo. Eram quase todos eles candidatos orgânicos de seus segmentos de classe, como o próprio Lula. A exceção era Fernando Collor de Mello...

A Frente Brasil Popular (PT, PC do B e PSB) foi uma aliança restrita para os padrões posteriores do partido, mas naquela altura pareceu ampla, já que tradicionalmente o PC do B era adversário do PT, embora tivesse apoiado Luiza Erundina um ano antes. A participação de seu líder histórico João Amazonas ao lado do cavaleiro da esperança Luiz Carlos Prestes em apoio a Lula deu enorme simbolismo à campanha. O vice-presidente também foi obra de engenharia política. Fernando Gabeira, ex-guerrilheiro radicado no Rio de Janeiro convertido às causas dos verdes e dos homossexuais foi cotado, mas foi preterido porque naquela altura as causas citadas eram pouco relevantes para o *establishment* de esquerda ou de direita. Mas há que dizer que Gabeira chegou a ser referendado pelo PT, mas fez um discurso catastrófico e atacou o partido.

Como não era benquisto pelos demais partidos da Frente, foi abandonado.

O jurista Raimundo Faoro também foi cotado. Por fim, o PSB do Rio Grande do Sul indicou o Senador João Paulo Bisol, proveniente do recém-fundado PSDB, mas que se mudara também recentemente para o PSB. Bisol era desembargador e aumentou a confiabilidade na chapa da Frente Brasil Popular.

As campanhas feitas pelos candidatos da Direita no Brasil nunca foram limpas. Basta ver a difamação feita contra Getúlio Vargas ou João Goulart. É que como notou o velho general e historiador Nelson Werneck Sodré[114] a direita brasileira nunca obteve o consenso da população e teve que governar sempre a excluindo das decisões.

A campanha de Lula ascendeu junto com greves e protestos que vinham crescendo desde o fracasso do Plano Cruzado. O presidente Sarney foi alvejado por uma pedrada em janeiro de 1987 no Rio de Janeiro. No final de 1988, a polícia reprimiu violentamente a população que se aglomerava na Praça Ramos de Azevedo durante a reinauguração do Teatro Municipal de São Paulo. Jânio Quadros, Orestes Quércia e José Sarney estavam presentes. A imprensa desconsiderou a violência policial e umas poucas notas afirmaram que se tratava de uma manifestação dos carteiros (que estavam em greve).

---

114. N. W. Sodré, *Memórias de um Soldado*, Rio de Janeiro, Civilização Brasileira.

Em novembro de 1988 o Exército assassinou cinco operários da CSN em Volta Redonda. O fato ajudou a eleger Luiza Erundina de Souza em São Paulo e provocou indignação. Até o grupo de *punk rock* do ABC paulista, Garotos Podres (última banda censurada do país), lançou a música: *Fuzilados da CSN*. O monumento erguido em homenagem aos trabalhadores mortos foi destruído no ano seguinte mediante uma bomba colocada por um grupo militar de extrema direita. Em 22 de dezembro de 1988 o líder seringueiro Chico Mendes foi assassinado com tiros de escopeta no peito. O MST incrementaria ainda mais suas ações durante o ano eleitoral. Em 1988 ele liderou trinta ocupações de terra e, no ano seguinte, 62 ocupações[115].

Neste ano houve também greves e protestos na Mannesmann, Belgo-Mineira, Mafersa etc. A direita acusava o PT de estimular a paralisação da economia e provocar a fuga de capitais e a explosão dos juros. As lideranças petistas, ao contrário, acalmavam os ânimos. Na greve de confronto dos operários do ABC com a Polícia Militar paulista, em 1989, foi a Convergência Socialista que deslocou militantes e panfletos para retirar os operários da influência da Articulação. O presidente do sindicato, Vicente Paulo da Silva (Vicentinho), foi derrotado na assembleia da categoria[116].

---

115. Cf. *Jornal dos Sem Terra*, n. 79 (dez. 1988) e n. 90 (dez. 1989).
116. Cf. Sindicato dos Metalúrgicos de São Bernardo e Diadema,

No dia 12 de setembro de 1989 uma passeata que saiu da Praça da Sé e subiu a avenida Brigadeiro Luís Antônio em São Paulo, parou diante do teatro em que a atriz Marília Pêra[117], representava sua peça. Houve vaias apenas, porém a imprensa iniciou uma campanha contra a "patrulha ideológica" petista.

Lula foi alçado ao segundo turno da presidência com 11,6 milhões de votos (16,08%). A surpresa foi geral, pois se esperava que Leonel Brizola do PDT alcançasse aquele posto. A campanha continuou e conseguiu congregar Mário Covas, Leonel Brizola e o eleitoralmente inexpressivo Roberto Freire. Mas o PT recusou o apoio de Ulysses Guimarães. Fernando Collor, candidato por uma legenda de aluguel (PRN – Partido da Reconstrução Nacional) teve o apoio massivo do empresariado e das classes médias. Seu discurso se dirigia também aos "descamisados", onde teve forte apoio. A Frente Brasil Popular tinha poucos recursos e o candidato viajava pelo país em avião de carreira. Militantes em todo o Brasil abriam bandeiras vermelhas nas ruas e as pessoas jogavam dinheiro dentro para contribuir com a campanha.

O movimento anti-Lula começara de forma *soft* (para os padrões brasileiros). O comando da campanha recebia denúncias sobre brigadas de mercenários com camisetas

---

*História da Greve de 1989*, São Bernardo do Campo, Gráfica e Editora FG, 1989, p. 110.
117. Ela apoiava Collor.

do PT que percorriam favelas ameaçando as pessoas; pastores evangélicos e padres conservadores diziam que Lula fecharia as igrejas. No Ceará panfletos representavam Lula como monstro e em Brasília um panfleto de uma falsa juventude petista pregava a luta armada[118].

É verdade que o PT ainda tinha "revolucionários" no seu interior. Mas a cobrança externa fazia com que a revolução se reduzisse a uma eventualidade distante. Em abril de 1989, por exemplo, o PRC ainda dava ênfase à dimensão estratégica da violência revolucionária[119], mas em março já questionava a concepção de partido da III Internacional[120] e em maio retirava a luta armada do centro de sua estratégia, mantendo-a somente como autodefesa armada[121].

Mas quando Lula e Collor apareceram nas pesquisas de intenção de voto em empate técnico na semana final de campanha (entre 11 e 15 de dezembro) a Rede Globo, fiadora do candidato da Direita, em consórcio com o Governador do Estado de São Paulo (Orestes Quércia) e outras autoridades militares e civis, resolveu intervir diretamente.

No dia 11 ocorreu o sequestro do empresário Abílio Diniz, diretor presidente do grupo Pão de Açúcar (uma rede de supermercados). De acordo com Wladimir Po-

---

118. Wladimir Pomar, *Quase Lá*, São Paulo, Brasil Urgente, 1990, pp. 96-97.
119. III Congresso, abril de 1989.
120. *Projetos de Resolução*, s./l., março de 1989.
121. *Tribuna de Debates*, n. 5, s./l., maio de 1989.

mar, coordenador da campanha de Lula, houve uma discussão sobre denunciar ou não o sequestro, já que a imprensa fizera silêncio para não atrapalhar as investigações. O PT descartou a denúncia porque em primeiro lugar a imprensa não daria destaque a ela e em segundo lugar se o empresário fosse assassinado o partido seria responsabilizado[122].

No dia 12 a enfermeira Miriam Cordeiro afirmou no programa eleitoral de televisão de Fernando Collor que tinha uma filha com Lula e que este havia tentado obrigá-la a abortar. A equipe de TV era naquele momento chefiada pelo irmão do candidato, Leopoldo Collor, um ex-funcionário da TV Globo. Tão chocante foi o uso do depoimento que no dia seguinte a jornalista do programa do PRN, Maria Helena Amaral declarou que Miriam Cordeiro havia sido paga pela equipe de Collor para fazer "revelações" contra Lula[123].

Segundo o Ibope naquele mesmo dia Lula (43%) estava em empate técnico com Collor (47%). A Rede Globo de televisão, através do Jornal Nacional, manipulou as imagens do último debate televisivo entre os candidatos para favorecer Collor. Também atribuiu ao PT sub-repticiamente o sequestro de Abílio Diniz que, afinal, seria solto no dia do pleito. Na véspera o secretário de segurança pública de São Paulo, Luiz Antônio Fleury Filho (o qual

---

122. *Idem*, p. 101.
123. *Jornal do Brasil*, Rio de Janeiro, 13 de dezembro de 1989.

seria governador do Estado posteriormente, sucedendo a Orestes Quércia), declarou à TV Globo, sem ser perguntado, que "o PT nada tinha a ver com o sequestro"... O mesmo fez em manchete o jornal *O Rio Branco* no Acre: "PT Sequestra Abílio Diniz"[124].

Hoje se sabe que o sequestro foi realizado por militantes canadenses, chilenos e um brasileiro em nome do MIR – Movimento de Izquierda Revolucionaria do Chile[125], mas não sabemos se o grupo era infiltrado por algum espião de extrema direita, como foi comum nas organizações esquerdistas italianas nos anos 1970, quando as Brigadas Vermelhas sequestraram Aldo Moro. No dia da eleição, quando os sequestradores foram presos, saíram do cativeiro com camisetas do PT. Por que o fizeram? Por que aceitaram realizar aquela ação na reta final da campanha de Lula? Por que não esperaram uma semana ao menos? Apesar dos fortes indícios de que o sequestro visava prejudicar o PT, afirmou-se que o grupo estava mais interessado em arrecadar fundos para a guerrilha ascendente em El Salvador.

Mais tarde Lula e Suplicy visitaram os sequestradores e apoiaram sua libertação. A extrema direita continuou associando o PT a atos desse tipo, especialmente quando ventilou a ideia de que os sequestradores do publicitá-

---

124. A. Singer (org.), *Sem Medo de Ser Feliz: Cenas de Campanha*, São Paulo, Scritta, 1990, p. 89.
125. *Atenção*, dezembro de 1996.

rio Washington Olivetto teriam sido ex-guerrilheiros chilenos[126].

Era comum também (e isto ocorreu na campanha eleitoral de 1994) a distribuição de panfletos apócrifos que insultavam jocosamente os petistas e a visita a milhares de pessoas por supostos militantes que estariam preparando a divisão das casas delas.

Lula era vilipendiado diuturnamente pela imprensa. Os mais delicados diziam que ele não tinha experiência e precisava começar a carreira política como prefeito de São Bernardo do Campo ou vereador. Os mais despudorados (como o jornalista de televisão Ferreira Neto) o chamavam de analfabeto. Um famoso articulista da época, Paulo Francis, gozava o candidato por usar "erroneamente" o verbo "enricar"[127]. Embora Lula estivesse certo.

O candidato Collor ainda tentou impingir a Lula a condição de rico disfarçado. Espalhava-se o boato (mesmo em programas de TV) de que ele morava no bairro de classe alta Morumbi em São Paulo e não em São Bernardo do Campo. Na verdade, Lula morou por dez anos na casa do empresário Roberto Teixeira, mas esta casa situava-se

---

126. A. Paula Couto, *O PT em Pílulas*, Porto Alegre, Gente do Livro, 2002, p. 97.
127. Sua atenção foi chamada pelo *ombudsman* da *Folha de S. Paulo*, quando este autor enviou uma carta dizendo que Lula estava gramaticalmente certo. Carta de Caio Túlio Costa ao autor, São Paulo, 1989.

em São Bernardo, mesma cidade onde Lula tinha um apartamento. No segundo turno o candidato da Frente Brasil Popular obteve aproximadamente 31 milhões de votos, mas perdeu para Fernando Collor de Mello que conquistou cerca de 35 milhões de votos. Como disse Florestan Fernandes: "Houve uma ruptura histórica que separou o presente do passado e exige um futuro que não reproduza o presente"[128].

O ciclo que se inicia com a campanha das "Diretas Já!" em 1984, passa pela Assembleia Nacional Constituinte (1988), pela Frente Brasil Popular em 1989 e tem um último suspiro na campanha pelo *impeachment* de 1992, é aquele que demonstrou a maior participação *popular* (para além mesmo da classe operária e dos movimentos sociais organizados). Note-se que os resultados eleitorais e políticos daquela ascensão das lutas populares (marcada pelo fortalecimento, até a primeira metade dos anos 1990, da CUT, MST e, em menor medida, Central dos Movimentos Populares) pareciam decepcionantes. Um ciclo de ascensão e lutas acabou numa derrota eleitoral.

Se no primeiro capítulo vimos como o PT sofreu com uma territorialização difícil e divisões internas mas haurindo forças no sindicalismo ascendente, neste observamos que ele manteve algum grau de coesão interna, assinalado pelo surgimento da Articulação (1983) e pela

---

128. Florestan Fernandes, *As Lições da Eleição*, Brasília, Câmara dos Deputados, 1990, p. 7.

majoritariedade na sua Comissão Executiva Nacional[129]. Exteriormente, ele se manteve como oposição extra-parlamentar e conquistou um lugar de peso na sociedade civil. Mas como isso aconteceu num quadro semi-democrático e de competição eleitoral, o sucesso relativo de uma organização baseada em núcleos de base e numa linguagem socialista aninhava o seu contrário: um partido da Ordem que solapava a voz dos radicais.

---

129. Dois movimentos autoritários, já que dificultavam a participação das correntes de esquerda.

# 3. Oposição Parlamentar (1990-2002)

*Assim como na vida privada se diferencia o que um homem
pensa e diz de si mesmo do que ele realmente é e faz, nas lutas
históricas devem-se distinguir mais ainda as frases e as fantasias
dos partidos de sua formação efetiva e de seus reais interesses,
o conceito que fazem de si do que são na realidade.*
KARL MARX, *18 Brumário de Luiz Bonaparte.*

Numa conversa reservada nos anos 1990 na Câmara Municipal de São Bernardo do Campo, José Dirceu disse que era preciso abandonar a identidade com o socialismo real, aquele "cadáver insepulto"[1]. Os anos vindouros assinalariam a efetiva "estatização" do PT, antes de sua "nacionalização". Ou seja, seu recrutamento se daria cada vez mais entre pessoas profissionalizadas na política e ele se conformaria como oposição parlamentar.

É verdade que o partido tendia a trilhar o caminho institucional. Uma formulação da época se referia a articular os movimentos sociais com a luta parlamentar: era a estratégia da pinça[2]. O que uma parte dos marxistas

---

1. M. Iasi, *op. cit.*, p. 471.
2. J. Guimarães, "A Estratégia da Pinça", *Teoria e Debate*, n. 12, out./nov./dez. 1990.

achava era que o partido tinha que optar pela diluição ideológica ou a identidade socialista.

Este debate assumia a forma socialista por uma razão óbvia: em 1990 todos estavam estupefatos com o fim do socialismo real. O Muro de Berlim caiu sobre o partido. Mas seria uma ilusão acreditar que somente a exigência de redefinições sobre o socialismo internacional causava novas cisões interiores. Como alternativa de poder e vitorioso em muitas prefeituras importantes, havia novos dilemas para o PT que conduziam líderes esquerdistas a trocar princípios por votos e cargos.

O PRC, por exemplo, rachou. A facção que se desmembrou à esquerda, juntou-se a um grupo com base em dois sindicatos de São Paulo (o Sindicato dos Trabalhadores da Indústria de Artefatos de Couro, então situado na rua Pedro Álvares Cabral, no bairro da Luz e o Sindicato dos Vidreiros, na avenida Rangel Pestana, bairro do Brás), formando o MTM – Movimento por uma Tendência Marxista[3]; no plano econômico o MTM permaneceu defendendo o planejamento centralizado, embora criticasse o burocratismo soviético[4].

O projeto de resolução do MTM, enviado ao VII Encontro Nacional do PT só aceitava aliança com classes, entidades, partidos e indivíduos que têm "uma postura

---

3. Movimento por uma Tendência Marxista, *A Luta Revolucionária pelo Poder e a Luta Institucional*, janeiro de 1990. Os dois sindicatos tinham sido dirigidos por Paulo Skromov e Amadeu Amaral.
4. *MTM Informa*, n. 7, junho de 1991.

objetivamente revolucionária nas disputas conjunturais" e "identifiquem-se pelo socialismo"[5]. Depois, um dirigente do PRC defendia que a tendência não deveria se assumir como marxista, ainda que tivesse em Marx um referencial fundamental, e que sua estrutura não deveria ser paralela ao partido nem a ele se sobrepor[6]. Até que em 1990 um manifesto já defendesse uma síntese do marxismo com o social liberalismo[7].

Mais tarde a ala *direita* do PRC, chamada Nova Esquerda, associada à maioria da tendência Vertente Socialista (VS) formaria a DR – Democracia Radical[8], fazendo uma interface com o PT Vivo, agrupamento paulistano que, na mesma época em que a Nova Esquerda surgia, também começava a trazer a lume uma (re)conceituação do socialismo com fortes críticas ao marxismo[9]. O PT Vivo era um agrupamento paulistano chamado originalmente "PT na Capital" e tinha alguns membros que participa-

---

5. MTM, *Projeto de Resolução*, 6 de abril de 1990.
6. A. Fornazieri, *Pontos para Discussão sobre o Caráter da Tendência*, mimeo, s./d.
7. Tarso Genro e Pilla Vares, *Manifesto por um Marxismo Vivo*, s./l., s./d. Provavelmente o texto é de maio de 1990, mimeo.
8. Por algum tempo, ambas as tendências uniram-se sob um movimento chamado Projeto para o Brasil, nome de uma tese apresentada ao primeiro congresso do PT.
9. Cf. *O Momento Político e as Tarefas do PT*, São Paulo, março de 1990, mimeo.

ram da formação da Articulação e com ela romperam[10], a exemplo de militantes da VS.

O processo de cisão da VS seguiu passos semelhantes aos do PRC, resguardadas as especificidades de origem. Ao contrário do PRC, a VS provinha da Articulação, saindo dela em 1986[11], quando ainda não adotava o nome de VS, mas de Poder Popular e Socialismo (conhecido como "poposo"). Em 1988 desencadeou o Movimento por um PT Socialista[12], numa tentativa de integrar com mais profundidade o debate programático do partido[13] e definir o socialismo petista renovado[14]. Essa discussão levou ao mesmo cisma interno que ocorreu no PRC. O que atingiu o plano sindical. A VS saiu da "CUT pela base"[15] (agrupamento de várias tendências de esquerda na CUT) em 1991[16].

10. *PT Vivo*, São Paulo, agosto de 1985 (inserido numa coletânea *PT Vivo: Documentos Políticos*, 1991, mimeo). Mais tarde, o PT Vivo tornou-se muito próximo da administração da prefeita de São Paulo, Luiza Erundina de Souza.
11. Cf. *Por um PT de Massas, Democrático e Socialista*, São Paulo, PPS, maio de 1987, mimeo.
12. Histórico em: *Carta aos Companheiros da Vertente Socialista*, São Paulo, 10 de abril de 1990, mimeo.
13. *Resoluções da Tendência Poder Popular e Socialismo*, s./l., janeiro de 1989, mimeo. Ver também: *A Alternativa Democrático-popular e a Questão do Poder: Contribuição ao Debate do VI Encontro Nacional*, s./l., junho de 1989, mimeo.
14. Cf. *O Desafio de uma Nova Era na Luta pelo Socialismo*, São Paulo, 28 de fevereiro de 1990.
15. *Por que Saímos da CPB*, São Paulo, 17 de fevereiro de 1991.
16. *Sobre a Saída da Vertente Socialista da CUT pela Base*, São Paulo, março de 1991. Também: *Circular*, São Paulo, junho de 1991.

Estes grupos passavam realmente por uma inflexão à Direita, motivada pela derrota eleitoral de 1989 e pela queda do muro de Berlim. Mas nenhum deles deixou de manter uma ala radical. Alguns militantes da VS declaravam que

> [...] o caminho estratégico no Brasil pressupõe [...] o alargamento do campo da práxis arrancado à legalidade burguesa através do movimento que, se opondo à institucionalidade vigente, obriga a extensão dos seus limites. Se a expansão das fronteiras do campo de ação das classes subalternas encontrar o núcleo duro da dominação burguesa, para além do qual nenhuma ampliação processual seja permitida, colocar-se-á, então, a questão da ruptura[17].

Formava-se um grupo nítido que não aceitava a política de interlocução social dos setores mais representativos da VS: "A hegemonia dos valores socialistas não se estabelecerá com a mera demarcação político-ideológica com o liberalismo, nem tampouco com a interlocução com a sociedade civil nos marcos da legalidade burguesa"[18]. Essa disputa interna declarada ocorria no segundo encontro estadual da tendência em São Paulo. No bojo do primeiro congresso do PT a VS cindiu-se[19].

---

17. *A Revolução Social É Possível no Brasil*, s./l., março de 1990.
18. *O PT e a Construção do Socialismo*, Segundo Encontro Estadual da Vertente Socialista, São Paulo, maio de 1992.
19. *À Direção Nacional e às Demais Instâncias do PT*, São Paulo, junho de 1992.

A crise do socialismo se dava em escala internacional e cortava o PT ao meio.

## Do VII Encontro ao Primeiro Congresso

Se internamente as tendências rachavam, exteriormente o PT consolidava-se como a verdadeira oposição institucional no Brasil. Nenhum partido à sua esquerda era mais importante. Os grupos que o abandonaram não lograram sucesso eleitoral e os velhos partidos comunistas apenas sobreviviam quando não mudavam o nome e a simbologia. Isto fez com que cada vez mais o PT exercesse uma força política na América Latina.

Em 1990 o Diretório Nacional do Partido dos Trabalhadores propôs a criação de uma espécie de Internacional Latino-Americana da esquerda: o Foro de São Paulo. Houve a participação de 48 organizações políticas. Aconteceram depois encontros regulares na Cidade do México (1991), Manágua (1992), Havana (1993), Montevidéu (1994), San Salvador (1996), Porto Alegre (1997) e novamente Cidade do México (1998), Manágua (2000) e Havana (2001). O Foro traria problemas para o PT com organizações que ainda eram armadas, como as Farc na Colômbia.

Oposição institucional e reconhecida no Brasil e no subcontinente latino-americano, o PT não podia mais ditar resoluções sem alguma moderação na linguagem. Mas o tema em disputa era consensual. Os documentos do VII Encontro fizeram noventa alusões ao socialismo.

O vii Encontro Nacional foi aberto no dia 31 de maio de 1990 no Anhembi, cidade de São Paulo. Um local de grandes dimensões, junto à Marginal Tietê e habitualmente palco de feiras de negócios internacionais. Neste encontro Lula reassumiu a presidência do partido, sucedendo ao sindicalista bancário Luiz Gushiken. Um dos debates históricos do partido se encerrou ali: o da proporcionalidade na Comissão Executiva Nacional. Finalmente aquele direito foi assegurado e as tendências minoritárias assumiram responsabilidades de direção. Isto moderou algumas de suas ações, mas também diminuiria mais tarde o "custo político" das cisões internas, desde que o grupo dissidente tivesse votos suficientes para impor ao menos um membro na Executiva. Ali a Articulação ainda manteve sua hegemonia e obteve 56% de apoio.

A questão central, o socialismo, foi discutida. O pt definiu-se uma vez mais contra o Leste Europeu e a Social Democracia. "Para nós o socialismo é um projeto humano cuja realização é impensável sem a luta consciente dos explorados", rezavam suas resoluções. Mas o debate sobre a crise do socialismo foi adiado para um congresso a ser feito futuramente. Assim, o Encontro foi encerrado no dia 3 de junho.

Em março de 1990, a disputa entre as duas alas do antigo prc esquentou, como vimos acima, quando o deputado José Genoíno publicou suas *heresias* contra o planejamento centralizado e a ditadura do proletariado[20].

---

20. J. Genoíno, *Mandato Popular*, Brasília, 1990.

Em novembro e dezembro de 1990, o então vice-prefeito de Porto Alegre, Tarso Genro[21] e o deputado federal José Genoíno Neto[22] defenderam publicamente suas novas teses sobre a reforma do estado. A disputa escorreu pela imprensa de esquerda com a participação de Ronald Rocha da Direção da Tendência Marxista e de Aldo Fornazieri.

As principais pré-teses para o primeiro congresso do Partido dos Trabalhadores[23] foram: a do PCBR (agora tendência Brasil socialista) e que ainda definia o Brasil como uma formação com fortes elementos orientais (na linguagem gramsciana); a tese "socialismo e liberdade" assinada por intelectuais como Florestan Fernandes[24], Hélio Bicudo e Fulvio Abramo criticava a burocracia e os excessos cometidos pelas tendências, enquanto as teses por um PT socialista e revolucionário e projeto para o Brasil, embora abrigassem várias correntes de esquerda e direita no espectro partidário, respectivamente, traziam muito acúmulo ideológico dos dois grupos que cindiram o antigo PRC.

---

21. *Folha de S. Paulo*, 21 de novembro de 1990.
22. *Idem*, 19 de dezembro de 1990.
23. *Jornal do Congresso*, n. 5, setembro de 1991.
24. Florestan Fernandes também assinou a tese "por um PT socialista e revolucionário", mas apesar de ser procurado pelas correntes mais à esquerda, ele nunca integrou qualquer tendência petista afastando-se de posições da esquerda, por exemplo, defendeu publicamente que o PT apoiasse Mário Covas no segundo turno das eleições a governador paulista em 1994, contra a posição da esquerda.

A tese-guia, a mais votada no congresso, foi a da Articulação, que depois de sofrer várias emendas constituiu a base das resoluções do congresso. Após se declarar avesso tanto ao socialismo real quanto à social-democracia, o PT rejeitava a abolição do mercado e propugnava um socialismo que fosse produto da radicalização da democracia...[25]

Um elemento dos debates que antecederam o primeiro congresso foi a mística petista, a tendência à idealização do passado. As teses de alguns partidos abrigados no PT, como Convergência Socialista e O Trabalho, chamavam-se, respectivamente, Em Defesa do PT das Origens e Em Defesa do PT. Era uma resposta àqueles que desejavam refundar o partido (caso do agrupamento Projeto para o Brasil, que agora reunia membros da antiga Vertente Socialista e do PRC). Outras personalidades independentes e tendências de esquerda se agruparam na defesa da continuação contra a refundação[26].

Alguns militantes se indignavam com o uso da borboleta[27] como símbolo do primeiro congresso, porque indicava a intenção de metamorfosear o partido, mudar seu caráter dirigente e torná-lo um partido de interlocução na

---

25. *Resoluções do 1º Congresso*, São Bernardo do Campo, dezembro de 1991.
26. *Continuação: Não Refundação*, São Paulo, junho de 1991. Documento assinado por Florestan Fernandes e outros.
27. Claro que outra vinculação, mais popular, é a da borboleta no famigerado jogo do bicho com o número do partido no Tribunal Superior Eleitoral: 13!

sociedade civil. O coordenador do congresso, Augusto de Franco[28], era vinculado à chapa da direita partidária Projeto para o Brasil (da futura DR – Democracia Radical), o que acirrava ainda mais os ânimos, embora ele tivesse conduzido a mesa redonda nacional O PT e o Marxismo, realizada na sede do CPP – Centro do professorado paulista, em agosto de 1991.

Nos debates do Primeiro Congresso, o pluralismo político foi aprovado sem discussões, mas uma emenda apresentada pelos signatários do Projeto para o Brasil suscitou acaloradas polêmicas em São Bernardo do Campo, onde se realizou o congresso: "O PT sempre se recusou a eleger, a partir do seu próprio juízo, a confrontação armada como caminho de construção socialista. Indo além nesta definição, nos afirmamos agora como uma organização adepta da não-violência"[29].

A emenda foi derrotada. Outro ponto que provocava gritos no recinto do Congresso foi o da expressão "ditadura do proletariado". Ao final prevaleceu a ideia de que o PT deveria rejeitar qualquer forma de ditadura, inclusive a do proletariado.

Outro contencioso do primeiro congresso foi entre partido dirigente e partido de interlocução. Compreenda-se que se tratava de discutir, por trás do debate teórico,

---

28. Mais tarde ele abandonaria o partido para aderir ao Governo FHC. Ele provinha do MT e da VS em Goiás.
29. *Jornal do Congresso*, n. 5, p. 53.

também o posicionamento do PT diante do primeiro governo eleito diretamente depois da ditadura. De um lado havia um forte tensionamento para o respeito à institucionalidade; de outro havia o governo Collor que, embora eleito, revelava-se autoritário o suficiente para justificar uma forte oposição extraparlamentar.

A ideia de um partido de interlocução (proposta defendida principalmente pela tese Projeto para o Brasil) queria uma política como resultante de consensos construídos na esfera pública. E a Esquerda continuava a defender as teses leninistas. Como a proposta da direita petista tinha aparência sofisticada demais, a Articulação afirmou que "evitamos a falsa contraposição, proposta por alguns, entre 'partido de interlocução e 'partido dirigente', que se estabelece quando reduzimos o partido a um mero apresentador de projetos à sociedade"[30].

O que o Primeiro Congresso fazia era perenizar a (não) solução do PT sobre o socialismo. A nossa tradição brasileira, menos teórica e bastante barroca permite rodeios e indecisões. Entre eles estava a regulamentação do direito das tendências. O PT aboliu a imprensa dirigida ao público externo, sede própria e finanças separadas. A Causa Operária (1991) e a Convergência Socialista (1992) foram expulsas[31]. Alguns segmentos menores, como T-POR

---

30. *Idem.*
31. Em março de 1990, o Diretório Nacional aprovou uma resolução de crítica à CS. Sobre o processo de expulsão vide: Apolônio

e remanescentes da Ala Vermelha também saíram. Seguiam um caminho de ruptura enquanto outras tendências radicais mantiveram-se no PT (e apesar das proibições com finanças, sede e jornais próprios)[32].

## As Alianças

Passado o Primeiro Congresso e as eleições estaduais, o Governo Collor continuava a ser um imbróglio para o PT. O Plano de estabilização da moeda começou com apoio popular. Mas o plano fracassou e provocou a ira de parte da população com o confisco dos ativos depositados nas cadernetas de poupança.

Em 1992 aquele governo estava em crise. Inflação e recessão se associavam às demissões em massa de funcionários públicos, ao programa de privatizações e, particularmente, à corrupção. Em maio de 1992 a crise tomou feições políticas com a bombástica denúncia de que o ex-tesoureiro da campanha de Collor continuava sendo o testa de ferro do presidente em negócios escusos. A denúncia vinha do irmão do presidente: Pedro Collor[33].

---

Carvalho, "Momento de Exclusão", *Teoria e Debate*, n. 9, jan./fev./mar. 1990; Valério Arcary, "Qual é a Tua, Convergência?", *Teoria e Debate*, n. 10, abr./maio/jun. 1990.

32. Foram os casos da CST – Corrente Socialista dos Trabalhadores, racha da Convergência ligado a Luciana Genro (RS) e Babá (PA), Brasil Socialista e O Trabalho.
33. *Veja*, n. 1236, 27 de maio de 1992.

Como Fernando Collor não tinha um concerto de aliados no Congresso, tornou-se possível sua queda. Jovem, carioca radicado nas Alagoas, economista provinciano, ele não era uma figura do *establishment*, embora pudesse sê-lo com facilidade, dada sua origem familiar (filho do Senador Arnon de Mello). José Genoíno, então o deputado petista mais ouvido pela imprensa, avaliava já em março que o Governo não tinha base orgânica no Congresso e nem na sociedade e que a crise se agravaria[34].

Os estudantes, através da UNE (a partir de 1991 era comandada de novo pelo PC do B) tomaram a iniciativa de uma campanha de massas que agregou os sindicatos, a esquerda do PT e só depois os moderados do partido, sempre reticentes em adotar o slogan "Fora Collor". Quando isso aconteceu, os deputados do partido se destacaram nas investigações sobre a corrupção comandada pelo tesoureiro da campanha de Collor, conhecido como PC Farias. A participação estudantil deu popularidade à UNE e ao seu presidente à época, o alagoano Lindbergh Farias, militante do PC do B que teria depois uma trajetória errática, passando pelo PSTU e se abrigando finalmente no PT.

A queda do presidente deu-se em 29 de setembro e ele foi julgado e condenado pelo Senado em 29 de dezembro de 1992, embora tivesse renunciado pouco antes para tentar se livrar do *impeachment*.

---

34. José Genoíno, *Repensando o Socialismo*, Prefácio de Tarso Genro, São Paulo, Brasiliense, 1991, p. 47.

O governo do vice Itamar Franco, ex-Senador radicado em Minas Gerais e albergado num partido de direita provocou vivas discussões no PT. Uma ala queria participar do governo e sustentá-lo (como fez o PSDB) e outra preferia manter-se na oposição, embora aceitasse que ele assumisse a presidência, compreendendo que era difícil a antecipação de eleições diretas. Foi assim que Luiza Erundina ingressou no ministério, sendo por isso punida pelo Diretório Nacional, mas só sairia do partido em 1997.

O PT encontrava-se ou acreditava-se nas portas da vitória eleitoral. Assim, o seu VIII Encontro Nacional, realizado em junho de 1993, teve como pauta a disputa pela presidência do país no ano seguinte.

## A Esquerda Petista Chega ao Comando

Acontece que a Articulação cindiu-se naquele ano por obra de militantes que lançaram o manifesto Hora da Verdade (HV). A maioria ficou conhecida pelo nome de seu documento: Advertência e, depois, por Unidade na Luta ou simplesmente ainda Articulação. O HV era dirigido por ex-militantes da esquerda organizada mas não trotskista. Afinal, a direção da Articulação contava com três segmentos: ex-trotskistas; ex-militantes comunistas de algum tipo e sindicalistas. Os sindicalistas dominavam a máquina dos maiores sindicatos e por isso tinham muitos recursos financeiros e políticos para a luta interna.

Mas careciam da elaboração que os outros dois segmentos dispunham.

Nenhum desses grupos existia organicamente na Articulação, mas a proximidade era selada por antigas lealdades estabelecidas na juventude.

Ao contrário do I Congresso o grande debate não era teórico. Tratava-se de estabelecer uma "nova maioria" para dirigir o partido na campanha de 1994, já que a direita partidária não dava rumo ao partido e parecia diluir o papel dirigente do PT nas alianças casuais defendidas por certos deputados. Muitos queriam uma aliança orgânica com o PSDB, por exemplo, como era o caso do Deputado Federal Eduardo Jorge (PT-SP). Assim, a política de alianças era o debate central.

A pré-tese do HV queria um papel dirigente para o partido, embora "sem dirigismo"[35]. Definia-se contra o governo Itamar Franco e por alianças com PSB, PC do B, PCB, PPS, PSTU e PV. Com o PDT só no segundo turno[36]. A DS era contra a aliança com o PDT[37]. A esquerda (OT, MTM, FS) admitia alianças com setores do PSDB e do PDT[38]. A Articulação admitia alianças com todos os partidos citados e considerava o PSDB um partido em disputa. Numa

---

35. *Caderno de Pré-Teses do VIII Encontro Nacional do PT*, São Paulo, 1993, p. 21.
36. *Idem*, p. 27.
37. *Idem*, p. 31.
38. *Idem*, p. 36.

formulação anterior o grupo defendia simplesmente uma aliança com o PSDB[39].

Na ciranda das siglas notamos duas coisas.

1. O ponto central era aliar-se ou não com o PSDB. É que este partido ainda parecia inclinado ideologicamente à Social Democracia e não se sabia que o grupo já tinha no plano tático um projeto de poder que excluía o PT.
2. Como se cristão novo fosse, o grupo HV se mostrava mais radical que a esquerda partidária.

De fato, o HV consolidou-se como a tendência Articulação de Esquerda (AE). A tendência foi formalmente criada no final de 1993 (naquele ano houve um seminário no Instituto Cajamar, onde Rui Falcão fez uma alocução aos presentes). Outro grupo formaria ainda a Tendência Movimento, posicionada no centro do partido, um espaço que também era ocupado pela DS, apesar de sua origem trotskista. O resultado do Encontro foi o seguinte:

| VIII ENPT (1993) | | | | | |
|---|---|---|---|---|---|
| | Na Luta PT | Uma Opção de Esquerda | Sem medo de ser socialista | Articulação Unidade na Luta | Democracia Radical (DR) |
| votos | 19,11% | 36,48% | 3,47% | 29,34% | 11,58% |

Fonte: Resoluções e Congressos do PT (Fundação Perseu Abramo).

39. Pré-Tese sobre Socialismo, Estratégia e Construção Partidária, Articulação Nacional, s./d., p. 10.

Na Luta PT e Uma Opção de Esquerda compunham a esquerda partidária. Do ponto de vista da composição da Comissão Executiva Nacional, a derrota da Articulação teve um significado histórico. Ela só teve 29,34% de apoio. Enquanto vigorava a majoritariedade na Comissão Executiva Nacional, as divisões internas não eram muito importantes para a Articulação. A partir de 1990 ela teve que se entender com grupos aliados. Mas se a proporcionalidade não tivesse sido adotada, ela só se veria ameaçada em 1993 e 1997, quando não foi a mais votada. De toda maneira, depois de 1993 a Articulação pôde contar com grupos que se postaram à sua direita, como a Democracia Radical ou grupos erráticos que se desprenderam dela mesma ou da Articulação de Esquerda (Movimento PT, PTLM, "Velhos Sonhos, Novos Desafios"[40] etc.) como veremos depois.

## *Centros Paralelos*

As Resoluções do VIII Encontro Nacional criticavam os "centros paralelos de poder" e os "notáveis" que se destacavam em relação à base. Pareciam invectivas contra Lula e o seu Governo Paralelo. Enquanto a esquerda conquistava o comando, Lula (pela primeira vez em minoria)

---

40. Os adversários a chamaram de Velhos Sonhos, Novos Cargos. Mas esta tendência teve papel importante como fiel da balança nas disputas subsequentes. Mais tarde assumiu o nome de Nova Democracia e, depois, Novo Rumo.

"saía do partido" e buscava o oposto da nova direção: moderar seu discurso. O mesmo já faziam muitos prefeitos petistas. O PT passou a ressaltar sua competência como governo para adquirir a confiabilidade dos eleitores.

Ora, em 1994 o partido governava 53 prefeituras (quatro de capitais: Goiânia, Porto Alegre, Rio Branco e Belo Horizonte), tinha 77 deputados estaduais, 33 deputados federais, um senador e 1400 vereadores.

O chamado modo petista de governar significava ética na política, descentralização administrativa, democracia participativa através de conselhos setoriais, mas nada parecido com as propostas de conselhos populares dos anos oitenta. Este modo petista de governar conquistou pelo menos 54 prêmios a prefeituras petistas nos anos 1990. Imitando o Labour Party britânico o PT criou até um Governo paralelo, mas ele teve pouco impacto e foi criticado pela imprensa. Lula também criaria o Instituto de Cidadania.

Em 1989 o Brasil e o PT foram apanhados pela surpresa. Uma mistura de esperança e pavor derivava de que a possibilidade de chegar ao poder era um fato. Os mais cautelosos perceberam que o PT passara muito rápido da fase da utopia e da teoria para a da possibilidade concreta.

Sem mergulhar nesta sensação o leitor mais jovem não poderia julgar o giro de Lula e de seus auxiliares mais próximos para uma atuação à margem dos debates ideológicos internos. E voltada para estudos técnicos e de reconhecimento do território nacional. O Instituto de

Cidadania nasceu para cumprir este papel. Era a forma dentro da qual as novas contradições (agora entre o PT e o mundo externo) encontravam para se movimentar. Começava aí uma verdadeira autonomização de Lula e seu círculo próximo em relação ao PT.

O mesmo movimento já havia sido feito pelo sindicalismo há muitos decênios antes com a consolidação do Dieese. Sentia-se a necessidade de dar razoabilidade técnica aos programas de governo do PT; e mostrar que havia competência gerencial.

Embora pesquisas mostrassem que a ideia do despreparo de Lula já não ocupava a mente da maioria absoluta da população, ainda assim havia muito medo dele. No primeiro de maio de 1993 ele foi a Feira de Santana (BA) e dois dias depois estava em Santo Antonio de Jesus (BA) para um comício[41]. A militância do PT tinha dificuldade de levar o povo para vê-lo porque ninguém queria ser visto pelos seus patrões num comício de Lula! Numa visita a Minas Gerais, uma mulher aproximou-se de Lula e lhe pediu uma carta de recomendação para arrumar emprego. Lula, bem humorado, disse: "Se eu lhe der esta carta aí é que você nunca mais vai conseguir um emprego".

Em função disso, o primeiro passo concreto foi a montagem das Caravanas da Cidadania. As Caravanas das Secas (Nordeste), das Águas (Norte), das Missões (Sul),

---

41. Depoimento de Wellington Castelucci Jr., Salvador, 27 de março de 2011.

do Vale do Ribeira (SP) e do Vale do Jequitinhonha (MG) visaram descobrir, mapear e articular os atores sociais e econômicos locais já que a estrutura do próprio PT ainda não atingia uma parte expressiva do Brasil. O geógrafo Aziz Ab'Saber ajudou como bom conhecedor que era da geografia do país.

Lula ouviu muitos técnicos do PT e, especialmente de fora. Alguns até eram ou se tornariam vinculados aos adversários do partido. José Marcio Camargo, Edward Amadeo e outros economistas participaram tanto quanto os que eram tradicionalmente petistas.

O partido montaria ao longo do tempo também as conferências, como a da Amazônia (com todos os Estados do norte mais Maranhão e Mato Grosso) e ali nasceriam seus projetos de desenvolvimento sustentável.

Muitos programas saíram dali e deram aos dirigentes do PT parte da capacitação técnica que eles ansiavam. Os programas de segurança alimentar, a ideia do lema Fome Zero (que desapareceu depois de 2003, quando a ideia mais conhecida era a Bolsa Família), a reforma agrícola e agrária e o próprio programa de governo de 2002 se somaram a outras reflexões acerca do modo petista de governar.

O problema é que este modo petista era local. Os problemas que Lula enfrentaria teriam outra escala geográfica.

Se pudéssemos resumir os amplos debates (muitos publicados) e que fariam parte de uma história administrativa dos governos locais petistas, selecionaríamos somente duas questões centrais para o PT dos anos 1990: a da governabilidade e da inversão de prioridades. É claro que seria factível desdobrá-las em inúmeras outras: assistência social, participação popular, orçamento participativo, educação, cultura (vista pela ótica do povo como produtor e não consumidor), abastecimento, administração, desenvolvimento econômico, esporte e lazer, finanças, a relação com o funcionalismo, habitação, meio ambiente, feminismo, saneamento, saúde, apropriação dos espaços públicos, transporte etc. Debatia-se até um "trânsito democrático"[42], baseado na ideia de que a fluidez de pessoas e veículos nas cidades é um tema político e não técnico.

Como vemos, a Nova Maioria eleita no VIII Encontro dirigia o PT mas não guiava seus principais líderes. Insubmissa, a Articulação tinha uma carta sob a manga: Lula. O candidato sobrepôs-se à Executiva e contou na campanha com pessoas de sua confiança. A carta na manga gerou um duplo comando que ajudou a derrotá-lo, embora o fator decisivo tivesse sido uma moeda tirada do canto da orelha pelo prestidigitador Fernando Henrique Cardoso, como veremos adiante.

O maior exemplo dos centros paralelos de poder foi a oposição entre uma direção petista que se inclinava à esquerda em 1993 e o pragmatismo de suas administrações municipais. Em 1994 os prefeitos petistas Antonio Palocci (Ribeirão Preto) e Luiz Eduardo Cheida (Londrina) go-

---

42. J. Bittar (org.), *O Modo Petista de Governar*, Prefácio de Lula, PT – Diretório Regional de São Paulo, 1992, p. 87.

vernavam cidades que tinham empresas municipais de telecomunicações e deram início à venda da telefonia local ao capital privado. Foram privatistas *avant la lettre*, bem antes do governo de Fernando Henrique Cardoso.

Ora, esta oposição revelava o momento real de um partido se fazendo e não já feito como poderia parecer. Como momento de uma totalização em curso, ele fez opções sem definições programáticas. Era a forma encontrada para a contradição entre impulsos sociais que ainda o animavam e a integração à Ordem que o seduzia.

## Campanha de 1994

A década de oitenta fora de estagnação. A percentagem da formação de capital fixo no PIB decresceu entre 1980 e 1990[43]. O país entrava no Governo Collor desejando a retomada do crescimento e o fim da inflação. A equipe da Ministra Zélia Cardoso (professora da FEA-USP) anunciou o sequestro da poupança, como vimos. Mas a justificativa de Collor era de que mataria a inflação com um único tiro. Não matou e ela cresceu. Além disso, no seu governo a economia decresceu.

Mas a inflação brasileira ainda não era uma hiperinflação[44] porque as movimentações dos preços não se davam simultaneamente e em curto período (um dia, por

---

43. *Folha de S. Paulo*, 30 de março de 1992.
44. P. Singer, "Inflação e Mercado como Sistemas Alternativos de

exemplo), o que caracteriza a "hiper". Era uma inflação "pesada": os valores nominais mudavam a cada semana, mês ou conjunto de meses contratualmente estabelecidos; destarte, a renda era distribuída aos segmentos que aufeririam aumentos de seus preços antes que os demais[45].

Maria da Conceição Tavares, economista do PMDB que em seguida se tornaria deputada federal pelo PT, previa em 1992 que o novo papel do Brasil[46] seria acumular déficits na balança comercial com os EUA mediante um câmbio valorizado e o fim dos processos inflacionários crônicos. Para compensar os déficits comerciais norte-americanos com a China.

Logo depois da aventura de Fernando Collor, o excesso de liquidez no mercado internacional permitiu a adoção do plano real no governo do vice-presidente Itamar Franco (1993-1994). Como disse Gustavo Franco no prefácio que ele escreveu para a edição brasileira das memórias de Hjalmar Schacht, o Plano Real foi inspirado na solução da hiperinflação alemã dos anos vinte.

O Plano lançou a Unidade Real de Valor (URV) que se manteve forte ao lado do papel moeda oficial que se des-

---

Regulação", *Estudos Avançados*, vol. II, n. 3, São Paulo, set./dez. 1988.
45. J. E. Restrepo, "Elementos Básicos de los Ajustes por Inflación", em VV. AA., *Sistemas Tributários y Ajustes por Inflación en América Latina*, Caracas, Faus/Fescol/Nueva Sociedad, 1991, p. 23.
46. M. Conceição Tavares, *Folha de S. Paulo*, 4 de dezembro de 1994.

valorizava⁴⁷. As importações cresceram e contiveram os preços. O fetiche da moeda forte conduziu o ex-ministro da Fazenda de Itamar Franco à presidência da república: ninguém menos do que Fernando Henrique Cardoso que fizera carreira intelectual como professor da USP e teórico da dependência. Apesar de ser senador por São Paulo, ele não era um experimentado orador. Não era seu discurso nem sua personalidade que encantavam os eleitores. Mas de toda maneira, o fim da inflação alta era bom para todos, embora enevoasse os olhos da população e escondesse outras mazelas sociais.

Sob as nuvens neoliberais do tempo, o IX Encontro Nacional do PT aconteceu entre os dias 29 de abril e 1º de maio de 1994 em Brasília. O partido já contava com setecentos mil filiados (sendo 120 000 militantes embora

---

47. Na Alemanha, o marco-papel não funcionava mais como meio de pagamento ou reserva de valor, só como unidade de conta. Lançou-se em 1924 o Rentenmark (marco de pensão ou segurança), moeda puramente interna, sem curso forçado, não negociável em mercados estrangeiros, garantido por apólices de marco ouro que se lastreavam no centeio ou hipotecas de propriedades. Tratava-se de uma moeda de valor constante (paridade fixa com o dólar) inicialmente trocada por um trilhão de marcos. Futuramente esse mecanismo acabaria e a moeda indexada tornar-se-ia simples moeda. Tratava-se, na verdade, de uma moeda sem lastro, isto é, fiduciária. De certa forma, aquela moeda se livrou da memória inflacionária do antigo marco e adquiriu confiança. F. Mazzucchelli, *Os Anos de Chumbo. Economia e Política Internacional no Entreguerras,* Campinas, Unesp, 2009.

o número pareça superestimado) e estava organizado em 2 304 diretórios municipais[48].

O Encontro discutiu especificamente o programa de governo. O arco de alianças incluiu setores do PSDB, o PDT e o PMDB e as bancadas parlamentares, cada vez mais autônomas, foram oficialmente subordinadas às decisões da direção partidária, sob pena de perda do mandato. Basta lembrar que na revisão constitucional de 1994 o PT resolveu boicotá-la, sob o argumento de que a Direita queria desfazer as conquistas sociais de 1988, enquanto seus parlamentares quiseram apresentar emendas.

A campanha de Lula foi ciclotímica. As altas intenções de voto do início de 1994 determinaram um comportamento arrogante dos dirigentes partidários recém ungidos à liderança como uma "nova maioria". A revista teórica do partido declarava: "Lula lidera hoje todas as pesquisas de opinião sobre as eleições presidenciais do próximo ano. Ao mesmo tempo, os setores conservadores ainda não conseguiram, até o momento, um nome 'confiável', que os represente e seja capaz de empolgar o eleitorado nacional nessa disputa"[49].

Com a subida do adversário nas pesquisas e a popularidade do Plano Real, o PT revelou uma vez mais a sua dificuldade no debate econômico. Dividido, o partido não conseguiu convencer a população de que tinha um

---

48. *Veja*, n. 1344, São Paulo, 15 de junho de 1994.
49. *Teoria e Debate*, n. 21, maio/jun./jul. 1993.

plano alternativo ao "Real". Sem um discurso econômico convincente o projeto democrático e popular não passava de uma colcha de retalhos de boas intenções abstratas. O que o PT tinha era um conjunto de políticas sociais e o compromisso cada vez maior de evitar rupturas que afetassem a lucratividade do setor financeiro e uma vaga defesa do mercado interno de massas.

Essa debilidade do PT em 1994 corroborava a ideia de seus adversários de que ele era muito bom para os municípios ou na oposição, pois funcionaria como corretivo ético e daria maior sensibilidade social aos programas do governo. Mas ele não serviria para governar. Ademais, a inflação era percebida como o grande problema nacional. A Direita tradicionalmente identificava o déficit público como a causa essencial do processo inflacionário[50].

O PT debatia o problema desde a sua fundação, pois Lula se afirmou no cenário político contestando os índices governamentais de preços. Já os marxistas não sabiam o que fazer com a inflação. Seu arsenal teórico só servia para as grandes questões teóricas em macroeconomia, enquanto sua política econômica era de inspiração keynesiana inclinada à esquerda. A reflexão crítica marxista mais im-

---

50. Uma aplicação desse pensamento à situação latino-americana com uma notável ausência de historicidade, em F. Holanda Barbosa, "As Origens e Consequências da Inflação na América Latina", *Pesquisa e Planejamento Econômico*, 19 (3), Rio de Janeiro, dezembro de 1989.

portante tinha sido o marxismo acadêmico da USP. Seus temas e abordagens de difícil orientação prática relegavam os debates marxistas nos documentos e publicações do PT às importantes seções de resenhas e de cultura, mas não de economia ou política.

Paul Singer era uma das exceções entre aqueles que tinham uma formação marxista. Ele dava ênfase ao conflito distributivo através do qual cada categoria buscava elevar os seus preços[51] e defendia uma regulação social, via câmaras setoriais de patrões, empregados e governo, para arbitrar os preços, salários e tributos ao longo da cadeia produtiva.

O IX Encontro aprovou as câmaras setoriais como instrumento *complementar* para a estabilização monetária. Economistas que representavam a nova maioria de esquerda (1993) defendiam um ataque frontal à inflação como alternativa à dolarização que estava em moda na América Latina. Em 26 de junho de 1994 esta política foi inserida num documento feito por economistas aliados e por dirigentes petistas e que dava ênfase às políticas fiscal, de rendas, monetária e cambial para acabar com a inflação[52].

---

51. P. Singer, "Reflexões sobre Inflação, Conflito Distributivo e Democracia", em F. W. Reis e G. O'Donnel (orgs.), *A Democracia no Brasil: Dilemas e Perspectivas*, São Paulo, Vértice, 1988, p. 128.
52. P. Moura, *PT: Comunismo ou Social Democracia?*, Porto Alegre, Soles, 2001, pp. 110-111.

Mesmo assim, Lula ficou sem discurso e perdeu no primeiro turno com 27% dos votos. Ainda em 1994, ensaiou-se a ideia de agregar à "moeda forte, o salário forte", já que criticar o plano era eleitoralmente inconcebível. Embora a CUT tivesse confeccionado o outdoor: "Parece real, mas é pesadelo". A campanha ficou dividida entre uma direção supostamente mais à esquerda e um comando eleitoral autônomo. Era o preço da ruptura da Articulação. Ela perdia o comando da máquina partidária, mas se impunha mediante o único candidato viável: Lula.

A sua segunda derrota eleitoral à presidência da república provocou um tiroteio verbal. Vários dirigentes trocaram acusações pela derrota. Parlamentares resolveram contrapor publicamente a sua autoridade conferida pelas urnas contra os dirigentes da máquina carentes de voto. José Genoíno (mas não só ele) tinha apoio da imprensa escrita e falada para fustigar o PT. Os moderados usavam a *Folha de S. Paulo* e *O Estado de S. Paulo* para atacar a direção do seu próprio partido. Pagava-se o preço por não haver uma imprensa comercial aberta às posições de esquerda no Brasil, como existe em muitos países.

Novas cisões e reagrupamentos internos confundiram mais a compreensão do PT por parte de jornalistas e estudiosos do partido. Um dirigente partidário até se aproveitou para ganhar dinheiro vendendo o mapa das tendências para uma consultoria empresarial[53].

---

53. C. B. Azevedo, *A Estrela Partida ao Meio*, São Paulo, Entrelinhas, 1995, p. 160.

## O Neoliberalismo

A plasticidade barroca do discurso petista sobre socialismo não era produto só de nossas tradições políticas de circunlóquios. O que separava o PT da Social Democracia não era uma prática política, e sim uma ideologia[54]. O PT recusava-se a conceber o socialismo como produto da evolução econômica do capitalismo ou a aceitar a ideia de Bernstein de que a finalidade era nada e o movimento era tudo. No entanto, o Primeiro Congresso fez uma declaração de respeito às instituições ao afirmar que "Democracia, para nós, é meio e fim". Bem, a frase era de Bernstein[55].

Neste clima, o X Encontro Nacional reuniu-se no Sesc em Guarapari (ES) para eleger o sétimo Diretório Nacional. Uma discussão menor, mas que apontava uma defecção indicativa dos rumos de dirigentes foi sobre a Comunidade Solidária, instância de assistência social dirigida pela antropóloga e primeira dama Ruth Cardoso. O coordenador do Primeiro Congresso do PT, Augusto de Franco, acabou por aderir ao Governo FHC assim como José Álvaro Moisés e o ex-secretário geral do PT, Francisco Weffort, ambos professores da USP. Weffort já se afastava do radicalismo nos anos 1980 ao pregar a ideia de que a

---

54. Uso o conceito simplesmente como uma inversão do real, já que a prática era reformista.
55. M. Iasi, *op. cit.*, p. 468.

luta de classes acabara[56], sendo respondido na época por Florestan Fernandes.

A luta interna recobrou ânimo e mais uma vez a esquerda partidária teve a maior votação, porém não a maioria. Os grupos de esquerda "Na luta PT" (que já era uma associação de algumas tendências petistas) e Articulação de Esquerda reuniram-se em uma mesma chapa. A Articulação Unidade na Luta ficou em segundo lugar, mas durante o Encontro associou-se a uma defecção da Articulação de Esquerda que se posicionou ao centro. Os seus integrantes, outrora líderes do "racha" (em jargão esquerdista) da Articulação em 1993 – demonstraram que para alguns o episódio tinha sido mais uma disputa de espaço político do que uma divergência estratégica. Suas principais lideranças eram Rui Falcão e Candido Vacarezza aos quais se associaram Vladimir Palmeira (que liderara a nova maioria de esquerda no parlamento, quando obteve a liderança da bancada em 1993), Jaques Wagner e Tilden Santiago[57].

José Dirceu foi eleito presidente do partido com 50,02% dos votos contra Hamilton Pereira (45,98%). A eleição não foi tranquila. Nos encontros do PT é comum que uma ou mais pessoas usem o microfone para "fazer a

---

56. *Folha de S. Paulo*, 27 de agosto de 1990.
57. Maria I. Lagoa, *O Programa Político do Partido dos Trabalhadores no Contexto de uma Esquerda em Crise*, Marília, Unesp, 2004, p. 130, dissertação de mestrado.

defesa" de sua chapa ou de seu candidato. Naquele, o dirigente Cesar Benjamin foi um dos defensores da candidatura da Esquerda. Ele havia sido membro da Articulação e participava da Articulação de Esquerda.

| | X ENPT (1995) | | | |
|---|---|---|---|---|
| | *Esquerda Partidária* | Velhos Sonhos (Dissidência centrista da AE) | Articulação Unidade na Luta | Democracia Radical (DR) |
| Número de votos | 46,21% | 5,87% | 40,34% | 7,58% |

Fonte: Resoluções e Congressos do PT (Fundação Perseu Abramo).

Benjamin atacou José Dirceu e acusou a Articulação e a direção do PT de usar dinheiro de empreiteiras. Mais especificamente revelou que a campanha de José Dirceu ao governo do estado de São Paulo recebera doações vultosas da Odebrecht. Enquanto falava, uma movimentação de alguns delegados indignados provocou o tumulto. Algumas pessoas tentaram agredi-lo. O próprio Hamilton Pereira correu até José Dirceu para explicar que aquilo não estava previsto e que ele não referendava tais acusações. Aliás, as doações eram legais, embora não para muita gente do PT de outrora.

Enquanto isso, um *affair* mais estranho fazia sombra ao partido desde 1994, mas só seria divulgado agora. O PT pareceu muitas vezes ter herdado a técnica do leninismo sem os seus valores, o que deriva do fato de muitos dirigentes da máquina partidária terem sido revolucionários na juventude. O caso de Paulo de Tarso é paradigmático. Ex-militante da ALN e assessor da administração petista de São José dos Campos (SP), ele denunciou pessoas próximas de Lula por transferência ilegal de recursos públicos para os cofres do PT (algo conhecido no país por "caixa 2" e largamente praticado por todos os partidos). Demitido da prefeitura e submetido a uma comissão de ética, foi expulso. A imprensa difundiu a notícia de que teria sido uma exigência pessoal de Lula[58].

## *Recuo Estratégico*

A derrota de Lula consolidou o ciclo neoliberal no Brasil que havia sido sustado passageiramente pela queda de Collor e pela falta de apoio político para que o governo Itamar continuasse a abertura comercial e as privatizações. Todavia, a derrota não se deveu apenas a erros políticos da direção do PT e ao Plano Real. Os meios de comunicação de massa deram apoio irrestrito à aliança entre o PSDB e o PFL. Atacou-se a honra do candidato a vice, Bisol, com acusações que mancharam sua vida pública e, depois, nunca foram comprovadas. Aloísio Mercadante o substituiu em meio à campanha. Estudos feitos pelo Grupo de Trabalho Mídia e Política da Universidade de Brasília mostraram

---

58. *Folha de S. Paulo*, 16 de fevereiro de 1998. *Apud* L. M. Carvalho, *Já Vi esse Filme*, São Paulo, Geração Editorial, 2005, p. 285.

que a cobertura jornalística daquele ano foi contrária ao PT[59]. A proibição do uso de imagens externas (Lei 8.703) foi encomendada sob medida para tirar do ar os comícios de Lula. Nem o caso do Ministro Rubens Ricupero que cometeu a indiscrição de revelar as entranhas de toda a política ao dizer (sem saber que era gravado) que manipulava as informações do governo para favorecer o seu candidato gerou uma mudança de rumo no processo eleitoral.

O novo presidente, Fernando Henrique Cardoso, tinha origem na esquerda, como vimos. Mas vinha se afastando de virtudes republicanas muito radicais. Tentara ingressar no governo Collor e fora contido pelo Governador de São Paulo Mário Covas que, apesar de sua tradicional fala rococó, ainda não se rendera à Direita. Cardoso usou até carros de combate do Exército na repressão à greve dos petroleiros. A Frente Única dos Petroleiros era dirigida por Antonio Carlos Spis, membro do PT. Ele foi demitido e só anistiado em 2004.

A derrota da greve dos petroleiros em 1994-1995 mostrava que aquele decênio, embora marcado internamente por um grande movimento de massas que derrubara o presidente da República, não era de avanço, mas de retrocesso social. No plano internacional, a onda neoliberal dominava.

Também os sindicatos da CUT procuraram fazer frente à diminuição de seus associados. Tornavam-se sindicatos cidadãos (como o dos bancários de São Paulo) e exerciam

---

59. *Comunicação e Política*, vol. 1, n. 2, dezembro de 1994.

políticas sociais. As greves se modificaram nos anos 1990. De ofensivas (em busca de novos direitos), elas se tornaram defensivas (pela manutenção de direitos). Institucionalmente, todavia, a representação de interesses trabalhistas crescia. No início dos anos 1990 havia 7 612 sindicatos de trabalhadores com cerca de dezesseis milhões de associados. Às vésperas do Governo Lula, em 2001, cerca de dezenove milhões e meio de trabalhadores se distribuíam por 11 354 sindicatos. 32,5% pertenciam à CUT e 2,4% à Força Sindical, enquanto 62,8% não eram filiados a nenhuma central sindical. Com dados insignificantes apareciam a SDS, CGT e CAT. Ainda inexistia a CTB.

O tratamento dispensado pelo governo Fernando Henrique Cardoso aos sindicatos foi desfavorável a estes. Na segunda metade dos anos 1990 (entre 1996 e 1999), a média mensal de greves caiu de 111, em 1996, para 46 em 1999. O número de trabalhadores / hora parados caiu no mesmo período de 12 658 a 2 874[60].

## O Declínio da Militância

A militância pode ter se retraído por razões de burocratização e profissionalização internas ao PT. Mas elas só adquirem sentido quando são correlacionadas com as mudanças externas. A alteração interna é a forma pela

60. Dieese, *Anuário 2000-2001*, Os dados estatísticos foram coletados em http://www.dieese.org.br. Acesso em 16 de agosto de 2008.

qual a organização incorporou as mudanças que se operavam na escala mais ampla do cotidiano.

É verdade que a vida privada e a vida cotidiana se diferenciam. Especialmente na maior parte do século xx. Aquela se ocultava no lar e na alcova e não era ditada pela espionagem pública. Esta se situava na rotina do dia a dia, do trabalho alienado. Pode-se dizer que a vida privada negava a cotidiana. Nos tempos coloniais não havia diferença entre ambas, pois não havia esfera pública que não fosse extensão da vida privada. Paradoxalmente, o avanço do individualismo predatório da sociedade brasileira se fez acompanhar por indícios de uma nova confusão das duas esferas.

A diminuição das greves, o afastamento entre sindicatos e representados e o esvaziamento das ruas associou-se às novas formas de sociabilidade dos militantes via internet e telefone móvel. Basta pensarmos que nos anos 1990, quando os Partidos de esquerda estavam no seu auge de militância contestadora, não havia como os militantes se comunicarem por celulares e mesmo os telefones fixos eram tão caros que as linhas precisavam ser compradas ou alugadas.

Um fator muitas vezes olvidado foi a divisão territorial da Arquidiocese de São Paulo em 1989, o que diminuiu a influência de Dom Paulo Evaristo Arns. Igrejas evangélicas cresceram, a Renovação Carismática Católica inseriu novos elementos litúrgicos mesmo nas CEBs e uma certa "Teologia da Prosperidade" sancionou o desejo de ascensão social e o individualismo em contraposição a formas comunitárias que animaram o PT e o MST nas suas origens. Em 1994, os evangélicos eram 14% da população e em 2010 chegaram a 25%[61].

Não bastassem os problemas novos, o Brasil ainda carregava os velhos. O mercado de trabalho sofreu uma mudança estrutural durante os quinze anos de história do PT narrados até aqui. Entre 1981 e 1990 desapareceram 43% dos empregos industriais; entre 1990 e 1997 desapareceram outros 39,7% dos postos que sobraram. O comércio exterior brasileiro decresceu de 1,5% do mundo (1980) para menos de 0,9% em meados dos anos noventa (uma queda de 40%!)[62]. O sistema de saúde se deteriorou e a educação pública básica foi destruída.

A diminuição das greves, o afastamento entre sindicatos e representados e o esvaziamento das ruas e praças como *locus* de manifestações partidárias ou sindicais afetou o PT. Embora não seja aqui o lugar para desenvolver esta questão, o "vazio" da vida pública também cobrou um preço da militância petista. Ruas, praças e centros urbanos tornaram-se mais violentos, sujos e tomados por criminosos, mas também por desvalidos, ambulantes, desempregados etc.

A experiência do comício de massas só teve existência plena no Brasil até os anos 1980. Os *meetings* eram palco de vendas de livros, cantorias improvisadas, reencontros

---

61. *Folha de S. Paulo*, 14 de maio de 2011.
62. Wilson do Nascimento Barbosa, "Globalização – Uma Péssima Parceria", *Revista Perspectivas*, Seade, São Paulo, 1997.

de velhos amigos, panfletagens de vários partidos. As tendências costumavam entrar em colunas com gritos de palavras de ordem a fim de ampliar a sua pequena presença numérica. Eventualmente havia brigas feias. Num comício de primeiro de maio de 1988 na Praça da Sé em São Paulo, *skins* nazistas[63] haviam anunciado que impediriam o ato. Quando chegaram com seus coturnos de bico de aço e o famoso "tchaco"[64], as bandeiras da CUT estavam imóveis. "Ninguém balançava bandeiras porque seus cabos não eram de tubos plásticos de PVC como de costume, e sim grossos bastões de madeira, daqueles que se usa para fazer cabos de picareta"[65] e até caibros. O resultado foi a expulsão dos supostos nazistas.

A última campanha de massas militante se deu em 1992 (*impeachment*) e alguns prolongamentos menores se viram em 1994. O Vale do Anhangabaú, em São Paulo, antes de sua remodelação podia receber um milhão de pessoas em 26 de abril de 1984. Posteriormente o Instituto Datafolha reviu este número para baixo.

O comparecimento da militância à rua foi substituído pelos cabos eleitorais profissionalizados e os grandes comícios de primeiro de maio trocados por shows com

---

63. Havia também os *redskins*, comunistas, como o vocalista da banda Garotos Podres: Mao.
64. Dois paus unidos por uma corrente e que eram usados por jovens de periferia.
65. Depoimento de Ciro Seiji Yoshiyasse, março de 2011.

prêmios para o público (automóveis e casas). Foi nítida a diminuição deste espaço da política.

A primeira reação do PT foi contratar pessoas até para fazer suas campanhas de rua. Era a terceirização da militância em clara consonância com aquilo que as empresas faziam para contornar a influência dos sindicatos sobre os operários de uma dada categoria profissional. Alguns anos antes isto causaria o vivo protesto de militantes. É claro que já em 1982 candidatos petistas usaram cabos eleitorais. Em cidades menores e longe da vigilância da Direção Nacional isto ocorria eventualmente.

Além disso, os militantes já profissionalizados do partido, assessores parlamentares e sindicalistas trabalhavam por seus candidatos. Mas a famosa "boca de urna", permitida a certa distância dos locais de votação (distância ignorada pela militância petista) e, depois a fiscalização da apuração dos votos (que eram em papel) representavam um momento único na vida de milhares de filiados que não se mobilizavam fora das eleições. Exatamente para prejudicar o PT, tornaram-se proibidas a boca de urna e, por algum tempo, o uso de imagens de comícios na campanha de televisão.

Em 1996 a campanha de Luiza Erundina usou cabos eleitorais pagos ao lado de militantes. E em 2000, quando a imprensa difundiu o "PT Cor-de-rosa", a vitoriosa campanha de Marta Suplicy já era inteiramente profissionalizada. Numa situação como aquela, não era mais possível trabalhar espontaneamente pelo partido. A campanha tornara-se um negócio dirigido por publicitários em nada parecidos a Carlito Maia.

A militância batia em retirada. Alguns disseram que havia mudado a base de classe do partido, outros que a organização de base havia desaparecido. O fato era a profissionalização. Em 1996, uma enquete com membros atuantes do PT de Porto Alegre revelou que entre a delegação do PT-RS ao Encontro Nacional somente 34% não eram profissionalizados[66].

Cabe lembrar que a profissionalização dos delegados também variou com os momentos em que o PT estava em governos importantes, como a prefeitura de São Paulo. Alguns militantes eram transferidos à administração e se afastavam da atuação no interior do partido.

Nos anos noventa o perfil dos quadros petistas ainda era jovem. Um levantamento dos funcionários do diretório municipal do partido em Porto Alegre estimava que 70% dos filiados estavam na faixa etária entre 26 e 46 anos. Os sindicalistas do ABC que lideraram as greves de 1978--1980 também eram mais jovens que os diretores dos anos 2010. Segundo estudo feito em 2001, comparativamente aos anos setenta e oitenta, a conjuntura econômica daquele momento não estimulava a militância sindicalista; a esperança de mobilidade profissional ascensional afetava a identidade operária e, por fim, estaríamos diante de uma

---

66. Mauro Gaglietti, *Ambivalências de uma Militância*, 2. ed., Porto Alegre, Edição do autor, 2003, p. 90.

juventude operária mais preocupada com um futuro profissional longe da linha de produção[67]. Algo que afetava também decisivamente a categoria dos professores.

Discutia-se se a velha militância havia sido substituída por uma nova, mas na verdade os tomadores de decisão do partido eram pessoas que estavam na formação do PT. Em Porto Alegre numa pequena amostra pesquisada 66% dos entrevistados tinham entrado no PT antes de 1987[68]. Outra pesquisa[69] feita quase na mesma época durante o décimo primeiro Encontro Estadual do PT em Blumenau (SC) verificou que 76% dos delegados haviam se filiado antes de 1990 e só 13% tinham sido filiados a outro partido. Eram velhos militantes para os padrões de um partido novo como o PT. 36% atuavam no movimento sindical e 10% no movimento pastoral. O mais importante, contudo, é que 64% dos delegados eram liberados de seu trabalho original por motivos políticos: eram parlamentares, dirigentes sindicais ou partidários remunerados, assessores etc. Segundo o Núcleo de Opinião Pública da Fundação Perseu Abramo 33% dos delegados ao X ENPT eram funcionários públicos e no II Congresso em 1999 eram 49%.

---

67. Agnaldo Santos, *Juventude Metalúrgica e Sindicato. ABC Paulista, 1999-2001*, São Paulo, Edição do Autor, 2010, p. 32.
68. Mauro Gaglietti, *op. cit.*, p. 90.
69. J. P. Teixeira, *Escritos Militantes*, Florianópolis, Edição do Autor, 1996, cap. 2.

O problema aqui, de qualquer maneira, não está no nível de renda do eleitorado do partido ou na composição econômica de sua base social, já que grupos burgueses podem atender demandas populares e contar com apoio entre os trabalhadores. O cerne da questão é a militância quase que exclusivamente remunerada através do partido (diretamente ou indiretamente via assessorias ou cargos de confiança). Ela não só repele os militantes voluntários como se torna submissa política e financeiramente aos dirigentes. Posteriormente, os funcionários até deixam de ser recrutados entre os militantes, pois estes ainda costumam perder parte de sua jornada de trabalho discutindo ou mesmo questionando decisões dos dirigentes, tornando-se inaptos para o trabalho alienado do escritório.

Um exemplo não deixa de ser uma ilustração dessa história. Depois de vender sua lavanderia no início dos anos noventa, uma jovem enviou seu currículo profissional para uma agência de empregos. Ao receber um chamado telefônico para comparecer à conhecida empresa de leite fermentado Yakult, a fim de trabalhar como secretária, caminhou até o bairro paulistano do Brás. Lá, depois de cansativas buscas, percebeu que o endereço não era da "Yakult" e sim da "CUT". Ela ouvira errado. No entanto, lá ficou e trilhou uma bem sucedida carreira como eficiente funcionária dos meios sindicais e do PT[70]. Haviam passado os tempos de improviso na administração do partido.

---

70. Depoimento de Ioná Gabrielli, Brasília, março de 2011.

Os velhos militantes de base ou intermediários se adaptavam como empregados ou saíam.

Ainda assim, a história narrada pela secretária da CUT revela com ironia que muitos funcionários novos captaram a essência do problema até com mais consciência do que os militantes presos às belas utopias de outrora. Afinal, o PT e a CUT chegam ao final deste capítulo, inteiramente transformados.

De maneira nenhuma tal transformação pode ser lida como uma simples mudança de um partido revolucionário a um reformista; mas sim de uma agremiação predominantemente militante a uma dominantemente burocrática. O que não é o mesmo, porque tendências de esquerda do PT e fora dele passaram também pelo mesmo processo, ainda que em escala menor por serem menos representativas socialmente.

## *Dinâmica Interna*

A profissionalização petista não era aquela que Lênin exaltava em seu livro *Que Fazer?*. Ela se dava predominantemente via mandatos e não via partido. Mesmo quando a burocracia de tipo leninista adquire pequenos privilégios de informação e decisão, ela ainda precisa acertar contas com uma base militante. No caso do PT, a própria burocracia interna se tornava um apêndice de mandatários de postos eletivos no Governo e no Parlamento. A disputa interior de grupos "orgânicos" traduzia a força eleitoral das margens "inorgânicas" do partido. As antigas lideranças de tendências só subsistiam se passassem pelo teste das urnas.

Num ambiente burocratizado, a luta interna não só continuou como esquentou, pois a disputa por cargos era ainda mais vital num partido de mais filiados e proporcionalmente com menos cargos no Estado. A hegemonia neoliberal não determinou só a queda nas lutas sociais. Mesmo na disputa institucional o PT parou de crescer. A população total residente nas cidades governadas pelo PT era em 1988 de 14,9 milhões. Em 1992 caiu para 8,3 milhões e em 1996 para 7,9 milhões, voltando a subir só em 2000: 28,8 milhões[71].

Os articuladores da tendência Nova Esquerda tentavam imprimir ao PT uma ampliação do seu arco de alianças tradicional propugnando uma *hegemonia compartilhada* (conforme expressão do deputado federal Eduardo Jorge[72]; a revisão da noção de direção petista na sociedade visava combater a ideia do *hegemonismo* petista[73], ou ain-

---

71. Cf. dados e análise de Valter Pomar (*op. cit.*, p. 131). Ocorre que a retomada do crescimento institucional não se fez acompanhar da retomada da pressão social nas ruas, já que as formas de luta social são mais rapidamente afetadas pelas transformações do capitalismo e se reconstituem mais lentamente. E exatamente por isso ocorre o contrário com as formas institucionais que são estabilizadas e se tornam permeáveis à ação política de partidos de esquerda fragilizados social e ideologicamente.
72. *Folha de S. Paulo*, 16 de outubro de 1994.
73. *Ata da Reunião do Diretório Nacional do PT*, São Paulo, 22 e 23 de fevereiro de 1997, p. 3.

da "a tosca noção de hegemonia que ainda nos alimenta e não serve para nada", nas palavras de um dirigente de Belo Horizonte[74].

Já em documento bem anterior a DR declarava: "Não é necessário conquistar a hegemonia, seja esta entendida como comando ou como infusão ideológica para implementar um projeto político. A sociedade não precisa ser dominada por alguém ou ganha por uma determinada ideologia [...]"[75].

Esta política permitiu à DR crescer em relação ao Encontro anterior. A Articulação perdeu definitivamente uma maioria fácil e teve que compor uma aliança cada vez mais perene com a DR e outros grupos.

O XI Encontro Nacional realizou-se no Hotel Glória na cidade do estado do Rio de Janeiro de 28 a 30 de agosto de 1997. Momento propício para a luta interna, já que o PT estava isolado politicamente na oposição e não havia eleições.

| XI ENPT (1997) | | | | |
|---|---|---|---|---|
| *Esquerda partidária* | Centro | Nova Democracia | Articulação Unidade na Luta | DR |
| Votação 37,82% | 11,09% | 4,55% | 34,73% | 11,82% |

Fonte: Resoluções e Congressos do PT (Fundação Perseu Abramo).

74. *Tribuna de Debates*, XVIII Encontro Municipal do PT/BH, Belo Horizonte, n. 1, fevereiro de 1997, p. 12.
75. *Brasil Futuro Presente: Diretrizes para a Elaboração de um Projeto Estratégico para o Brasil*, 1995.

Naquele Encontro José Dirceu (SP) foi reeleito presidente com 284 votos (52,59%) contra Milton Temer (RJ) que obteve 256 votos (47,41%). Sacramentava-se uma dupla que Lula há muito procurava. Alguém que pudesse domesticar o PT enquanto ele se dedicava às ruas. No período do Governo Collor ele se voltou para as Caravanas da Cidadania, mas enquanto isso o PT pegou fogo e quando ele voltou encontrou uma maioria de esquerda. Agora, o partido seguiria sob a mão firme de José Dirceu e a campanha eleitoral não estaria separada do partido como em 1994.

## Campanha de 1998

Lula sabia falar com o povo. Este não era o problema do PT e ninguém duvidava que ele fosse candidato novamente. Num comício apinhado de gente ao lado do prédio velho dos correios em São Paulo, ele lançou uma boutade: "Fernando Henrique fala várias línguas; ele fala inglês, francês e javanês. Só não fala a língua do povo brasileiro". O "príncipe dos sociólogos", sabendo ou não a língua popular, preparava-se para sua reeleição.

O Encontro Nacional Extraordinário do PT, realizado na Quadra dos Bancários de São Paulo nos dias 23 e 24 de maio de 1998, falava no "fim de um ciclo". A possibilidade de reeleição do presidente aprovada no Congresso e o aprofundamento do neoliberalismo reclamariam uma nova fase de desenvolvimento nacional e o movimento de ideias correspondentes a isto. O Encontro também se dedicou a homologar a chapa de Lula e Leonel Brizola (PDT)[76] à presidência da República.

O acordo com o PDT passava pela candidatura única ao governo do Estado do Rio de Janeiro. O Encontro Estadual do PT local resistia ao apoio ao candidato Antony Garotinho e tinha aprovado candidatura própria. O Diretório Nacional aprovara em reunião dos dias 8 e 9 de maio a aliança com o PDT naquele Estado. A delegação fluminense recorreu ao Encontro Extraordinário, mas o recurso obteve 201 votos contra 310 (houve treze abstenções). Benedita da Silva abandonou seu mandato como senadora e elegeu-se assim vice-governadora. Em 2002 assumiu o cargo, quando o governador candidatou-se à presidência da República.

No governo federal, Fernando Henrique Cardoso encarnou a vaidade dos seus ornamentos e deixou a Sergio Mota e outros líderes do PSDB a política diária, como Lula fazia com José Dirceu, o qual havia demonstrado muita habilidade em dirigir o partido e conduzi-lo a uma política factível para chegar ao poder.

Além das alianças do PT serem restritas e contestadas internamente, Lula tinha que enfrentar um governo que mantinha a moeda forte e em que os ventos do neolibe-

---

76. A campanha de 1998 foi feita durante a privatização das teles. Brizola criticaria pesadamente as medidas, sendo contido por Dirceu e Lula, a fim de moderar seu discurso.

ralismo ainda não sopravam nos ouvidos da multidão as palavras desemprego, dívida pública astronômica, juros altos e privatizações. Essa combinação já existia, mas não era suficiente para tornar o PT uma alternativa.

As duas situações (as políticas liberais do governo e o preconceito contra Lula) revelavam os dois pólos da opinião pública: nem o apregoado radicalismo do PT e da CUT e nem o liberalismo infrene do PSDB. As pesquisas feitas em 1994 já haviam mostrado que a população considerava agradáveis os termos "socialismo", "estabilidade no emprego", "reforma agrária", "redistribuição de renda", "direitos humanos", "ética", mas recusava "comunismo", "radical", "monopólio do Estado", "elites" e desconfiava da CUT[77]. Provavelmente, isso tinha mudado pouco[78].

Lula voltava a perder no primeiro turno. Agora com 32% dos votos. Fernando Henrique Cardoso se reelegeu sob acusação de compra de votos de deputados no Congresso. Durante seus dois governos vários escândalos se sucederam[79].

---

77. Jorge Almeida, *Como Vota o Brasileiro*, Editora Casa Amarela, 1996.
78. Mais tarde, o PSDB ficaria marcado pelas privatizações e teria isto usado contra o candidato Geraldo Alckmin em 2006.
79. Sistema de Vigilância da Amazônia – Sivam (tráfico de influências num contrato de US$ 1,4 bilhão); Pasta Rosa (o Governo teria beneficiado com R$ 9,6 bilhões o Banco Econômico); Precatórios (fraude no Departamento de Estradas de Rodagem); caso Eduardo Jorge etc.

O pt acusou o presidente de populismo cambial. Não se sabia naquele momento que Fernando Henrique Cardoso guardava uma informação preciosa: a de que o real estava valorizado em demasia e que o país estava sujeito a um ataque especulativo, como diria mais tarde a famosa "Carta ao Povo Brasileiro" de 2002. Apesar de vários escândalos e da frase infeliz em que chamava os aposentados de vagabundos, Fernando Henrique Cardoso foi reeleito em 1998.

Ainda assim, sua escolha por uma política neoliberal, ainda que mitigada pelas divisões internas do psdb, erodiu sua base de apoio no médio prazo. O grupo do programa de pós-graduação em Economia da puc do Rio de Janeiro, formado por professores e banqueiros, se sobrepôs ao "psdb paulista"[80], supostamente desenvolvimentista, embora o tempo acabasse por levar o conjunto dos tucanos[81] mais para a direita.

## Eleições Diretas no PT

No II Congresso do pt realizado em Belo Horizonte (mg) de 24 a 28 de novembro de 1999 foram apresentadas catorze teses. Até mesmo um núcleo de São Paulo elaborou e conseguiu apresentar uma delas (algo inédito na história do partido).

---

80. Luiz Marcos Gomes, *Os Homens do Presidente*, São Paulo, Viramundo, 2000, pp. 80-81.
81. Como eram conhecidos os adeptos do psdb em função do símbolo do partido: o tucano, uma ave brasileira.

A resultante das forças em jogo mostrou que a Articulação se recuperou, obtendo uma expressiva maioria (embora nunca mais absoluta). Novos grupos oriundos dela se consolidaram, como o PT de Lutas e de Massas (PTLM). Este grupo tinha base no Estado de São Paulo e, especialmente na zona sul da capital, onde a família Tatto exerce uma liderança popular[82]. Na capital, o grupo havia conquistado a direção, mas embora tivesse a maioria em algumas ocasiões, nunca obteve a hegemonia, porque o grupo ligado a Rui Falcão e Candido Vacarezza e que tinha o apoio também dos chamados "irmãos metralha" na zona leste paulistana (cujo representante mor era o Vereador João Antônio), possuía maior capacidade de elaboração política.

| II Congresso (1999) |||||||||
|---|---|---|---|---|---|---|---|
| Tendência | *Trabalho* | Articulação de Esquerda | Nosso Tempo | Movimento PT | PTLM | Articulação | DR |
| Número de votos | 2,08% | 20,83% | 9,86% | 12,71% | 2,85% | 43,64% | 8% |

Fonte: Resoluções e Congressos do PT (Fundação Perseu Abramo).

As chapas apresentadas não tinham os nomes das tendências acima citadas. "Fiel ao PT das Origens" era a

---

82. Expressa na liderança de quatro irmãos (entre outros familiares): um vereador na cidade de São Paulo; um deputado estadual na Assembleia Legislativa Paulista; um deputado federal e outro dirigente do Diretório Regional paulista.

chapa da corrente trotskista O Trabalho. Esta tendência não apresentou tese e sim uma declaração aos filiados do partido. Socialismo ou Barbárie era a chapa da Articulação de Esquerda e outros grupos aliados; Nosso Tempo era da Democracia Socialista (DS); Movimento PT era a tendência centrista do médico e deputado por São Paulo Arlindo Chinaglia; Revolução Democrática representava a Articulação Unidade na Luta. As outras tinham o nome da própria tendência (PTLM e DR)[83].

José Dirceu foi reconduzido ao cargo e marcaria uma era da história interna do partido. Ele foi presidente entre 1995 e 2002. Foi também o primeiro presidente eleito pelo Processo de Eleição Direta (PED) instituído no PT pelo II Congresso, mas só regulamentado em 2001.

O PED nasceu de uma necessidade que o grupo dominante do PT tinha de afastar definitivamente seus opositores e cimentar a via de acesso à Social Democracia, qualquer nome que ela viesse a ter no Brasil. As figuras de proa do partido consideravam que uma votação como a que a chapa de esquerda tivera no X Encontro não refletia a base do partido. Numa conversa informal no Diretório Estadual Paulista, na rua Abílio Soares, bairro do Paraíso, José Dirceu chegou a defender a colocação de urnas nas ruas para que qualquer pessoa pudesse votar filiada ou não. Talvez se atribuindo peso dois ao militante.

---

83. Caderno de Teses, II Congresso Nacional do Partido dos Trabalhadores, 1999.

O primeiro PED envolveu 221 956 eleitores em 2 834 cidades onde o PT estava organizado (72% dos 4 016 municípios brasileiros). José Dirceu foi reeleito no primeiro turno com 55% dos votos, derrotando Raul Pont (17,23%), Julio Quadros (15,17%), Tilden Santiago (7,6%), Ricardo Berzoini (2,82%) e Markus Sokol (1,63%).

A experiência do PED foi inovadora no Brasil, embora se questione o quanto é democrática de fato. Houve uma alteração na sistemática do debate tradicional das teses. A partir de 2001, as teses passaram a ser apresentadas ao conjunto dos militantes através de publicações e debates. Ao votar nas chapas, os filiados votam igualmente nas teses. A mais votada é levada ao encontro ou congresso na condição de tese guia e só ela pode ser debatida e emendada pelos delegados eleitos. Dois problemas surgiram a partir disso. O primeiro é que a eleição passou a preceder o debate; o segundo é que ao mimetizar a democracia representativa capitalista o PED é mais suscetível ao abuso do poder econômico[84].

A dinâmica da luta interna também mudou qualitativamente. Os pontos de discórdia sempre envolveram disputas por aparelhos. Mas depois de 1993, quando surgiu o manifesto Hora da Verdade e vários agrupamentos se reposicionaram ou se fragmentaram na constelação das forças internas, o jogo tradicional das tendências tinha terminado.

---

84. Iasi, *op. cit.*, p. 514.

Elas continuaram atuantes, mas as definições da política do PT e das próprias tendências passaram a ser ditadas quase exclusivamente pelos mandatários de cargos eletivos. Um aspecto pouco considerado na história do PT é que as tendências de esquerda ou de direita mimetizaram a mesma lógica do partido como um todo. Nelas, embora houvesse espaço para um dirigente formulador da estratégia se perpetuar nas Comissões Executivas do partido, a preeminência dos parlamentares é que acabava por moldar a política adotada. Era a dicotomia apoiada pela imprensa comercial entre os que tinham voto contra os que não tinham.

Os grupos internos, fragmentados ao máximo, se reduziam muitas vazes ao "grupo do Vereador fulano de tal". É assim que, em São Paulo, por exemplo, havia tantas "Articulações" quanto as zonas da cidade[85]. Elas eram lideradas por vereadores e deputados e permitiam realinhamentos constantes nos encontros. A unidade política nas questões nacionais, indiferentes para esses mandatários locais que se reproduziam nas margens inorgânicas do partido, passou a ser operada por uma formação menos perene: o campo.

---

85. Naquele momento havia "articulações" na zona leste, sul e oeste, por exemplo. Mesmo grupos "familiares" se tornavam partes de tendências, como a Família Tatto (PT de Lutas e de Massas). Já nos anos oitenta havia os "irmãos metralha". Tratava-se de seis irmãos metalúrgicos que atuavam no Itaim Paulista e mais tarde se aproximaram do grupo de Rui Falcão e de dissidentes do MR 8.

Em 1999 a Articulação, que já tinha essas características há algum tempo, forma o Campo Majoritário. O nome infeliz, por excluir de antemão os adversários, foi substituído mais tarde, no bojo da crise de 2005[86]. Neste ano surgiu outro campo intermediário, entre a esquerda e a direita: a Mensagem ao Partido, animada por membros da DS, dirigentes de diversas origens do Rio Grande do Sul e por intelectuais do partido. A própria esquerda petista já havia instituído o "campo" por necessidade. Como minoria, ela sempre buscava o entendimento e as alianças táticas nos encontros do PT. Mas não se tratava de alianças permanentes. A primeira experiência feita acima das tendências foi o Movimento na Luta PT que existiu em 1992-1993 e que começou como agrupamento de militantes, mas soçobrou como aliança de grupos organizados. Da mesma forma houve uma curtíssima experiência de um "coletivo marxista" para discutir ideias e organizar debates no interior do PT, surgido na mesma época na rua Pedro Taques, onde ficava a sede do Diretório Municipal de São Paulo.

## *O Grande Tournant*

O governo de Fernando Henrique Cardoso, distante das massas, abalado pelas privatizações exacerbadas e pela desvalorização da moeda logo depois de sua segunda

---

86. A Imprensa logo ligou o nome com os bolcheviques (majoritários) e, depois, à corrupção.

vitória, deixou a Lula o poder do encanto das multidões. Mas pela primeira vez a sua liderança era contestada por alguns que viam na insistência dele indícios de cansaço.

Não seria a primeira vez. Já em 1981, quando Lula foi preso, especulava-se que "sua carreira política pode ser truncada"[87]. Depois de cada derrota (especialmente após a de 1994) as contestações se avolumavam.

José Eduardo Dutra (PT-SE) declarou que o PT não precisava ter candidato próprio novamente à presidência; o prefeito do Recife, João Paulo, aconselhou Lula a não ser candidato e o próprio José Dirceu disse que o PT tinha outras lideranças para lançar, como Suplicy, Genoíno, Mercadante, Cristovam Buarque e Olívio Dutra[88].

Cristovam Buarque (que viria a ser Ministro da Educação de Lula em 2002 e, depois, sairia do governo e do partido) já havia tentado ser o candidato em 1998. Diante da insistência de Lula ele desistiu afirmando que não concorria com um mito e Eduardo Suplicy obrigou Lula a se expor numa prévia interna para as eleições de 2002. Ao fim era mesmo Lula.

---

87. *Veja*, 4 de março de 1981, p. 49.
88. Alberto C. Almeida, *Por que Lula?*, São Paulo, Record, 2006, p. 119.

# 4. Partido de Governo

*Qualquer passo em frente, qualquer progresso real, vale mais do que uma dúzia de programas.*
Karl Marx, *Crítica do Programa de Gotha*, 1875.

Evidentemente, Marx escreveu a epígrafe acima para um partido muito diferente e que adotava o chamado "socialismo científico alemão". O PT não precisou romper com uma "ideologia marxista", já que nunca teve uma. Mas o *aggiornamento* do PT era condição prévia para que Lula continuasse sua busca pela presidência. Ele não queria esbarrar de novo nos 30% de apoio eleitoral histórico do partido. Antes de buscar alianças à direita era preciso enquadrar definitivamente os quadros, domesticando os grupos de esquerda que não concordassem com a mudança.

Entretanto, a transformação nunca se deu de modo abrupto. Nem a regulamentação do direito de tendências feita outrora ou a moderação ideológica do 1 Congresso lograram fazê-lo. José Dirceu conduziu com maestria (reconheceram os seus adversários internos) um processo *molecular* de centralização do PT e que em parte provinha das bases, sindicatos, prefeituras e parlamentares de todos os níveis.

Talvez por isso Perry Anderson o definisse como "o arquiteto do moderno PT e estrategista da vitória de Lula"[1]. O que importa é sem que a capacidade de direção e o punho forte de Dirceu nas decisões mais difíceis (como a intervenção para obrigar o PT fluminense a apoiar Garotinho a fim de viabilizar a aliança com o PDT em 1998) o PT não teria chegado à vitória em 2002.

Lula reconheceu isto ao dizer que Dirceu teria o cargo que quisesse em seu governo. José Dirceu, como já havia dito no início dos anos noventa, levava o PT a ferro e fogo para assumir-se como partido social democrata, reformista e aberto a um amplo arco de alianças político-eleitorais. Seus métodos eram vistos como autoritários pela esquerda do partido e como eficientes pela maioria. Mas de toda maneira se alguém foi o maior responsável por obrigar o PT a fazer o seu *aggiornamento* foi ele.

Entre erros e acertos Dirceu e Lula se empenharam em consolidar alianças muito mais amplas como forma de levar um PT já integrado à Ordem ao poder político de fato. A política como *tour de force* muitas vezes afastava alianças. Leonel Brizola, por exemplo, passou a atacar Lula em 2000. Isto criava obstáculos às alianças locais e à futura aliança presidencial. Dirceu chegou mesmo a fazer um discurso em resposta a Brizola na Câmara dos Depu-

---

1. P. Anderson, "Lula's Brazil", *London Review of Books*, março de 2011.

tados². Por outro lado, as lutas com a direita chegavam ao limite. Dirceu associou o PFL ao narcotráfico, por exemplo, e depois pediu desculpas por isso³. Como veremos depois, a resposta do PFL viria mais tarde. E sem desculpas.

Um "homem forte" assim só podia ser alçado à condição de primeiro ministro oficioso e se tornaria o alvo predileto dos inimigos do PT. Sem discutir sua habilidade política, há que lembrar as condições materiais que a tornaram possível. Os dois mandatos de Fernando Henrique Cardoso foram a despeito do pensamento do presidente (ou ao menos de seus discursos) o triunfo do neoliberalismo entre nós. Na oposição dentro da ordem e com o recuo dos movimentos sociais, o PT viu descortinar-se definitivamente diante de si a via eleitoral como o único caminho. Assim, o que confere importância e unidade ao período entre 1994 e 2002 é uma transformação do PT que nunca foi ratificada por um Encontro ou um Congresso. Ela foi lenta. Em termos gramscianos tratou-se de um *transformismo*.

## A Carta ao Povo Brasileiro

Eric Hobsbawm afirmou que as oposições não costumam vencer apenas por mérito próprio. No geral, é o

2. José Dirceu, *Repensar o Brasil*, Brasília, Câmara dos Deputados, 2001, p. 91.
3. *Idem*, p. 99.

fracasso dos governos que garante sua vitória. Essa inversão aqui apontada foi decisiva para explicar o porquê o Governo Lula, apesar do apoio massivo dos trabalhadores e dos avanços que suscitou, ficou tão aquém de suas tarefas históricas. É que a esquerda ganhou parte do poder, mas perdeu a hegemonia para os "ideólogos dos mercados financeiros". Como dizia um documento do Instituto Cajamar, a dominação econômica pelos trabalhadores não pode ser alcançada sem "a hegemonia ideológica e política" previamente conquistada[4]. Ou ainda nas palavras de Emir Sader, "quando a esquerda chegou ao governo central no Brasil ela já havia perdido a batalha das ideias"[5]. Um ciclo de derrotas sociais seria coroado por uma vitória eleitoral.

Nesta trajetória, o PT fez seu *aggiornamento* político esforçando-se para demonstrar respeito às instituições vigentes. Faltava o econômico: a conversão à economia de mercado *sans phrase*, ou seja, sem ornamentos verbais.

O PT já se comprometia oficialmente com o mercado e os contratos há algum tempo. Num Encontro Estadual do PT paulista na cidade de Serra Negra (SP) nos anos noventa Aloísio Mercadante foi à tribuna para atacar a proposta de suspensão do pagamento da dívida externa. E foi vitorioso. E os investidores nacionais e estrangeiros foram brindados com uma declaração mais contundente

---

4. Instituto Cajamar, *Estratégia e Tática*, Jordanésia (SP), março de 1990.
5. *Fórum*, ano 4, n. 32, novembro de 2005.

quando o partido lançou a Carta ao Povo Brasileiro[6] em junho de 2002.

A Carta de Lula reconhecia que "a margem de manobra da política econômica no curto prazo é pequena", falava em "valorizar o agronegócio", reduzir a taxa de juros de forma sustentada, manter o equilíbrio fiscal e o superávit primário (o saldo que o governo economiza para pagar os juros de sua dívida). Isto implicava controle dos gastos públicos.

Mas se a carta teve o seu papel, ela foi menos um início do que um coroamento de um processo. Quando o PT lançou a "Carta", ela foi considerada pelo professor da USP e ex-ministro Delfim Netto, a causa da vitória de Lula. Entretanto, este reducionismo ignora que a trajetória do PT foi constantemente de aumento de influência eleitoral e moderação ideológica desde os anos de 1990, como vimos aqui. Aquela carta foi apenas a espuma do mar.

Além disso, não se esperaria do PT nas eleições senão um giro ao centro em virtude de suas alianças necessárias para obter maioria eleitoral[7], o que foi efetivado naquele ano de 2002 quando o Diretório Nacional reuniu-se no centro de convenções do Anhembi, em São Paulo. A superestimação daquela carta advém do exagero com que

---

6. Apelidada pela esquerda partidária de "Carta aos Banqueiros".
7. Este autor travou uma amigável polêmica com Plínio de Arruda Sampaio sobre o programa de governo de 2002, em agosto daquele ano no *Correio da Cidadania*, edições 255, 256 e 257.

muitos dirigentes adotaram (gostosamente) as teses liberais em economia, como o futuro Ministro Antonio Palocci[8]. Ele havia substituído na coordenação do Programa de Governo o ex-prefeito Celso Daniel de Santo André (SP), assassinado[9].

Por outro lado, o PT chegava ao poder no auge da Terceira Revolução Industrial que descentralizava um pouco o capital na esfera produtiva, ele passou a se *concentrar* no sistema financeiro. Os governos territoriais se tornaram mais vulneráveis a uma forma de capital que, através de redes de computadores, facilmente transcendia suas fronteiras nacionais.

### *Vitória*

Perder com Carlito Maia foi diferente de vencer com Duda Mendonça. Decerto, é sempre melhor vencer, diriam alguns. A que custo? Perguntariam outros.

O primeiro era aquele publicitário de alma petista. O segundo o operador de marketing de Paulo Maluf[10]. Mas é melhor manter os princípios e nunca chegar ao governo e não fazer mudanças favoráveis aos mais pobres? Chegar

---

8. Antonio Palocci, *Sobre Formigas e Cigarras*, São Paulo, Objetiva, 2007.
9. Na crise de 2005 a oposição associaria este assassinato ao PT.
10. Político paulista de extrema direita que ocupou o governo do estado e a prefeitura da capital.

*assim* ao poder muda *essencialmente* a sorte dos de baixo? O debate seria infindável e ao historiador cabe compreender e não julgar.

Lula teve como vice o empresário José de Alencar. Ele era um senador de direita por uma legenda de aluguel (PL-MG). Mas chancelava o arco de alianças proposto pelo programa do PT, o qual tinha como eixo uma aliança dos trabalhadores com o "capital produtivo". Na verdade, esta aliança dava primazia política a dois outros setores: o capital financeiro e a população desassistida, a qual seria beneficiada pelo Governo Lula. Alencar surpreendeu e passou muitos anos reclamando das elevadas taxas de juros que penalizavam exatamente o seu setor: o industrial. Aparentemente, ele se postava à esquerda de Lula nas questões de política monetária. É claro que ele não tinha o ônus das decisões.

Enfim, Lula chegou lá. Passou ao segundo turno com 46,44% dos votos. No segundo turno obteve 61,27% e derrotou o candidato da situação José Serra.

Vitória espetacular. Sua posse em Brasília no dia 1º de janeiro de 2003 teve a maior participação popular do que qualquer outra posse de presidentes da República. Com essa vitória o PT começava a encerrar um ciclo histórico no Brasil.

Lula não rompeu totalmente com a política econômica liberal de Fernando Henrique Cardoso, mas teve uma sagacidade política que faltou ao seu antecessor. O novo presidente determinou uma transferência de renda para os muito pobres através de programas sociais como a bolsa-família. Isso (embora não só) lhe garantiu forte apoio popular. O aumento real do salário mínimo, o programa "luz para todos", o crédito consignado e a manutenção e ampliação do sistema de seguridade social foram fundamentais também.

O Governo também contornou a luta de classes ao internalizar os conflitos sociais no aparelho de Estado[11], dando ministérios tanto aos representantes do capital quanto (pela primeira vez) aos representantes do trabalho. Muitas políticas públicas democratizaram as relações com a sociedade civil, o que catapultou lideranças setoriais do partido. O Governo promoveu conferências em que as pessoas eram consultadas e onde muitos petistas (mas não só) podiam intervir. Programas de apoio a microempresas, economia solidária, assentamentos do MST, cooperativas agroindustriais como as do noroeste do Rio Grande do Sul recebiam apoio técnico e aporte de capital.

O próprio MST reduziu suas ações. Como nos anos 2004-2005 cresceu o investimento na obtenção de terras para reforma agrária houve queda das ocupações de terra de 2004 para 2005. A média de ocupações de 1995-2000 foi maior do que do período 2000-2005.

Mas como as mudanças não eram velozes nem radicais, o PT tinha o ônus de defender o Governo sem o bônus de ditar-lhe os rumos. Estes eram definidos pelo cír-

---

11. Como notou Vladimir Safatle.

culo próximo ao presidente da República e limitados pela diretoria do Banco Central e pelo orçamento. Era uma situação nova. Ao presidente do partido e à maioria que lhe dava respaldo cabia impedir que o PT criticasse o governo e jogasse água no moinho da oposição. Para a oposição, cumpria disputar os rumos e questionar a política econômica orientada pelo Ministro Antonio Palocci e pelo presidente do Banco Central Henrique Meirelles. O primeiro fora militante trotskista e prefeito de Ribeirão Preto (SP). Agora fazia elogios à política do governo anterior. Já o segundo era simplesmente Deputado do PSDB de Goiás!

### *Oposições*

A oposição enfrentava graves dificuldades. Ela se dividiu em três linhas mais ou menos significativas. A primeira abrangia parte da Direita tradicional e foi capitaneada pelo PSDB. A segunda, menos significativa, foi representada por dissidentes abrigados no PSOL ou por intelectuais outrora aliados ao petismo. Uma terceira veio do próprio PT.

O PSDB não conquistou sólido apoio social. Ele se perdeu. Na ausência de um discurso programático, ele buscou sempre casos isolados de corrupção. O único efeito que o Governo Lula produziu sobre o PSDB foi a sua transformação efetiva num partido de centro-direita. Nascido como força de centro-esquerda e com o fito de tornar-se uma agremiação social-democrata, os tucanos resvalaram para os braços de um eleitorado herdado das forças reacionárias, como foi o caso do malufismo em São Paulo.

O PSOL, apesar da qualidade de alguns de seus militantes, não teve força histórica. Como partido que se desejava revolucionário ele foi mais limitado que o próprio PT, pois surgiu como dissidência parlamentar motivada pelas críticas à reforma da previdência encampada pelo Governo Lula em 2003. Não possuiu uma circunstância histórica (como as greves do ABC paulista), nem apoio em movimentos sociais ou armas. Sem nenhum desses elementos não se promove uma ruptura. Seu discurso deslizou por um terreno que não era o seu: o institucional.

Ao lado desta oposição moveram-se acadêmicos, jornalistas, líderes estudantis e outros descontentes. É difícil medir o grau de sua insatisfação. O PT sempre teve um apreciável apoio entre intelectuais tradicionais da Universidade além da simpatia de alguns jornalistas, embora não dos donos dos jornais. Em 2002, muitos intelectuais, petistas até o último momento anterior à posse, não suportaram o toque da realidade de um governo que declarava ter que atuar dentro de limites constitucionais e com alianças políticas indesejadas.

Para complicar a situação, os setores de renda média não ganharam diretamente nada com o Governo Lula. Eles viriam a ser uma importante base social de contestação ao PT.

## Nacionalização do PT

É uma tarefa difícil separar o partido do governo e o próprio governo. Suas ações se misturam o tempo todo. Ainda assim, o leitor compreende que não se quer fazer aqui uma história do governo Lula e sim do PT *no* governo. Até porque o partido manteve sua existência paralela, fora do aparato estatal, mantendo uma zona cinzenta de interface com o Estado.

Por muitos anos o PT foi basicamente paulista. Dos 46 membros do primeiro Diretório Nacional, onze eram de São Paulo. Entre sua fundação e o ano de 2010, o PT realizou quatro congressos, treze encontros nacionais ordinários e dois extraordinários, totalizando dezenove eventos nacionais: onze foram no Estado de São Paulo. A sua direção nacional funcionou por longos anos na cidade de São Paulo e quando a direção política mudou-se para Brasília, a parte administrativa permaneceu em São Paulo. A presidência foi ocupada vários anos por Lula e José Dirceu. José Genoíno, Luiz Gushiken e Ricardo Berzoini também ocuparam o posto. Eram todos políticos estabelecidos em São Paulo. Só Olívio Dutra (RS) e José Eduardo Dutra (SE) romperam a hegemonia paulista.

Mas é claro que lentamente a situação mudava. Em 1982, 75% dos parlamentares estaduais e federais do PT eram paulistas, em 1994 eram 29%.

O PT já era um partido com penetração nacional às vésperas de sua vitória no país, afinal o número de vereadores subiu de 118 em 1982 para 2 485 em 2000. Mas a sua *nacionalização* só se completou quando ele chegou ao poder político liderando uma coalizão de partidos de esquerda e legendas fisiológicas. Desde então o partido cresceu impulsionado pelo governismo inato e oportunista de muita gente, mas também porque sua política social chegou pela primeira vez a muitos lugarejos. A quantidade de municípios governados pelo PT triplicou no Governo Lula. Em 2000, eram 187, pulando, em 2008, para 559. A percentagem de cidades em que havia diretórios do partido saltou de 40% em 1993 para 96% em 2009.

O PT finalmente se tornou brasileiro e terminou aquele movimento que se alimentava de um pólo geográfico central (São Paulo), de um social (a classe trabalhadora assalariada) e de um político (o radicalismo de tinturas socialistas). Evidentemente pelo menos duas daquelas três origens continuaram importantes e determinaram a presença de muitos políticos "paulistas" e sindicalistas nos ministérios.

Quando assumiu a chefia da Casa Civil no Governo Lula, José Dirceu foi substituído na presidência do partido por José Genoíno, o qual estava sem mandato por ter sido derrotado na disputa pelo Governo do Estado de São Paulo em 2002. Durante o primeiro mandato de Lula o novo presidente do partido liderou um projeto de modernização e informatização das sedes do partido em todo o Brasil. Surgiram assim críticas que revelavam o medo de um partido de massas, centralizado e organizado cada vez mais. O PT era acusado pelo aparelhamento do Estado.

Ao nacionalizar-se, o PT ampliou-se espacialmente, aprofundou seu caráter multiclassista e moderou seu discurso político. Espaço, sociedade e ação política estão necessariamente imbricados. Não perdeu, por isso, seu apoio na classe trabalhadora formalmente assalariada; não diminuiu sua força no sul e sudeste do país e nem mesmo abandonou completamente sua vaga referência ao socialismo. Mas como veremos adiante, perdeu um pouco dessas três condições ao mesmo tempo em que ganhou apoio no norte e nordeste; e nas classes trabalhadoras inseridas sazonal e informalmente no mercado de trabalho.

Embora o propalado PT das origens tivesse um socialismo bastante indefinido, a identidade de esquerda forjada no Colégio Sion permitiu que o partido sempre fosse a "força polarizadora"[12] nas alianças que fez, excetuadas campanhas locais (muitas vezes "sacrificadas" em nome da candidatura nacional). Em boa medida isto ocorreu porque a geração que frutificou a partir do colégio Sion se manteve em postos estratégicos mesmo depois que o PT se tornou uma agremiação puramente eleitoral. Nos primeiros anos o partido era tão avesso às alianças por razões ideológicas, mas também porque o espaço político era estreito e quase não havia com quem se aliar. A única força que podia atraí-lo era o PMDB, cada vez mais desca-

---

12. André Singer, "A Segunda Alma do Partido dos Trabalhadores", *Novos Estudos Cebrap*, n. 88, dezembro de 2010.

racterizado e ligado aos comunistas (concorrentes diretos do PT numa área então muito sensível para o partido: o sindicalismo).

Financeiramente, o crescimento institucional vertiginoso manteve em alta a arrecadação do PT.

Fonte: *O Estado de S. Paulo*, 14.2.2011.

Cabe lembrar, porém, que a situação patrimonial do partido sempre foi fraca. A primeira sede própria do PT foi a de São Bernardo do Campo (SP). Durante o primeiro mandato de Lula na presidência da República, a Direção Nacional cogitou comprar uma sede. A Fundação Perseu Abramo já possuía a sua. Mas quase todas as sedes do partido eram alugadas. Isso é comum no sistema partidário brasileiro por causa da histórica instabilidade institucional. Outrossim, o PT não teve tempo de acumular ativos reais como a Social Democracia Europeia.

Na cidade de São Paulo, pouco antes da posse de Lula não só os Diretórios Zonais careciam de local para fazer reuniões como, em alguns casos, haviam deixado de existir, como o de Perdizes[13]. Os gastos crescentes do PT se deviam principalmente a dívidas de campanha, amortizações, juros e demais gastos financeiros. Os aluguéis também suscitariam preocupação e descontrole financeiro. Em 2002, 2003 e 2004 as contas do Diretório Nacional não fecharam[14]. Já era uma crise que os dirigentes não viam com o mesmo receio que a veriam em 2005.

O PT tinha dívidas da campanha de 2002 e da festa de posse de Lula. Por isso a tesouraria do partido fez empréstimos oficialmente contabilizados do Banco Rural e do Banco BMG[15]. A tesouraria do PT também estabeleceu relação financeira não contabilizada com as empresas de Marcos Valério. Este era um membro da campanha do Senador Eduardo Azeredo (PSDB-MG). A relação entre o empresário e o PT teria começado no segundo semestre de 2002. Valério teria sido apresentado pelo Deputado Federal Virgílio Guimarães (PT-MG) ao membro da coordenação da Campanha de Lula, João Paulo Cunha[16].

O Governo Lula não passou incólume diante das denúncias de corrupção. Houve acusações já em 2004 contra um assessor da Casa Civil chamado Waldomiro Diniz. Mas os escândalos acontecem em qualquer governo sem

---

13. Luiz P. Paz, *O Exemplo e as Ideias Permanecem*, São Paulo, s./ed., 2002, p. 108.
14. P. F. Ribeiro, *op. cit.*, p. 111.
15. J. Genoíno, *Entre o Sonho e o Poder*, p. 178.
16. *Autos do Inquérito* 2245.

que ele caia. Aparentemente a crise que quase destruiu o PT iniciou-se em 2005, mas ela teve dois antecedentes graves. O primeiro foi a perda rápida do apoio dos setores que se agregaram passageiramente ao seu eleitorado em 2002. Assim, em 2004 o PT foi derrotado nas eleições, interrompendo seu ciclo de crescimento[17].

O segundo foi a vitória de um *outsider* representante do "baixo clero" político à presidência da Câmara dos Deputados. Tratava-se do Deputado Severino Cavalcanti. Ele derrotou o candidato petista Luiz Eduardo Greenhalgh porque: *1.* o PT se dividiu; *2.* parte da base aliada não aceitava o nome de Greenhalgh; *3.* políticos estabelecidos (*insiders*) do PSDB articularam o apoio a Cavalcanti. Antes a casa havia sido comandada pelo Deputado João Paulo Cunha (PT-SP), o qual chegara a autorizar a invasão da Câmara pela tropa de choque da Polícia Militar por ocasião de um protesto popular contra a Reforma da Previdência.

## A Crise

A crise iniciada em 2004 revelava as fraturas do governo. Já o ano seguinte seria o clímax. No dia 14 de maio de 2005 ela eclode nos correios[18] onde se mostrava um esquema de fraudes em licitações da empresa. O chefe da Decam/ECT Mauricio Marinho foi denunciado por rece-

---

17. V. Pomar, *op. cit.*, p. 242.
18. *Veja*, n. 1905, 18 de maio de 2005.

ber vantagens para ilicitamente beneficiar um empresário interessado em negociar com os correios[19]. O escândalo atingia diretamente um afilhado político do Deputado Roberto Jefferson (PTB-RJ), da base aliada. Lembremos que a imprensa havia noticiado que no início do governo o então Ministro da Casa Civil, José Dirceu, havia proposto montar uma base de sustentação do governo mediante aliança preferencial com o PMDB. Como isto não foi possível, o PT teria montado um esquema para a compra de apoiadores "no varejo" do Congresso.

A oposição aproveitou a denúncia dos Correios para instalar em 9 de junho uma comissão parlamentar mista de inquérito (CPMI dos Correios). Neste mês Roberto Jefferson deu sua famosa entrevista[20] em que acusava o tesoureiro do PT Delúbio Soares de pagar um *mensalão* (uma mensalidade) para que deputados da base aliada apoiassem o Governo Lula. Os recursos viriam do empresário Marcos Valério, que em troca seria beneficiado por contratos com órgãos do governo.

Esta entrevista gerou uma onda de "indignação" na mídia e acabou por levar à saída de José Dirceu, que assumiu seu mandato de Deputado Federal. Era a queda do "primeiro ministro" informal de Lula!

O procurador geral da república ofereceu uma denúncia em que qualificava José Dirceu como membro do

---

19. *Autos do Inquérito* 2245.
20. *Folha de S. Paulo*, 6 de junho de 2005.

núcleo principal de uma quadrilha ao lado de Delúbio Soares, tesoureiro do PT, o secretário-geral do partido Silvio Pereira e José Genoíno[21].

A própria denúncia tinha origem na imprensa e citava a reportagem da *Veja*. Seu intuito era acusar Dirceu de "garantir a continuidade do projeto de poder do Partido dos Trabalhadores, mediante a compra de suporte político de outros partidos"[22]. O suposto esquema criminoso consistiria na transferência periódica de vultosas quantias das contas do empresário Marcos Valério para parlamentares. De acordo com a CPMI dos Correios teriam sido garantidos lucros bilionários para o Banco rural e o Banco BMG mediante a operacionalização de empréstimos consignados de servidores públicos e aposentados. Em paga dessas vantagens eles transmitiriam recursos ao citado empresário[23]. Para o ex-presidente do PT, Genoíno, a leitura da peça de denúncia do Ministério Público e do relatório da CPI do "mensalão" mostraria que a palavra mensalão era usada "sem associação objetiva com provas documentais ou testemunhais"[24].

José Dirceu e outros dirigentes não perderam a solidariedade de parte da militância de seu partido, embora tivessem inimigos internos. No dia 17 de junho houve um

---

21. *Autos do Inquérito* 2245.
22. *Autos do Inquérito* 2245.
23. *Autos do Inquérito* 2245.
24. J. Genoíno, *Entre o Sonho e o Poder*, p. 177.

ato de defesa do PT na Casa de Portugal, cidade de São Paulo, com a presença de dirigentes, candidatos à presidência do partido, de José Dirceu e José Genoíno. O Professor Emérito da USP Antonio Candido mandou uma mensagem de apoio.

No dia 20 de junho uma cena esquisita se processou no programa de televisão *Roda Viva*, da TV Cultura, ligada ao Governo do Estado de São Paulo, controlado pelo PSDB. Um jornalista da revista *Isto É* indagou a Roberto Jefferson (o entrevistado da noite) se ele sabia de repasses ilegais de dinheiro ao PSDB na época em que ele era da base do Governo de Fernando Henrique Cardoso. O jornalista âncora do programa interveio rapidamente, tentando modificar a abordagem do tema, até que a programação foi interrompida pelos comerciais[25].

De junho a setembro de 2005, de vinte e duas capas[26] da revista *Veja* somente três não tinham uma denúncia explícita contra o PT. Cinco capas eram contrárias a Lula pessoalmente. Assim, o PT passou a atacar a imprensa atribuindo a ela um comportamento partidarizado. Surgiu então a expressão "PIG – Partido da Imprensa Golpista". Os jornalistas dos órgãos principais dos *media* diziam que apenas publicavam as informações que consideravam relevantes. A oposição de extrema esquerda (PSOL e PSTU) também atacou o PT tanto num inesperado e efêmero es-

---

25. *Forum*, n. 28, São Paulo, julho de 2005, p. 14.
26. Entre os números 1907 e 1929.

paço conquistado na imprensa, quanto em manifestações de rua. No Rio de Janeiro, por exemplo, 1500 pessoas foram ao ato contra Lula no dia 30 de junho.

As manifestações convocadas pela internet e sem uma organização política foram um fiasco. Revelou-se assim que não havia base de massa para um protesto deste tipo.

O problema é que os ataques da imprensa não cessavam. Nem os escândalos. No dia 8 de julho, um ex-assessor do irmão do então presidente do PT, José Genoíno, foi preso no Aeroporto Internacional de Congonhas, em São Paulo, com R$ 209 mil numa pasta e mais US$ 100 mil num porta-dólar dentro da calça. Era o "escândalo da cueca". José Genoíno caiu e Tarso Genro assumiu a presidência interina do PT.

Transformado em alvo diário das CPIs, a imprensa escrita passava a revelar que o Governo Lula resolvera abandonar José Dirceu. Conta-se que na noite de 10 de agosto um grupo de capas pretas do PT e do Governo reuniu-se no apartamento do Deputado Luiz Eduardo Greenhalgh quando José Dirceu chegou sem ser convidado. Teria dito: "Não aceito ser cassado por corrupção. Se quiserem me cassar, vai ter que ser uma cassação política"[27].

A narrativa detalhada desses escândalos pertence à história policial. E também à história da imprensa. O que nos importa aqui são os reflexos desses acontecimentos na

---

27. G. Camarotti, e B. La Peña, *Memorial do Escândalo*, São Paulo, Geração Editorial, novembro de 2005, p. 238.

estrutura interna do PT. Numa manhã de sábado, naquele princípio de julho de 2005, o Ministro da Educação Tarso Genro chegou à sede nacional do PT em São Paulo e disse: "Vamos fazer o esforço para a refundação do PT"[28]. Acabava de assumir interinamente a Presidência do Partido.

Nos meses seguintes haveria um novo processo de eleição direta (PED). Diante da crise a esquerda petista cresceu e teve oportunidade de ganhar as eleições internas do PT. Os petistas estavam em pânico. Muitos se embebedaram, choraram, resistiram ou se desligaram do partido. Inúmeros debates traziam de volta, na plateia, antigos militantes que queriam retornar ao partido para "limpá-lo". Só em 1989 o PT sofreu ataques tão pesados da imprensa quanto em 2005. Mas havia uma diferença crucial para o militante comum. Ser acusado de terrorista causa raiva; ser acusado de corrupto, vergonha. Envergonhados ficaram não só os militantes, mas os dirigentes.

Somente em 16 de agosto a Comissão Executiva Nacional resolveu finalmente pedir "desculpas à nação, pois os atos que nos comprometem, moral e politicamente perante os brasileiros, foram cometidos por dirigentes do PT, sem o conhecimento de suas instâncias"[29].

No dia 19 de agosto houve também a tentativa de atingir o Ministro Palocci com denúncias de desvios de

---

28. L. O. Cavalcanti, *Como a Corrupção Abalou o Governo Lula*, Rio de Janeiro, Ediouro, 2005, p. 17.
29. Resolução da CEN, Brasília, 16 de agosto de 2005.

dinheiro para o PT a partir de contratos da prefeitura de Ribeirão Preto com empresas de coleta de lixo, mas a rápida defesa dele por parte do Governo adiou a sua queda para o ano seguinte.

Naqueles dias de tormenta um núcleo de base paulistano apareceu em cenas de televisão com a bandeira do PT de ponta cabeça e a palavra de ordem: "Estrela invertida até cair a direção". Isto se deu durante uma reunião da Executiva Nacional, na rua Silveira Martins em São Paulo. No protesto os militantes distribuíam estrelas do PT para os "capas pretas" enquanto eles adentravam a sede do partido. Naquele momento, nenhum dirigente teve coragem de usá-la!

Eram raros os militantes que usaram camisas do partido. E eram invariavelmente achincalhados ou agredidos. Durante as eleições internas, os militantes do PT que se dirigiam aos locais de votação em São Paulo eram ofendidos por pessoas que estavam nos bares ou por transeuntes. Tal era o clima político do país. Cenas assim foram pouco divulgadas, salvo algumas que atingiam dirigentes mais importantes. Alguns eram invariavelmente agredidos em todos os locais públicos por onde circulavam, especialmente em aeroportos, onde havia mais "formadores de opinião" de classe média.

Depois que Jorge Bornhausen (PFL-SC) declarou que o país iria livrar-se "dessa raça por 30 anos", referindo-se aos petistas, o sociólogo Emir Sader respondeu ao senador catarinense, no *site* Carta Maior, em 28 de agosto de 2005.

Foi depois processado por isso. Por outro lado, intelectuais historicamente ligados ao partido e que já vinham se afastando desde 2002 por motivos já esclarecidos aqui, aproveitaram para se desligar publicamente do PT.

A filósofa Marilena Chauí, que apoiava o Governo, foi duramente criticada pela oposição no Congresso ao se recusar a dar as declarações "exigidas" pelos jornais. Ela explicou suas posições em carta endereçada aos seus alunos da USP datada de 31 de agosto. No dia 12 de setembro participou de debate sobre a refundação do PT. Depois disso a Comissão Executiva Nacional resolveu lançar uma campanha contra o "denuncismo"[30].

Internamente ao PT, os candidatos de esquerda não lograram unir-se. Durante a campanha vários debates ocorriam enquanto novos escândalos se sucediam. Raul Pont e Valter Pomar lideravam os petistas que desejavam refundar o partido e combater os desvios políticos de alguns dirigentes do Campo Majoritário. Em desespero figuras públicas do partido iam a programas de televisão para salvar a própria pele e atacar seus companheiros.

O PT adiou seu XIII Encontro para o ano seguinte, pois era impossível realizá-lo naquele momento. O primeiro turno do PED ocorreu em 18 de setembro. Com exceção de Berzoini, todos os candidatos se posicionavam naquele momento na esquerda partidária:

---

30. Resolução da CEN, São Paulo, 19 de setembro de 2005.

| Nome | Votos | % |
|---|---|---|
| Ricardo Berzoini | 122 745 | 42% |
| Raul Pont | 42 857 | 14,68% |
| Valter Pomar | 42 782 | 14,65% |
| Plínio Sampaio | 39 096 | 13,4% |
| Maria do Rosário | 38 662 | 13,2% |
| Markus Sokol | 3 953 | 1,4% |
| Gegê* | 1 940 | 0,7% |
| Votos válidos | 292 035 | 100,0% |
| Brancos | 16 510 | |
| Nulos | 4 311 | |
| TOTAL | 312 856 | |

Fonte: Jornal *Em Tempo*, edição eletrônica, 2005.

Com os votos ainda sendo contados, parte expressiva da imprensa já começava a falar apenas na derrocada ética do PT sem prognosticar sua cassação. Com a vitória da esquerda, dizia-se que a legenda encolheria para algo entre 10% e 15% do eleitorado. Mas se o Campo Majoritário vencesse, a derrocada seria total[31].

---

\*   Luiz Gonzaga da Silva (Gegê) era líder do movimento de moradia do centro de São Paulo e estava sendo processado por acusação de co-autoria num homicídio. Sua inocência foi defendida por uma moção apresentada em encontro partidário. Em 2011 ele foi absolvido pelo tribunal do júri por unanimidade. Eduardo Suplicy foi testemunha de defesa.
31. *Veja*, n. 1923, 21 de setembro de 2005.

Os resultados não só descontentaram parte da imprensa como diminuíram a ação oposicionista. Embora algumas denúncias e ataques prosseguissem, parece que os mais afoitos foram isolados e a maioria dos donos de meios de comunicação e políticos de oposição percebeu que não seria possível colocar na ilegalidade um partido que, em meio à maior crise de sua história, ainda conseguia mobilizar mais de trezentos mil militantes para uma votação inglória, sob apupos e agressões. Definitivamente, a militância do PT salvou o partido, apesar dos dirigentes quase nada terem feito para salvá-lo. Foi uma última aparição em cena de velhos militantes já desencantados.

No dia 28 de setembro a base governista conseguiu uma vitória no parlamento: a eleição de Aldo Rebelo (PC do B) como presidente da Câmara.

Os resultados do PED deram uma ampla votação à chapa Construindo um Novo Brasil (CNB). A CNB era a união da velha Articulação com a Democracia Radical e grupos menores. A fusão havia ocorrido em 1999 sob a denominação de Campo Majoritário, mas como este nome ficou comprometido com as revelações de que todos os dirigentes envolvidos em corrupção eram daquele campo, houve uma mudança de denominação. Ainda assim, o CNB não obteve maioria absoluta. O próprio José Dirceu foi pressionado para sair da chapa. Ele acabou permanecendo como suplente[32].

---

32. *Caros Amigos*, n. 106, janeiro de 2006, p. 41.

| Nome | Votos | % |
| --- | --- | --- |
| Construindo o Novo Brasil | 115 510 | 41,9% |
| Coragem de Mudar | 33 480 | 12,1% |
| A Esperança É Vermelha | 32 603 | 11,8% |
| Movimento | 31 712 | 11,5% |
| Esperança Militante | 25 176 | 9,1% |
| Socialismo e Democracia | 16 120 | 5,8% |
| O Partido que Muda o Brasil | 8 494 | 3,1% |
| Terra, Trabalho e Soberania | 5 392 | 2,0% |
| Movimento Popular | 5 085 | 1,8% |
| O Brasil Agarra Você | 2 338 | 0,8% |
| *Votos válidos* | 275 910 | 100,0% |
| Brancos | 30 229 | |
| Nulos | 4 959 | |
| TOTAL | 311 098 | |

Entre o primeiro e o segundo turno do PED o candidato Plínio de Arruda Sampaio saiu do PT e com ele uma leva de militantes da antiga Força Socialista. Este abandono impediu que o PT elegesse pela primeira vez um presidente da esquerda. A saída atendia o interesse dos mandatos parlamentares[33]. Uma avaliação equivocada dava a impressão que a legenda do PT não seria mais suficiente para reelegê-los. Como a legislação brasileira permitia que o deputado saísse do partido sem perder o mandato e como o prazo de desincompatibilização para poder concorrer nas eleições de 2006 por outra legenda

---

33. *Em Tempo*, n. 15, edição eletrônica, dezembro de 2005.

expirava antes do segundo turno do PED, eles saíram. Evidentemente também saíram muitos militantes comuns indignados com os escândalos.

No segundo turno Ricardo Berzoini do CNB venceu Raul Pont, militante da DS (agora integrante do campo denominado Mensagem ao Partido) e que superou Valter Pomar por estreita margem de votos. Curiosamente, Berzoini já havia sido candidato ao primeiro PED em 2001 com apoio do PTLM, quando teve fragilíssima votação. Em 2005 o PTLM apoiou Valter Pomar.

Com a volta dos petistas às ruas, ainda que atemorizados e tímidos, houve possibilidade de retomar o espírito da Casa de Portugal, quando aconteceu o primeiro ato público de defesa do partido. Agora, o mote era a perseguição política ao principal dirigente do partido. Com a aproximação da cassação de José Dirceu multiplicaram-se as homenagens a ele. A primeira foi no Rio de Janeiro a 17 de novembro. Seguiram-se outras: na Câmara Municipal de São Paulo no dia seguinte; no dia 19 de novembro em Belo Horizonte; em 22 de novembro em Brasília com a presença do Vice Presidente José de Alencar; no dia 25 de novembro durante a posse do Diretório Municipal do PT em Campo Grande (MS) com o apoio do governador Zeca do PT; no dia 26 de novembro na Câmara Municipal de Santos (SP); no dia 27 em Olinda (PE) com o apoio dos prefeitos desta cidade (Luciana Santos – PC do B) e de Recife (João Paulo – PT) e no dia 28 de novembro em João Pessoa (PB). Era a véspera da cassação.

É claro que os quadros intermediários do PT que ainda organizavam aqueles atos não davam o seu apoio para qualquer coisa. Isto pode ter iludido os dirigentes depois da crise e tê-los levado a esquecê-la mui velozmente. Os militantes voltaram às ruas em defesa da história do partido e com a certeza de que, apesar das evidências de corrupção, estava em curso uma luta pelo poder. E defender o PT era defender outras organizações que já eram ameaçadas, como o MST. A extrema esquerda e organizações votadas à defesa da transparência eleitoral e ao combate às falcatruas de políticos tradicionais não pensavam assim, é claro e alguns identificavam na origem sindical do PT a raiz do problema, já que o meio sindical não seria "conhecido pelo rigor no manuseio dos recursos que tem a disposição"[34].

Foram divulgados abaixo assinados em solidariedade a Dirceu. Mas para muitos formadores de opinião, leitores de revistas e jornais e internautas ele era o líder de uma gangue. E a gangue era simplesmente o PT. Em 1º de dezembro de 2005, depois de um discurso em que defendia a si mesmo e ao PT, Dirceu foi cassado pela Câmara dos Deputados por 293 votos contra 192. Finalmente, Dirceu e Jefferson seriam cassados pela Câmara. Um por acusar e o outro por ser acusado...

---

34. C. W. Abramo, "Lula e a Corrupção", *Política Democrática*, Ano v, n. 12. Brasília, agosto de 2005, p. 20.

O impacto da crise de 2005 na política brasileira foi tão forte que muitos analistas não hesitaram em considerá-la a mais grave da história política do Brasil. Se o juízo é exagerado para a história do país, é, sem dúvida, certeiro para a história do PT.

Mesmo sem perscrutar a veracidade jurídica dos fatos, o historiador pode afirmar que nem foi o "maior escândalo de nossa história" e nem se tratou da corrupção tradicional da política brasileira, salvo casos isolados (como um dirigente[35] que recebeu um automóvel usado de um empresário). Na história do Brasil houve crises mais sérias, como a de 1954 que levou Getúlio Vargas ao suicídio. Para não falar de guerras civis, como a de 1932 ou dos vários golpes ou tentativas de golpes militares.

Os escândalos de 2005 atingiram muito mais o PT do que o governo. A figura de Lula foi protegida para que ele não sofresse uma campanha de *impeachment*. Por isso ele iniciou aquele processo atacando o lacerdismo[36] da oposição e no auge da crise foi à rede nacional de televisão no dia 12 de agosto para confessar-se traído e pedir desculpas à população (como o fez o próprio PT). Ele não citou nenhum possível traidor. A grande pergunta que rompeu os lares foi: "Ele Sabia?" Programas de Televisão chegaram a sugerir o suicídio de Lula, mas ele não fez como Getú-

---

35. Trata-se de Silvio Pereira, ex-secretário geral do PT condenado na Justiça.
36. Alusão a Carlos Lacerda, um dos caluniadores de Getúlio Vargas.

lio Vargas, embora alguns preferissem compará-lo a Jânio Quadros, talvez prevendo sua renúncia[37].

Lula sobreviveu. A defesa de um projeto de poder dependia da figura pessoal dele e não mais do partido, acossado por denúncias. Naqueles dias de tormenta, sua agenda foi direcionada para atos populares. Lula não falava com a imprensa e participava de eventos com o MST e a CUT; ia ao Sindicato dos Metalúrgicos do ABC e travava contato pessoal e direto com o povo no interior do nordeste, como se pairasse uma ameaça de radicalização e chavismo[38] no caso de uma tentativa de *impeachment* contra ele. Aliás, Hugo Chávez o visitou naqueles dias de graves dificuldades.

As iniciativas pela derrubada efetiva do presidente ficaram restritas a políticos isolados ou grupos marginais, como o PSTU e PSOL que ensaiaram passeatas contra o PT.

Em 16 de agosto uma marcha em Brasília reuniu a CUT, UNE, UBES e, fortemente, o MST em defesa do governo. No dia seguinte outra marcha, liderada por representantes do PSTU, PSOL, PDT, PPS e de entidades sindicais, como a Coordenação Nacional de Lutas (ConLutas) defendeu a derrubada do presidente Lula. As oposições tinham objetivos diversos. A extrema esquerda propugnava a queda do presidente e do seu vice e a antecipação de eleições. A oposição de direita desejava o *impeachment*

---

37. R. Antunes, *Uma Esquerda Fora de Lugar*, p. 82.
38. Referência a Hugo Chávez, então presidente da Venezuela.

do presidente da República ou, numa segunda hipótese, sua desmoralização completa para inviabilizá-lo eleitoralmente em 2006.

Embora a vontade de derrubar o governo e destruir o PT tivesse existido, não houve nenhuma coordenação para que isso fosse efetivado. Houve, é verdade, um advogado desconhecido que procurou a justiça para pedir o cancelamento do registro do PT. De fato, a sobrevivência legal do PT poderia ser questionada depois que o publicitário Duda Mendonça havia "confessado" ter recebido dinheiro das empresas de Marcos Valério através de conta bancária aberta nas Bahamas por trabalho prestado à campanha de Lula. Caixa dois, fraude fiscal e remessa ilegal ao exterior poderiam causar a extinção do partido[39].

Para José Genoíno havia cinco focos de denúncias contra o PT: Ministério Público, Polícia Federal, as CPIs, a imprensa e os partidos de oposição[40]. A articulação desses grupos foi falha. Não sabemos (é cedo ainda) o que as cúpulas do PSDB e do PFL e seus porta-vozes na imprensa deliberaram naqueles meses de crise.

A hipótese do *impeachment*, cogitada pela oposição, foi abandonada por três motivos:

1. A correlação de forças organizadas nas ruas não favoreceu a oposição, como nas marchas de 1964 e as

---

39. L. O. Cavalcanti, *op. cit.*, p. 23.
40. J. Genoíno, *Entre o Sonho e o Poder*, p. 177.

novas condições internacionais não indicavam respaldo norte americano para isso. O comparecimento dos trezentos mil ao PED e a mobilização do MST, CUT e UNE provaram isso.

2. A Direita não podia derrubar o presidente e ou o seu vice, pois o custo institucional seria muito alto.
3. A queda dos índices eleitorais de Lula fez parecer que seria possível "sangrá-lo" até as eleições, como se disse à época.

Note-se que a mobilização da militância petista foi em grande medida espontânea. Vários órgãos de imprensa alternativa insinuaram que o PT e o Governo, com medo de criarem um confronto aberto com a oposição, preferiram fazer um acordo parlamentar com a oposição entregando dezoito deputados do PT e da base aliada à cassação e deixando de acusar Eduardo Azeredo[41] em troca da sobrevivência do governo e do partido. Sendo isso verdade ou não, a campanha que era relativamente autônoma nos meios de comunicação prosseguiu.

Acontece que em agosto de 2005 dois dados foram possivelmente mal interpretados pela direita. Lula tinha recuado para 33% de intenção de voto (o patamar habi-

---

41. Senador do PSDB por Minas Gerais, acusado de ligações delituosas com o empresário Marcos Valério, o mesmo que estava envolvido no escândalo do PT. Inquérito 2280 no Tribunal Superior Federal.

tual do PT) e seu governo contava com 45% de aprovação. Todos os analistas políticos arriscavam a ideia de que o PT iria encolher nas eleições de 2006 e que Lula no mínimo seria um candidato igual aos outros.

A revista *Carta Capital* estampou uma capa com uma estrela partida ao meio e com a manchete: "O PT Aguenta o Tranco?"[42].

O erro de análise da oposição (política e intelectual) a Lula esteve no fato de que ela ligava o acesso às notícias de jornais com o grau de consciência política dos eleitores. Esse erro advém de uma prisão ideológica: confunde-se positivamente o teor do noticiário com a verdade dos fatos, quando estes são socialmente construídos de acordo com interesses materiais bem definidos. Esses interesses não são necessariamente os das classes dominantes e às vezes nem mesmo os dos grupos políticos da Direita. São em primeiro lugar os interesses empresariais dos órgãos de imprensa.

A crise política de 2005 transmutada em debate moral serviu muito aos seus interesses. Serviu também à oposição, porém menos. Porque os partidos de Direita também fazem parte do terreno da política que foi desmoralizado enquanto a imprensa apareceu acima do bem e do mal. Portanto, também não havia identidade imediata de interesses entre os grupos de oposição e a grande imprensa, como pensava a direção do PT.

---

42. *Carta Capital*, ano XII, n. 357, 31 de agosto de 2005.

Isto explica o fato de que a crise política alegrou depressa demais a oposição e causou uma crise psicológica rápida demais nos petistas. É porque ambos partilhavam o mundo da imprensa escrita. Ora, os valores políticos (não pessoais) de consumo das camadas médias são predominantemente morais e os dos intelectuais tradicionais (estudantes, professores, escritores) são simbólicos. Por isso, os jornais os difundem, já que se vendem para este público seja à direita ou à esquerda.

O que espanta ao historiador naquela crise de 2005 é que nem a oposição conseguiu mobilizar as pessoas nas ruas e nem o PT decidiu fazê-lo. Há uma explicação subjetiva já apontada: o receio de um confronto aberto. Pois o PT ainda tinha reservas militantes, o que se demonstrou no PED, embora mesmo na esquerda se duvidasse que Lula ainda dispusesse de "força social organizada" devido ao "desmoronamento do PT"[43].

Depois de superado o pior momento, o Diretório Nacional do PT[44] restringiu-se a fazer acusações ao PSDB e ao PFL, mas aos olhos de muitos militantes isto só mostrava que aqueles partidos *também* eram corruptos. O PT não politizou a crise.

---

43. R. Antunes, *Uma Esquerda Fora de Lugar*, p. 96.
44. Resolução do Diretório Nacional do PT, 10 de dezembro de 2005.

No capítulo anterior já havíamos assistido à retirada dos militantes. A saída de cena encontrava agora os seus bastidores desvelados aos olhos do público: uma base material. O abatimento psicológico da militância em 2005 foi bastante condicionado pela rápida troca de informações entre os militantes em qualquer lugar em que eles estivessem. De acordo com o IBGE no Brasil mais de 56 milhões de pessoas tinham algum aparelho celular em 2005. O uso de computadores pessoais e da internet também provocava verdadeiras guerras virtuais. Em 2005 o uso da internet alcançava dezesseis milhões. Em 2007 a PNAD mostrou que o percentual de brasileiros que possuía computadores em casa era de 27%.

Mas esta guerra não atingia com a mesma velocidade e intensidade as classes desamparadas. Elas queriam, em primeiro lugar, proteção econômica. Se Lula apareceu como o único governante que estendeu o pagamento de benefícios sociais, ele foi preferível aos outros.

Os políticos de oposição cometeram um erro sério ao considerar a retomada das intenções de voto em Lula como resultado de uma decisão primitiva, pré-política. Nada mais consciente do que uma atitude que leva em consideração interesses materiais líquidos e certos. E nada mais inconsciente do que o voto abstrato do ódio moral típico de alguns setores médios.

O PT "aguentou o tranco" e venceu as eleições.

## Recuperação Eleitoral

Como afirmamos anteriormente, no final de 2005 todos os analistas políticos acreditavam no fim do PT como força eleitoral. A passividade dos dirigentes do partido durante a crise foi surpreendente. Deixando de lado o uso dos escândalos de corrupção na luta interna, é explícito o fato de que o PT "entregou na bandeja aos adversários a cabeça de seu principal comandante político"[45] e de vários outros.

Naquela crise o PT não liderou uma campanha de massas em defesa de si mesmo e de seu governo. Assim, o partido sangrou durante cem dias naquele ano. Mas voltaria a crescer eleitoralmente em 2006.

A votação vitoriosa de Lula com apoio predominante nos mais pobres acendeu a polêmica sobre as razões desse voto. Na lógica da ideologia pequeno burguesa poderíamos atribuí-lo a um suposto desprezo dos mais pobres pela ética e sua adesão oportunista a Lula em troca do programa chamado bolsa família. De maneira mais ou menos tosca esta foi a explicação da oposição naquela altura, até que ela percebesse que não poderia disputar futuras eleições combatendo a principal política social do PT.

Além do problema "eleitoral" dessa explicação, ela pressupõe que a pequena burguesia e as demais classes seriam "éticas", quando na verdade todas as classes sociais

---

45. Alon Feuerwerker, "Passividade Surpreendente", *Correio Braziliense*, 2 de dezembro de 2005.

são atravessadas pelos mesmos preconceitos e práticas consentâneas com nossa história de esbulho colonial. Afinal, a colonização portuguesa não visou construir uma sociedade, mas uma feitoria.

Talvez seja cedo para se firmar uma posição sobre as razões da hegemonia eleitoral do PT no primeiro decênio do século XXI. E nem se pode ignorar a ação política de Lula e dos adversários. Todavia, André Singer aventou uma hipótese. Ao se comprometer com a estabilidade e estender os benefícios estatais aos mais pobres Lula teria conquistado a parte menos organizada da população que sempre desconfiou do radicalismo do PT. Assim, em 2006 teria havido um realinhamento do eleitorado petista[46]. Mas seria uma simples oscilação do eleitorado ou uma tendência?

A preferência do PT também se modificou. Depois da crise "observa-se recuperação no sentido inverso ao perfil encontrado na origem: a preferência pelo PT passa a ser decrescente quanto maior a renda. Em 2005, 50% dos petistas estavam entre os eleitores de baixa renda; e depois da crise do partido eram 60%. As pesquisas confirmam que o partido se tornou nacional (apoio com maior homogeneidade entre as regiões brasileiras) e popularizou-se"[47].

---

46. André Singer, "Raízes Sociais e Ideológicas do Lulismo", *Novos Estudos Cebrap*, n. 85, novembro 2009.
47. Gustavo Venturi, "PT 30 Anos: Crescimento e Mudanças na Preferência Partidária. Impacto nas Eleições de 2010", *Revista Perseu*, n. 5, julho de 2010, p. 210.

O próprio PT demonstrou entender pouco aquele inesperado comportamento eleitoral e logo esqueceu os escândalos de corrupção e voltou a sua rotina. No entanto, o fato da maioria da população ter apoiado o PT na crise não foi necessariamente uma concordância com o que a imprensa veiculou, mas uma defesa de seus interesses materiais apesar da corrupção.

É claro que a produção de escândalos continuou em 2006, quando caiu o Ministro Antonio Palocci e durante a campanha eleitoral em que Hamilton Lacerda foi envolvido no suposto esquema para compra de um dossiê contra José Serra (escândalo dos "aloprados", pois Lula usara este epíteto contra os petistas que se envolveram atabalhoadamente no episódio).

O XIII Encontro Nacional do PT, de 28 a 30 de abril de 2006 na quadra dos bancários em São Paulo sintomaticamente foi aberto por Lula, que discursou por cerca de uma hora. No discurso ele citou José Dirceu, Luiz Gushiken e outras personalidades do partido acusadas pela imprensa como responsáveis pelo Mensalão. O discurso foi improvisado e ali ele declarou: "Eu não sei se os nossos historiadores saberão medir, no futuro. Porque alguns já fizeram o julgamento. Nem bem começou a crise, já tinha uma penca de livros dizendo que o PT tinha acabado".

Dali, ele partiu para sua reeleição numa vitória esmagadora sobre Geraldo Alckmin (PSDB) no segundo turno com cerca de 60% dos votos.

A crise passou, mas custou caro. Via-se a defenestração de inúmeros membros do partido no governo e a queda simbólica de dirigentes históricos, cuja carreira política foi interrompida. Em 2007 houve um novo PED consolidando "uma ampla hegemonia das facções ao centro e à direita"[48]. O deputado federal paulista Jilmar Tatto foi ao segundo turno buscando o apoio (além do PTLM, sua corrente) do grupo Novo Rumo; e Movimento PT, do então presidente da Câmara, Arlindo Chinaglia. Ricardo Berzoini, ex-membro do PTLM e agora no Campo Majoritário, foi reeleito.

O resultado final da apuração do segundo turno do PED de 2007 confirmou a reeleição de Ricardo Berzoini para a presidência do PT no biênio 2008/2009, com 61,41% dos votos válidos. Houve 202 022 votos de 2 493 municípios (326 mil filiados haviam votado no primeiro turno). Destes, 116 909 foram para Berzoini e 73 475 (38,59% dos válidos) para Jilmar Tatto. Brancos e nulos somaram 11 638.

Naquele mesmo ano de 2007 o PT fez o seu III Congresso Nacional no Centro de Exposições Imigrantes em São Paulo. O primeiro momento de reflexão pós-crise havia sido o XIII Encontro na Quadra dos Bancários, como vimos. Mas ele foi feito em meio a uma disputa eleitoral, quando a roupa suja precisava ser guardada. Simbolica-

---

48. *Valor Econômico*, São Paulo, 19 de dezembro de 2007.

mente feito num espaço sindical bastante simples para os padrões de congressos e encontros em hotéis e centros de convenções, o Encontro foi uma defesa do partido contra os ataques da imprensa.

No III Congresso, o CNB (a direita do partido) obteve maioria frágil e o socialismo petista, o financiamento da atividade política e a reorganização partidária e temas correlatos (formação, PED etc.) saíram dos bastidores do período de euforia governista e dominaram a cena. Frente a isto, o PT decidiu recrudescer o controle sobre as contribuições estatutárias e obrigar o mandatário de cargo eletivo a se responsabilizar pela contribuição de todos os seus assessores. Embora a construção partidária estivesse em discussão, as principais referências aos núcleos foram àqueles que desenvolvem atividade no exterior. Lembremos que segundo o Núcleo de Opinião Pública da Fundação Perseu Abramo só 2,3% dos delegados ao III Congresso participavam de núcleos de base.

Em 2009 mais de quinhentos mil petistas participaram do PED. Foi eleito o moderado José Eduardo Dutra com 274 419 votos (57,9%) o novo presidente do partido. Em segundo lugar ficou José Eduardo Cardozo da Mensagem ao Partido com 81 372 votos (17,2%); em seguida ficou Geraldo Magela (58 919 votos ou 12,4%); Iriny Lopes da Articulação de Esquerda com 50 759 votos (10,7%); Markus Sokol da corrente O Trabalho com 4 965 votos (1%) e Serge Goulart da esquerda Marxista com 3 241 votos (0,7%). Brancos e nulos foram 44 517 votos. Neste PED a tendência majoritária com uma chapa com o nome O Partido que Muda o Brasil obteve a maioria absoluta (55,1%).

Já o IV Congresso Nacional realizou-se em Brasília de 18 a 20 de fevereiro de 2010. Podia ter sido um Encontro apenas, já que debateu questões de curto alcance para a sociedade brasileira e tinha no seu horizonte imediato a disputa eleitoral de 2010. Mas o conjunto do partido entendeu que a questão estratégica era a da construção do partido. Por isso fizeram parte da pauta as seguintes questões: financiamento da atividade partidária; necessidade de aumentar o número de filiados e melhorar a vida orgânica do Partido; ampliação da democracia interna; os processos de eleição direta ocorridos em 2001, 2005, 2007 e 2009; a capacitação do Partido para o debate ideológico.

O partido se manteve em menor grau de atrito com o segundo Governo Lula por dois motivos: uma parte de seus líderes radicais havia saído do partido na crise de 2005; por outro lado, o segundo governo Lula demonstrou uma inclinação à esquerda aos olhos do conjunto partidário. Não é aqui que se descreverá seu conjunto de políticas públicas. O fato é que Lula saiu ao fim de seu governo, em 2010, com elevadíssima popularidade.

## *Campanha de 2010*

Apesar dos adversários acreditarem que todo o desempenho do governo era devido à figura de Lula e que ele seria incapaz de "transferir" seus votos à sua candidata, a Ministra da Casa Civil Dilma Rousseff, o PT demonstrou vigor eleitoral, elegeu amplas bancadas de deputados estaduais e federais e se manteve no poder. Embora a escolha da candidata não tenha passado previamente pelas instâncias partidárias, o que denotava uma fortíssima dependência do PT ao Governo, não haveria possibilidade da candidatura ser escolhida fora dos quadros do partido.

Na campanha eleitoral, ficou claro que a base social do projeto petista era suficiente para garantir sua presença no segundo turno. O adversário foi novamente José Serra (PSDB). Até o dia da votação havia a equivocada expectativa de que o PT seria vitorioso no primeiro turno. Mas isso não aconteceu.

No segundo turno, animado pela surpresa, José Serra liderou uma campanha de acusações pessoais e argumentos religiosos que não condiziam com sua biografia intelectual. Os ataques da imprensa já haviam derrubado a substituta de Dilma Rousseff[49] na Casa Civil. Houve, depois, a acusação de que o PT era defensor do aborto. A campanha parou porque uma ex-aluna de Monica Serra (esposa do candidato) denunciou que Monica havia feito um aborto a pedido de Serra! A *Folha de S. Paulo* tentou insistentemente ter acesso ao processo da candidata petista na justiça militar a fim de descobrir algum comportamento indevido ou acusação contra ela. Mas não obteve autorização. Os demais veículos de imprensa escrita

---

49. Ministra Erenice Guerra.

e falada usaram contra o PT uma rede de articulistas e comentaristas cuja carreira se consolidou durante os dois mandatos de Lula.

A candidata Dilma Rousseff, ex-guerrilheira e egressa das fileiras do PDT, mas membro do partido há vários anos na ocasião cumpriu seu papel histórico ao se tornar a primeira mulher presidente da República Federativa do Brasil.

O primeiro e mais importante aspecto da vitória de Dilma Rousseff à presidência do Brasil diz respeito à correlação de forças política na América Latina como um todo. Se o candidato da oposição tivesse vencido, a onda conservadora (assinalada pelo Golpe de Honduras, pela vitória da Direita no Chile e na Colômbia e pela tentativa de derrubada de Correa no Equador) seria confirmada no principal país da região.

Lula, por sua vez, foi o primeiro presidente desde 1989 a eleger um sucessor de sua confiança. Terminou seu governo com a popularidade recorde de 87% de aprovação à sua pessoa segundo pesquisa da CNT Sensus em dezembro de 2010.

Já ao findar seu governo Lula sentiu-se forte o suficiente para comparar o assim chamado mensalão ao caso da Escola Base, quando donos de uma escola em São Paulo foram acusados injustamente pela imprensa de abuso sexual de crianças[50]. Ele chegou a dizer que "estudaria" o tema. Usou este verbo: "estudar" com o fito de desmontar

---

50. *Folha de S. Paulo*, 23 de dezembro de 2012.

uma suposta farsa que teria sido montada contra o PT. Alguns meses depois um relatório da Polícia Federal afirmou que o mensalão existiu[51]. Mas foi logo considerado uma peça política pelo PT.

A nova presidente suscitou dúvidas. Aquela era a primeira eleição nacional sem Lula. O aspecto menos comentado é que Dilma Rousseff também representava a chegada da geração de ex-guerrilheiros ao poder. Vários membros do primeiro e segundo escalão dos dois Governos de Lula eram egressos da luta armada. Como vimos, esta foi uma das fontes constitutivas da história do PT.

Nos seus primeiros pronunciamentos, a presidente eleita Dilma Rousseff declarou-se preocupada com a guerra cambial no mundo e o risco de desindustrialização e falou explicitamente em tornar a taxa de juros interna mais ou menos compatível com a externa. Dessa forma, a indústria brasileira gozaria de um câmbio "civilizado". Mas em janeiro de 2011 ela anunciou um "pacote" de medidas para cortar os gastos públicos e teve que enfrentar sua primeira batalha no Congresso Nacional defendendo um salário mínimo menor do que queriam as centrais sindicais.

A recuperação do PT foi decorrência de três fatores:

1. A economia internacional teve uma crise cíclica curta no segundo mandato de Lula, mas a forma de inserção do Brasil no mercado mundial contava com dois

---

51. *O Estado de S. Paulo*, 3 de abril de 2011.

fatores (interno e externo): a demanda chinesa de commodities e o mercado interno de massas. Ambos articulados.
2. A história do PT lhe granjeou apoio que o credenciou a receber os novos contingentes de eleitores mais pobres, sem que o partido perdesse respaldo de parte expressiva dos eleitores do sul e sudeste.
3. A bolsa família foi um programa de transferência de dinheiro a mães de família de baixa renda com filhos na escola. Mas ela associou-se à recuperação do salário mínimo, à extensão de luz elétrica a áreas desassistidas, habitação popular e outras medidas sociais que ajudavam a estimular a demanda interna.

A recuperação eleitoral não deixou de suscitar críticas de muitos analistas de esquerda. Para eles, ao manter fora da disputa política o Banco Central e a política econômica, como se fossem partes da natureza, a própria política teria se esvaziado de sentido. O Governo Lula deu autonomia operacional ao Banco Central, seguindo a expectativa dos investidores do mercado financeiro e de governos estrangeiros, assim o lulismo pode ser definido como a forma política em que se movimenta uma contraditória aliança de classes conquistada pelos valores da estabilidade social e monetária simultaneamente. A estabilidade social foi garantida pelo crescimento do emprego e da assistência social; a monetária pela combinação de juros altos e câmbio valorizado.

Esta aliança de classes (setor do agronegócio, rentistas, trabalhadores urbanos e rurais e os muito pobres) esteve baseada na acomodação de interesses dentro do vasto aparelho de Estado brasileiro e, portanto, dependeu da arrecadação e da arbitragem da disputa pelo orçamento público.

## Questão Meridional

Por outro lado, o PSDB e outros partidos oposicionistas continuaram com muito respaldo nos amplos estratos médios da população situados na antiga região sul do Brasil (SP, PR, SC e RS) e no centro – oeste[52]. Especificamente em São Paulo (mas não só) produziu-se uma incapacidade congênita do PT renovar-se e permitir a emergência de novas lideranças. Não houve rotatividade nos cargos e candidaturas e quando as direções se tornaram rotativas (máximo de dois mandatos), os dirigentes passaram a se alternar em cargos públicos ou em instâncias diferentes (municipal, estadual e nacional). Todos os grandes escândalos de corrupção que abalaram a imagem do PT ocorreram em São Paulo. Por fim, este Estado foi liderado há muito tempo e de forma avassaladora pelo PSDB. Na

---

52. É o que o militante do PT Eduardo Bellandi chamou de "a nossa questão meridional", numa clara referência a Gramsci. Na Itália, a questão era a da região mais pobre. No Brasil, trata-se da região mais rica do país impor um obstáculo à plena hegemonia da esquerda.

verdade, as forças que saíram do antigo MDB governaram São Paulo desde 1982.

Aqueles escândalos conhecidos como "mensalão", "aloprados", "Francenildo"[53], "Erenice"[54] etc., foram todos divulgados e ampliados pela imprensa paulista e a eleição de 2010 mostrou um deslocamento preocupante de votos da "classe C" para o PSDB.

A primeira explicação para o insucesso petista em São Paulo foi a dos próprios culpados: os petistas paulistas o atribuíram ao conservadorismo inato de São Paulo e do Sul.

Mas não existe povo naturalmente conservador. No Estado de São Paulo Dilma Rousseff obteve 37,31% dos votos contra 40,66% do adversário no primeiro turno. Da diferença de cerca de catorze milhões e meio de votos que ela obteve sobre o segundo colocado, quase nove milhões foram votos paulistas. No segundo turno a vantagem de Dilma sobre Serra foi de cerca de doze milhões de votos. Em São Paulo ela obteve 10 462 447 milhões de votos contra 12 308 483 de José Serra. Nem precisamos lembrar que o PT já governou as mais importantes cidades paulistas, como Ribeirão Preto, Franca e Campinas (para não citar a capital e os municípios da Grande São Paulo).

---

53. Um caseiro que teve sua conta bancária investigada ilegalmente supostamente a pedido do Ministro Antonio Palocci.
54. Ex-assessora da então Ministra Chefe da Casa Civil Dilma Rousseff. Erenice Guerra teria favorecido o filho em contratos com o Governo Federal.

Um desafio para o PT em São Paulo continuou sendo o de conquistar a maioria do eleitorado sem atacá-lo. Afinal, ao mais rico não se permite cultivar uma identidade local, posto que ela é conservadora e, por vezes, racista, separatista etc. Ora, para tais preconceitos há uma base econômica que o PT nunca compreendeu.

As políticas sociais do PT não interessaram a este gigantesco eleitorado do mundo corporativo e de classe média. Ele se viu como pagador dos impostos que sustentaram a "bolsa família" e pareceram ver no governo uma aliança entre pobres e banqueiros contra os estratos médios.

Diante disso, a esquerda do PT defendeu o cerceamento do grande capital com medidas tributárias e as centrais sindicais solicitaram a mudança das alíquotas do imposto de renda (diminuindo o peso sobre a classe média). A defesa do imposto sobre transações financeiras, bastante impopular, para financiamento da saúde já havia sido uma grave derrota do Governo Lula no Congresso. Mas o PT não propôs efetivamente o imposto sobre grandes fortunas. Dessa maneira, não conseguiu mostrar aos assalariados do setor privado de renda mais elevada que seus adversários eram os muito ricos e não os muito pobres e que uma carga tributária elevada deveria ser a base de um Estado Social Democrata de bem estar que serviria também aos estratos médios.

Na segunda fase (estatutária) do IV Congresso do PT, encerrada no dia 4 de setembro de 2011 em Brasília, o PT reservou uma cota de 20% para jovens até 29 anos nas suas direções. O fato mais marcante, entretanto, foi que em votação secreta 57% dos 1.350 delegados presentes resolveram que, a partir de 2014, vereadores, deputados estaduais e federais só poderiam ter três mandatos consecutivos e os senadores, dois mandatos, embora nos dias seguintes alguns parlamentares já desrespeitassem publicamente a norma, afirmando que era só uma "orientação"! O IV Congresso também aumentou a cota das mulheres na direção do partido de 30% para metade. A militância ou ao menos os delegados eleitos tinham alguma força. Pouco antes, em junho de 2011 houve a "Revolta de Sumaré": dez mil pessoas participaram na cidade de Sumaré (SP) das atividades preparatórias do I Encontro das Macrorregiões paulistas. A base revoltou-se contra a direção partidária de maneira surpreendente. Ela negou-se a aprovar uma aliança eleitoral defendida pelo presidente estadual do PT Edinho Silva e pelo secretário de organização João Antônio (um dos antigos "irmãos metralha").

## *Novos Recrutas*

Sem editoras de monta, sem jornais, rádios ou simpatia de donos de TV, o PT precisou continuar com apoio forte nos meios sindical e popular. O PT não deixou espaço para nenhuma outra força social democrata e a única fatia do sindicalismo que uma força concorrente poderia buscar, seriam os herdeiros do sindicalismo de resultados (a Força Sindical e outras centrais sindicais menores). Mas parte delas aproximou-se do Governo quando este emitiu sinais de reconhecê-las legalmente, dotá-las de recursos financeiros, além de dar-lhes um discurso político: o aumento real do salário mínimo.

O poder conjunto das centrais não era de se desprezar. Em 2010 a CUT tinha 1985 sindicatos e 22 milhões de associados, enquanto a Força Sindical tinha 1506 sindicatos e 16 milhões de trabalhadores na base. As demais centrais eram: UGT – União Geral dos Trabalhadores (886 sindicatos), NCST – Nova Central Sindical de Trabalhadores (836), CTB – Central dos Trabalhadores do Brasil (486) e CGTB – Central Geral dos Trabalhadores do Brasil (369)[55]. A CTB (ligada ao PC do B) foi uma cisão na CUT. Mas todas elas convergiram em torno de algumas políticas e ficou para trás o tempo do novo sindicalismo.

Como partido de governo os quadros de alta direção do PT continuaram os mesmos. O perfil pode ter se alterado em termos etários e nos quadros intermediários, mas em outros aspectos alterou-se menos do que se imaginava. Seus parlamentares continuaram mostrando que eram de um partido de composição social diferente dos demais. Na legislatura federal de 1998 os sindicalistas eram 47% da bancada. Na eleição de 2002 somavam 10% da Câmara e dos 53 deputados nessa condição, 43 eram do PT e sete do PC do B (o PPS, PFL e PP tinham um sindicalista cada). Mas só 6% dos petistas eleitos eram diretores de sindica-

---

55. *Isto É*, n. 2153, 16 de fevereiro de 2011, p. 40.

tos de trabalhadores manuais[56]. Na bancada federal petista só 9% dos deputados eram trabalhadores manuais. Por outro lado, se a câmara tinha 43,5% de empresários, o PT só tinha 3,4%. Aliás, 80,4% dos deputados petistas tinham baixo patrimônio[57].

Tal quadro já se mostrava desde as origens do PT. Se a base operária era fortemente mobilizada, raramente os trabalhadores manuais chegavam a postos dirigentes, embora em percentagem muito maior do que qualquer partido brasileiro de esquerda ou de direita. Naturalmente, numa sociedade capitalista medianamente desenvolvida, a diferenciação produtiva não só gera a hipertrofia do setor de serviços como impossibilita a participação política cotidiana dos operários, preocupados com afazeres mais importantes (manutenção do emprego e sustento da família) e sem uma base educacional que permite fazer a disputa interna no partido.

É inegável que o partido direcionou suas alianças e práticas ao centro do espectro ideológico, que perdeu seu entusiasmo militante e se tornou um grupo de profissionais envelhecidos na carreira política. Se a organização cresce não é mais possível manter o improviso e a proxi-

---

56. Leôncio M. Rodrigues, "Análise da Composição Social dos Partidos", *História Viva*, São Paulo, s./d., p. 89.
57. Leôncio M. Rodrigues, "Partidos, Ideologia e Composição Social", *Revista Brasileira de Ciências Sociais*, vol. 17, n. 48, fevereiro de 2002.

midade dos dias passados. 77,3% dos filiados do PT ingressaram depois de 2001.

No início do novo século, um velho frequentador dos diretórios do PT que, há muito afastado, resolvia visitar a sede nacional, deparava-se com um balcão onde devia se identificar e mostrar se tinha hora marcada com algum dirigente. Talvez pudesse se lembrar de uma famosa frase de um dissidente francês pouco conhecido chamado Guy Konopnicki: "Camaradas disfarçados de gente ilustre [...] ou trata-se de gente ilustre disfarçada de camaradas?"[58]. Mas por outro lado o PT nunca teve tanta influência eleitoral e na opinião pública.

A posição central de um PT amansado no debate político brasileiro fez com que o desencanto da juventude com ele fosse também uma descrença generalizada nos partidos como forma de organização.

A identidade e simbologia do PT ainda persistem e foram seguidamente invocadas pelos velhos dirigentes. No período em que a sombra da corrupção abateu-se sobre o partido muita gente resgatou a referência socialista.

O PT entardeceu sem perder aquela referência nominal. Mas *aquele* partido de militantes sem eira nem beira acabou. Como a estrela que o simboliza, a sua força eleitoral é apenas o brilho de uma realidade que já desapareceu.

---

58. *Apud* A. Przeworski, *Capitalismo e Social Democracia*, São Paulo, Companhia das Letras, 1991, pp. 27-28.

# Conclusão

*Se não houver frutos,*
*Valeu a beleza das flores;*
*Se não houver flores,*
*Valeu a sombra das folhas;*
*Se não houver folhas,*
*Valeu a intenção da semente.*

HENFIL[1]

Quando alguns "capas pretas" petistas da própria esquerda do partido começaram a falar em Gramsci pela primeira vez, um desabusado militante de base de São Paulo disse: "Esta coisa vai dar em reformismo". Ele estava certo porque mais tarde, ele mesmo se rendeu à moderação e fez a sua carreira assim.

Para os socialistas e radicais que deveriam ser "enquadrados" pela maioria da Direção Nacional a indagação continuava sendo: *quem* governa? Qual o socialismo petista? Nos anos 1980, algum quadro partidário (não se sabe quem) repetiu uns versos de Antonio Machado que se tornaram um *leitmotiv* das (in)definições dos dirigentes petistas mais moderados: "Caminante, no hay camino, /

---

1. Citado por Eduardo Suplicy, *Folha de S. Paulo*, 18 de janeiro de 1988.

se hace camino al andar". O socialismo se faria nas lutas cotidianas do povo e não viria da cabeça de intelectuais. Claro que tal formulação era um expediente para adiar definições, pois se elas viessem (mesmo do povo) teriam que chegar a uma eventual elaboração teórica feita pelos intelectuais do PT. Ou o partido seria desnecessário.

Ora, o PT definiu-se paulatinamente como queria o seu grupo dominante. Não que este grupo já soubesse o que desejava desde os anos 1980. O ímpeto juvenil associado a uma conjuntura de enterro do "entulho autoritário" da ditadura cobrava a ousadia que faltava aos velhos comunistas. E este radicalismo era funcional para a afirmação da identidade do PT e para sua diferenciação de outras forças de esquerda. Foi por causa da prática socialista inicial corporificada em ações de massas e programa imediato contestador e não de definições teóricas marxistas que o partido ganhou a disputa de hegemonia no campo da esquerda. Afinal, se alguém quisesse perfeitas definições teóricas, podia escolher qualquer partido comunista naquela época.

Uma lei de ferro da trajetória petista já anunciada aqui é que a esquerda partidária sempre cresceu nas conjunturas de refluxo do movimento social. Quando o partido estava mergulhado em eleições e tarefas práticas como a campanha das eleições diretas ou do *impeachment*, as definições teóricas eram adiadas e o discurso socialista se recolhia. Mas a esquerda petista às vezes era uma faísca que incendiava a pradaria, como na campanha do *impeachment*.

À Direita partidária não interessava discutir o socialismo senão para torná-lo um ideal tão distante que não atrapalhasse a empreitada eleitoral por ela liderada. Para a esquerda petista interessava impor-se pelo único meio que ela sempre teve: o maior domínio da linguagem da teoria e das formas de organização tradicionais do movimento socialista. E este domínio se impunha quando as tarefas externas eram menores e os moderados eram obrigados a definir-se em intermináveis debates internos ou a tentar fugir deles.

Quando o PT resolveu criar os eventos congressuais, eles se destinaram a discutir as questões estratégicas, de mais longo prazo. E é para eles que o debate socialista migrou. A quantificação[2] das ocorrências das palavras "socialismo" e "socialista(s)" nos documentos (excluindo moções) é ilustrativa: No I Congresso (1991) o socialismo é citado 126 vezes; no II Congresso (1999) 65 vezes; no III Congresso (2007), depois da crise de 2005 e com alguns dirigentes buscando refúgio na memória dos tempos de militância socialista, foram 132 vezes; e no IV Congresso (2010) somente uma vez. Mas a análise acurada da evolução conceitual do socialismo no interior dos documentos não foi objeto desta história[3].

2. É claro que a quantificação deixa de lado o contexto semântico do uso das palavras. Mas pode ser um índice (no sentido que a Linguística dá a esta palavra).
3. Para uma análise mais rigorosa, ver M. Iasi, *op. cit.*; V. Pomar, *op. cit.*

O PT declarou-se desde o início um partido socialista e democrático. Quando os "autênticos" do MDB se afastaram dos sindicalistas do ABC foi porque queriam uma organização mais ampla do que um partido só de trabalhadores. Desejavam um partido popular e alguns outros um partido socialista. Mais tarde, alguns deles fundariam uma agremiação nominalmente social democrata. Mas como vimos o PSDB jamais conseguiu se tornar algo próximo disso.

Para alguns deles o ingresso no PT foi mais fácil, pois o partido afirmou um socialismo muito parecido com a tradição da velha Esquerda Democrática, só que agora com uma verdadeira base operária.

Embora o PT tivesse se declarado socialista e democrático, como se afirmou acima, isto não queria dizer que se assumisse como social democrata. Ele não integrou a Internacional Socialista, embora Lula tivesse feito o discurso de abertura do seu XXII Congresso na cidade de São Paulo em 27 de outubro de 2003. Resumindo algumas características encontradas na literatura política sobre a social democracia clássica depois de seu processo de formação inicial poderíamos definir as mais importantes:

1. Aceitação de que há uma zona cinzenta de interesses econômicos comuns entre os trabalhadores assalariados e os empresários: a acumulação de capital.
2. Substituição da proposta de estatização integral dos

meios de produção[4] pela regulação da produção capitalista via tributação e outros instrumentos de políticas públicas.
3. Compromisso com a distribuição de renda através da disputa política pela destinação do orçamento público.
4. Decisão de participar do processo eleitoral e renúncia à revolução.
5. Apelo eleitoral à maioria da população e não a uma classe especificamente.
6. Substituição de militantes voluntários por uma base de profissionais assalariados pelo partido ou pelo Estado.

Todos os partidos sociais democratas acabaram chegando a algum tipo de combinação das características acima. Em geral, os decepcionados costumaram recordar Robert Michels. Ao organizar-se, o PT criou uma elite dirigente separada de suas bases e que se reproduziu independentemente delas e das classes trabalhadoras que foram o suporte do partido: "A luta requer organização; demanda um aparelho permanente, uma burocracia assalariada; [...] com isso os militantes socialistas forçosamente tornam-se burocratas, editores de jornais, administradores de companhias de seguro, gerentes de casas

---

4. Ou nacionalização ou mesmo controle direto pelos trabalhadores.

funerárias, e até mesmo *Parteibudiger* – gerentes de bar do partido"[5].

Mas se a tese do aburguesamento da social democracia feita por Michels parece inexorável, para a história nada tinha que ser como foi. Cumpre produzir a narrativa dessa transformação e foi o que se tentou fazer neste livro.

O PT tem sido considerado por seus dissidentes de esquerda como um grupo revolucionário que abandonou por algum motivo subjetivo ou objetivo, completamente ou incompletamente, seu caráter socialista e potencialmente revolucionário. Para Eric Hobsbawm ele pode ser considerado o último exemplo de um partido social-democrata de massas, como os que emergiram na Europa antes de 1914[6] e para Jacob Gorender ele "assumiu o comportamento moderado de um partido social democrata"[7]. Já para Perry Anderson é simplesmente o primeiro e único partido moderno brasileiro[8]. No Brasil, apesar de inúmeros partidos socialistas nacionais ou locais criados desde o século XIX, nunca houve uma Social Democracia estabelecida antes do PT. O antigo PTB tinha base sindical e apoio popular, mas foi criado por grupos da burguesia e

5. A. Przeworski, *op. cit.*, p. 27.
6. Eric Hobsbawm, *Interesting Times*, London, Penguin, 2002, p. 382.
7. Jacob Gorender, *Marxismo sem Utopia*, São Paulo, Ática, 1999, p. 229.
8. P. Anderson, "Lula's Brazil", *London Review of Books*, março de 2011.

da classe média e o PSDB jamais teve respaldo em sindicatos e movimentos sociais.

O PT negou oficialmente a Social Democracia. A sua história precisa levar em conta a sua originalidade. Ela esteve na sua maior diversidade social e regional, na possibilidade de amplo debate entre os militantes e na internalização de processos da democracia representativa que sequer existiam na política brasileira. Isto se deveu principalmente à existência de frações ideológicas de esquerda. Esta foi sua maior contribuição ao partido.

Como o leitor já sabe, esta história mostrou amplamente as especificidades de um partido deste tipo no solo histórico brasileiro. O PT é radicalmente diferente do padrão típico de partidos sociais democratas europeus em muitos aspectos. Seu apelo de classe dirigido ao proletariado industrial foi ampliado para o "povo", como na Europa. Mas o "nosso povo" incluía mais os setores excluídos da economia formal do que as classes médias. Enquanto na Europa isto significava ir em direção à burguesia e à pequena burguesia.

Mesmo na origem, como se disse aqui, o PT teve uma base social tão plural quanto era o conjunto de pessoas que não tinham voz na sociedade civil que se articulava nos anos 1970 e 1980.

Dessa maneira, o PT é diferente da social democracia clássica na origem e nos fins. Isto para não aludirmos ao momento histórico em que ele surgiu, de predomínio crescente do liberalismo, embora não fosse a primeira onda de pensamento deste tipo que a social democracia europeia enfrentou.

O PT cumpriu todas as etapas históricas da Social Democracia europeia, mas de maneira concentrada. A primeira fase predominantemente de oposição extra-parlamentar e socialista, ditada pela pressão das bases operárias e por intelectuais de extrema esquerda, serviu para forjar a identidade partidária diante dos seus antagonistas à esquerda e à direita.

Os sociais democratas europeus em seu berço histórico só tinham fora da II Internacional os anarquistas e mesmo assim depois de 1896[9]. Além disso, os anarquistas recusavam as eleições e se colocavam assim fora da política oficial, mesmo da revolucionária.

O PT, ao contrário, mesmo sem ter uma definição ideológica clara, foi uma agremiação mais radical do que os partidos comunistas que, em sua época, evidentemente já existiam. Ao final, eles acabaram por se tornar satélites do PT. Na festa da vitória na avenida Paulista em 2002, José Dirceu fez menção direta aos aliados de esquerda, citando até o MR-8.

A segunda fase (como partido de oposição predominantemente parlamentar) coincidiu com o refluxo das lutas sindicais. O partido se dividiu internamente e a esquerda teve uma influencia maior, mas sem dirigir

---

9. Edgard Carone, *A II Internacional pelos seus Congressos*, São Paulo, Edusp, 1993, p. 52.

o partido de fato. A suposta oposição entre leninistas e social democratas apenas reproduzia dissensões clássicas vividas por outros partidos social democratas ao longo da história, levando a rupturas e formação de partidos revolucionários à esquerda do PT, mas sem a oportunidade histórica que os comunistas tiveram em outra época.

Na terceira fase o PT se tornou finalmente um partido de governo e sobrepôs à sua identidade socialista e nacionalista uma tendência tecnocrata eivada dos vícios da política tradicional brasileira.

Ora, o PT não esteve distante da trajetória Social Democrata desde o início. É claro que ele teve especificidades como afirmamos aqui várias vezes e recolheu uma parte do ideário da esquerda anterior, especialmente o desenvolvimentismo e o nacionalismo compartilhado pelas forças que apoiaram mais ou menos Getúlio Vargas e a adesão à democracia como valor permanente (herdada do PCB depois de 1958).

Outra particularidade é que a organização de base do PT (os núcleos) e os movimentos sociais que o alimentaram tinham apoio na Igreja Católica. Ele também surgiu tardiamente no cenário mundial, quando os partidos socialistas europeus tinham quase cem anos de existência e estavam perdendo os governos para a direita neoliberal. Separou o PT de um modelo europeu a atuação das CEBs, como vimos antes. Mesmo depois das mudanças na Igreja na época neoliberal, ainda havia setenta mil delas no Brasil. Mas também na Europa houve os *prêtes ouvriers* e uma gama de católicos que se aproximaram do socialismo na esteira do pontificado de João XXIII.

Além disso, ele cumpriu suas etapas muito mais rápido do que seus congêneres europeus. Isto também se deveu à nossa história. O Brasil nunca foi um país liberal porque as tarefas históricas da burguesia (reforma agrária, democracia, educação pública etc.) foram relegadas e caíram no colo do PT, tornando-se exigências socialistas, como bem notava Florestan Fernandes.

O próprio Florestan, que caracterizava o PT como operário e socialista e o desejava revolucionário e marxista, apontava dois caminhos: a revolução dentro da ordem e contra a ordem. Os socialistas radicais preferiram sempre o segundo caminho, sem deixar de perceber que, num país como o nosso, a primeira já seria um salto qualitativo.

Dessa forma, o PT acelerou o tempo histórico e condensou aquelas fases "europeias" em 22 anos. Foi o suficiente para chegar ao poder e manter-se nele. E isto deriva do momento de transição histórica em que ele cresceu.

Podemos argumentar que o PT não teve a identidade marxista que o SPD alemão teve por muitos decênios. Ora, a Social Democracia teve uma história singular e específica em cada país[10]. E o PT incorporou nas suas resoluções extensos debates sobre socialismo. Os trabalhistas dos países anglo-saxônicos, por exemplo, foram mais avessos à teoria.

10. A mais ampla visão do movimento em: G. D. H. Cole, *Historia Del Pensamiento Socialista*, México, FCE, 1975, 8 vols.

Mas todos eles tiveram características em comum com o PT: liderança operária ou uma base nuclear nesta classe; a expansão do discurso para o "povo" como demonstrou Adam Przeworski; a subordinação do internacionalismo puro às questões nacionais; a burocratização; o crescimento parlamentar; a oposição da burguesia e da imprensa e a posterior aceitação por parte das elites das classes dominantes etc.

Não queremos dizer que o destino estava dado em 1980. O proletariado que deu impulso ao PT é, para Marx, um elemento estrutural do capital e também a sua negação. O "consentimento e a negação são, por conseguinte, possibilidades em aberto, sujeitas às mediações da prática social"[11]. Mas é óbvio que tal desiderato também não estava estabelecido para a Social Democracia europeia que surgia das lutas sindicais do final do século XIX.

Muitos tenderam a atribuir às classes subalternas uma consciência política que seria representada pelo partido político revolucionário. Fora disso, estariam os trabalhadores vitimados por uma consciência social limitada, no máximo *tradeunionista*, como diria Lênin. Robert Kurz questionou o potencial da luta de classes[12], sugerindo um apelo à "consciência crítica", pois a luta dos trabalhadores, ao longo do século XX, teria sido funcional para a repro-

---

11. Ricardo Musse, "Prefácio", em Iasi, *op. cit.*
12. R. Kurz, *O Colapso da Modernização*, Rio de Janeiro, Paz e Terra, 1992.

dução sistêmica e Jacob Gorender definiu o proletariado como uma classe ontologicamente reformista[13]. Outros dividiram o proletariado em mais e menos conscientes.

Para o propósito mais modesto da história política a consciência de classe que importa é aquela que pode ser empiricamente constatada nas práticas políticas dos trabalhadores. Como existem graus de consciência de classe, é possível aceitar que haja uma consciência sindicalista, bastante modesta e uma consciência reformista expressa nos partidos que a classe operária criou. São duas formas de consciência observáveis[14]. Estas duas formas tem se manifestado nacionalmente dentro de Estados territoriais.

Como a Social Democracia tradicional, o PT também acompanhou os ciclos de acumulação do capital globalizado. No pós-Segunda Guerra Mundial, os socialistas europeus estabeleceram o Welfare State e colocaram os liberais no canto do ringue. É que o terreno da política havia se deslocado à esquerda e todas as forças políticas tinham que agir de acordo com o consenso social democrata. Uma fase de ascensão no ciclo de Kondratiev permitiu ao capital ceder, via política tributária e reforço do Estado keynesiano, um salário indireto maior para os trabalhadores.

---

13. J. Gorender, *Marxismo sem Utopia*, São Paulo, Ática, 1999.
14. E. Hobsbawm, *Mundos do Trabalho*, Rio de Janeiro, Paz e Terra, 1987, p. 37.

Tal consenso foi destruído após a vitória dos conservadores britânicos em 1979. Com uma fase recessiva do ciclo econômico, as taxas de lucro médio encolheram e os capitalistas passaram a atacar o Estado e os seus gastos (sociais). Mais tarde a Social Democracia sueca foi apeada do poder por alguns anos e os socialistas franceses e espanhóis governaram como liberais. O trabalhismo britânico defendeu uma terceira via e os comunistas italianos desapareceram.

## *Os Ciclos do PT*

Nessa conjuntura nasceu o PT. Quando ele foi fundado o ciclo Kondratiev[15] estava em sua fase recessiva. Apesar das singularidades nacionais e locais que certamente temos, só podemos entender o PT também como parte de uma dinâmica internacional. O problema é ver como ela foi internalizada pelo partido em diferentes situações. O PT é o produto de uma fase de mudança estrutural de um ciclo sistêmico de acumulação para outro numa etapa de esgotamento do modelo brasileiro de substituição de importações. Esta é a sua particularidade concreta.

Os anos de 1980 assistiram ao desemprego, mas com lutas sociais crescentes. Os anos noventa aprofundaram a

---

15. O socialista menchevique russo Nikolai Kondratiev elaborou ciclos de mais ou menos cinquenta anos pelos quais a economia europeia passou desde o século XVIII. A fase A do ciclo é de *boom* econômico e a fase B é de recessão e busca de novas tecnologias que alteram o padrão de produção seguinte.

crise, mas sob a reestruturação produtiva nas empresas e as políticas neoliberais. O terreno deslocou-se à direita e o partido chegou, por isso, mais rapidamente ao seu *aggiornamento*. Conquistando o poder, o PT fazia parte de uma viragem à esquerda na América Latina, pois exatamente nela é que o experimento neoliberal foi levado mais à frente e sem que tivesse um verdadeiro Welfare State para destruir. Uma rede de seguridade social já precária foi atacada e levou as classes dominantes a uma crise de hegemonia a ponto de aceitarem, com reservas, a direção do PT.

A vitória de Lula se dará numa nova conjuntura em que "o decisivo [...] talvez seja a emergência, com o declínio do império norte-americano, de uma relativa desorganização do sistema interestatal capitalista, que parece abrir brechas para a mobilidade dos países da semiperiferia na até então congelada hierarquia das nações"[16]. O gap entre a crise de um modelo e uma nova fase econômica é a história de constituição do PT como alternativa de governo!

Porém, o mais importante não é constatar que o desfecho desta história combinou vitória política com impotência social, mas sim de que maneira as brechas nos ciclos de acumulação capitalista e a desorganização das alianças entre as diversas frações de capital[17] permitiram

16. Ricardo Musse, "As Aventuras do Marxismo Brasileiro", São Paulo, USP – LeMarx, 2010, mimeo.
17. Podemos identificar três frações principais: o capital estatal, o privado nacional e o estrangeiro. O pacto patrimonial entre eles

ao PT surgir, desenvolver-se sob uma forma socialmente poderosa e, depois, conquistar aliados nas classes dominantes para governar o Brasil.

As formas da história são cheias de contradições. O ciclo da formação e consolidação social do PT foi entremeado de golpes de mão e estratagemas que derrotavam a esquerda, mas paradoxalmente a fortaleciam. Aquele período terminou em 1989 numa derrota eleitoral, mas por trás dela todos viam uma gigantesca movimentação social que assustou as classes dominantes.

Em contrapartida o período 1990-2002 teve o movimento inverso do ciclo anterior e foi assinalado pelo esvaziamento das ruas e da política militante, pela contenção das greves e recuo ideológico do socialismo. Todavia, este ciclo se fechou com uma vitória eleitoral. Mas por baixo dela podia-se observar um clima ameno sem os receios da "desordem". A "Carta ao Povo Brasileiro" amansava os mesmos empresários que, em 1989, ameaçavam fugir do país. É a este movimento de contradições que esta história procurou dar uma forma e uma narrativa.

O PT ampliou o seu discurso para cima (burguesia) e para baixo e conquistou parte das classes desamparadas.

---

é que teria determinado as brechas para a ascensão do PT (Wladimir Pomar, "Algumas Teses sobre as Raízes da Crise", *Teoria e Debate*, n. 64, dez. 2005. Essas frações se subdividem e se interpenetram: capital financeiro, comercial, agronegócio, industrial etc.).

Assim, não podemos negar que Lula e o PT tiveram a capacidade de compreender as contradições sociais de seu tempo. Elas encontraram a forma na qual podiam se mover. E este é, no fim das contas, o método pelo qual elas são resolvidas segundo Marx. Ao menos até o instante em que o leito em que adormecem os conflitos se torne estreito demais para acomodá-los.

# Posfácio

*Toda Revolução começa com questões tolas*[1].
JOSEPH BEUYS

As Jornadas de Junho de 2013 mostraram que os impasses daquele *pacto* social-rentista que sustentava o Governo Lula não cabiam mais no leito em que antes adormeciam.

O ano de 2012 já tinha sido um teste político importante para o PT. O escândalo do "mensalão" voltava à baila com o julgamento de ex-dirigentes petistas pelo Supremo Tribunal Federal. Uma campanha a favor deles foi feita no interior do partido especialmente por uma corrente de extrema esquerda (*O Trabalho*). Isso constrangeu a Direção Nacional do PT a defendê-los publicamente e até a homenageá-los na primeira fase do V Congresso, realizada em dezembro de 2013 (a segunda foi programada para junho de 2015 na cidade de Salvador).

Em novembro de 2012 os acusados foram condenados à prisão. Boa parte dos Ministros do Supremo Tribunal ti-

1. "Mit dummen Fragen fängt jede Revolution an."

nha sido escolhida por Lula. Embora as escolhas tivessem que ser ratificadas pelo Senado, mostrava-se que o governo não soubera usar o poder do presidente para formar uma maioria naquela corte. O discurso neopetista era permeado por um republicanismo oco e deslocado da realidade brasileira. Considerava o poder judiciário neutro. Só que todo o rito de julgamento foi articulado com o calendário eleitoral. Parte dos juízes esperava prejudicar assim o PT, mas o tiro saiu pela culatra: o partido cresceu, ainda que pouco (cerca de 9%) e passou de 559 municípios a 635.

O aumento entre 2004 e 2008 já havia sido de 36% (e muito maior no nordeste)[2], o que refletia a recuperação de Lula depois da crise de 2004-2005. Em 2012 o PT conseguiu eleger Fernando Haddad como prefeito da maior cidade do país. Ele era um professor da USP que havia sido Ministro da Educação de Lula. Sem nenhuma popularidade, foi imposto por Lula ao Diretório Municipal do PT de São Paulo. Os outros candidatos foram forçados mediante ameaças veladas e ofertas abertas a abandonar as prévias partidárias em favor de Haddad. Ganharam seus cargos e saíram da disputa.

A vitória da Presidenta Dilma Roussef em 2010 e a de 2012 nas eleições municipais reforçava a visão de um partido governista que desdenhava os protestos sociais. O PT colhera o fruto da árvore do conhecimento sem perceber que perdia o da árvore da vida. Seu caminho parecia linear em

---

2. *Teoria e Debate*, n. 79, novembro de 2008.

direção à reeleição tranquila de Dilma Roussef em 2014. Mas havia junho de 2013 no meio do caminho.

Dilma Roussef governava sob os efeitos de uma crise mundial. Para fazer frente a ela, o governo incentivou setores específicos da indústria, reduziu a taxa básica de juros a partir de agosto de 2011 e desenvolveu o programa "Minha Casa Minha Vida". Ele tinha sido lançado em julho de 2009 por Lula mas foi a Dilma que ele rendeu popularidade.

André Singer chamou àquela fase do governo de "ensaio desenvolvimentista"[3]. O Ministro Aloisio Mercadante defendeu a ideia de que o governo tinha escolhido o *social* como eixo de um novo desenvolvimento, embora os críticos à esquerda negassem qualquer sombra de teoria desenvolvimentista no governo, acentuando a desindustrialização da economia e a dependência de exportações de produtos primários[4].

O problema é que as grandes privatizações dos anos 1990 já haviam diminuído a capacidade de investimento estatal. Os empresários também não investiram como o governo ingenuamente esperava e a economia estagnou. Quebrava-se finalmente o *pacto social rentista* que sustentara Lula no poder. Doravante seria difícil manter a ascensão econômica dos pobres e melhorar serviços públicos sem onerar o grande capital. Talvez isto explique o paradoxo

---

3. *Folha de S. Paulo,* 30 de março de 2013.
4. R. Gonçalves, "Neodesenvolvimentismo às Avessas", Ipea, 2011.

dos protestos de junho. Se a vida havia melhorado por que o descontentamento subiu?

## As Jornadas de Junho

As lutas de classes despertaram. O índice de greves já tinha subido durante o governo Lula e em 2012 houve 58% a mais do que no ano anterior[5]. O governo precisava evitar a radicalização ao mesmo tempo em que a fomentava[6]. De 2003 a 2013 a frota de veículos no Brasil cresceu 123%[7] sem melhoria correspondente da infraestrutura de transporte. O número de pessoas que viajam de avião subiu entre 2007 e 2012 de 48 a 101 milhões, segundo o próprio Lula[8].

O *facebook* se massificou um ano antes dos protestos de junho, quando o Brasil se tornou o país que incorporou o maior número de novos usuários. As manifestações começaram a ser marcadas por aquela rede social.

O Movimento Passe Livre (MPL) fez seus protestos pela revogação do aumento de 20 centavos das tarifas de transporte público em São Paulo no começo de junho. Já no dia 13 o ministro da justiça José Eduardo Cardozo (PT) ofereceu ajuda para as polícias estaduais reprimirem "atos de vandalis-

---

5. Disponível em: <http://agenciabrasil.ebc.com.br/noticia/2013-05-23/numero-de-greves-cresceu-58-no-ano-passado-diz-dieese>.
6. Agradeço à leitura de Theo Lourenço, mensagem ao autor, 15 de junho de 2013.
7. *O Globo*, 1 de dezembro de 2013.
8. Lula em palestra na Universidade Federal do ABC, 15 de julho de 2013.

mo". O prefeito Fernando Haddad criticou os manifestantes e só recuou dias depois. Mais de cem cidades no Brasil também revogaram os aumentos de tarifa.

Naqueles dias de junho o ministro do esporte, o comunista Aldo Rebelo elogiou as polícias militares e declarou que o governo não iria tolerar protestos contra a Copa das Confederações, a qual coincidiu com os eventos de junho[9]. Centenas de milhares de pessoas protestaram depois da divulgação de cenas de jovens sendo atingidos por balas de borracha ou chutados no chão por policiais, incluindo adolescentes e até jornalistas. Tais cenas contribuíram para que o Senador petista Lindbergh Farias propusesse em setembro de 2013 uma emenda constitucional para desmilitarizar as polícias e que um ano depois a Comissão Nacional da Verdade pedisse o fim delas.

Desde a Campanha das "Diretas Já" em 1984 quando cerca de cinco milhões de pessoas foram às ruas não se via tanta gente em manifestações. E foi numa delas que em 20 de junho os militantes do PT resolveram participar atendendo ao chamado do presidente nacional do partido. Reunidos na avenida Angélica[10], próximos à mais importante via da cidade de São Paulo, eles entraram em bloco na avenida Paulista no final da tarde. Em menos de uma hora foram apupados e agredidos. Não responderam às provocações e fizeram sua caminhada sem se apavorar, mas foram expulsos ao fim[11]. E

---

9. *O Globo*, Rio de Janeiro, 17 de junho de 2013.
10. Cf. Cloves Castro, a quem este autor encontrou no local.
11. Alguns eram da esquerda petista: Articulação de Esquerda (AE),

com os petistas, vários militantes de outras organizações de esquerda. Aquele dia foi simbólico porque era a primeira vez que o PT fora expulso das ruas que no passado ele costumava dominar. Era o fim de um ciclo.

Em muitas cidades pessoas com camisas de partidos ou com símbolos comunistas eram expulsas das ruas. O apartidarismo do movimento travestiu-se rápido de antipartidarismo. Assustados, militantes de organizações da esquerda tradicional se reuniram em Belo Horizonte (MG) um dia depois para traçar uma ação conjunta nas ruas[12].

O MPL não apresentava uma lista de reivindicações, só lutava pela derrubada do aumento de tarifa. Ele era uma organização horizontal e autonomista que tinha surgido depois das revoltas contra tarifas de transporte público que ocorreram em 2003 em Salvador e em 2004 em Florianópolis. Parte de seus integrantes provinha da juventude de extrema esquerda do PT[13]. Seu objetivo maior, a tarifa zero, foi uma proposta do PT em São Paulo durante sua primeira gestão municipal (1989-1992). Mas agora o PT rejeitava aquela proposta.

Quando no dia 17 de junho, segunda-feira, o MPL fazia uma reunião com o Vereador Donato na prefeitura de São Paulo, repentinamente o prefeito Haddad adentrou a sala de surpresa: "mas afinal o que é que vocês querem de verdade? Eu dou, podem falar". A resposta da jovem representante do MPL foi simplesmente: "A revogação dos 20 centavos da ta-

Esquerda Marxista, movimentos sociais e outras correntes.
12. *Brasil de Fato*, 22 de junho de 2013.
13. Leo Vinicius, *Guerra da Tarifa*, São Paulo, Faísca, 2004.

rifa". Em seguida o vereador olhou para o prefeito e comentou: "eu não falei? eles são assim mesmo!"

Na tarde daquele dia ocorreria uma das maiores manifestações da história do país[14]. Curiosamente aquele mesmo vereador, antigo militante combativo do movimento estudantil da USP, já tinha recentemente participado de manifestações do MPL contra o aumento da tarifa quando o PT estava na oposição municipal.

O PT simplesmente desconhecia ou rejeitava as técnicas de mobilização dos novíssimos movimentos sociais[15]. Experimentara um distanciamento estrutural dos jovens. Sem que se soubesse, eles se oganizaram em centenas de pequenos coletivos, redes e movimentos específicos difundindo novos valores e rejeitando a subordinação a líderes. Espantaram simultaneamente a polícia e os partidos ao rejeitarem carros de som e a definição prévia do caminho das passeatas, preferindo o jogral[16] e fanfarras. O contraste era ainda maior

---

14. Depoimento de Caio Martins ao autor, 28 de janeiro de 2015. Vide também: <http://saopaulo.mpl.org.br/2013/06/17/sobre-a-situacao-dos-detidos-nos-atos-contra-o-aumento-da-tarifa-de-1106-2/>.
15. A esquerda chamou de novos movimentos sociais aqueles surgidos nos anos 1980, como o MST. Denomino aqui movimentos como a Rede Extremo Sul de São Paulo e o MPL de novíssimos.
16. O "jogral", uma marca do MPL, foi a técnica usada pelos trabalhadores da Vila Euclides em assembleia operária dirigida por Lula nas greves do ABC. Lula falava sem microfone e os outros repetiam em voz alta para os que estavam atrás. Mas aquilo não

porque o PT que tinha feito dos seus comícios experiências culturais, há muito sucumbira aos *showmícios*.

Nos protestos de junho de 2013 as multidões desencontradas, que pararam rodovias, ocuparam câmaras municipais e atearam fogo no que viram, não tinham direção partidária. Agigantava-se "o desencontro histórico entre a esquerda produtivista e a esquerda anticapitalista"[17]. Esta questionava os partidos, embora parcela expressiva da classe média aproveitasse para atacar só o PT[18]. Rompera-se o dique erguido nos anos 1980 contra a tendência inercial conservadora daquela classe.

E quando as Jornadas de Junho já desmaiavam nas ruas cansadas de tantas passeatas, Lula foi à quadra do Sindicato dos Bancários em 14 de setembro e fez um discurso simpático aos manifestantes durante um encontro de petistas da Grande São Paulo. Com a voz fragilizada depois de seu tratamento médico, fazia longas pausas para beber água. É

---

era uma escolha e logo os sindicatos providenciaram megafones e carros de som.

17. Paulo Arantes, *O Novo Tempo do Mundo*, São Paulo, Boitempo, 2014, p. 419.
18. "Existia uma aproximação da nova juventude de direita com o Partido Libertário, 'Liber', uma organização de viés ultraliberal. Seus membros atuavam como *trolls* nos eventos do MPL." Caio Martins, Depoimento ao autor, 29 de janeiro de 2015. Na gíria do mundo virtual *troll* é, entre outros significados, quem desestabiliza uma discussão. No caso aqui imitam a forma do MPL para distorcer seu conteúdo. Foi o caso da sigla MBL – Movimento Brasil Livre.

notável que entre muitas autoridades petistas ali presentes, Lula foi o único que avaliou os protestos de junho.

A resposta da Presidenta Dilma Roussef aos manifestantes foi a de prometer 100% dos royalties do petróleo à educação. Ela lançou também o Programa "Mais Médicos" para ampliar o atendimento do Sistema Único de Saúde. Por fim, propôs um plebiscito para a reforma política. Alguns médicos protestaram nas ruas e aeroportos contra a chegada de profissionais de saúde oriundos de Cuba e fizeram demonstrações racistas e de um anticomunismo *démodé*.

Mas outros revezes se avizinhavam. No dia 15 de novembro de 2013 uma cena em todos os meios de comunicação chocou muitos petistas: dois ex-presidentes do partido se entregaram à polícia e foram algemados. José Dirceu e José Genoíno eram finalmente encarcerados, depois de já terem sido vilipendiados nas ruas e aeroportos. Além disso foram condenados juntamente com outros petistas a pagar pesadas indenizações pelos crimes supostamente cometidos. Petistas de todo o Brasil doaram dinheiro para os condenados e suas multas foram pagas.

Sob este clima tempestuoso esperava-se que as eleições internas do PT de novembro de 2013 aumentassem um pouco a força da esquerda partidária, mas isso não aconteceu. Rui Falcão, que havia assumido antes sem ter sido eleito diretamente, foi agora escolhido com 268 mil votos (69,5%). 425.604 petistas votaram, um número menor do que em 2009 quando 518.192 filiados e filiadas compareceram. Houve 387.837 petistas que cotizaram (ou foram "cotizados" sem saber), mas não compareceram para votar[19].

## O PT e os Protestos Contra a Copa

Depois de junho uma figura histórica do PT declarou: "Queremos reprimir o vandalismo"[20].

Por sua vez, o ministro petista José Eduardo Cardozo anunciou o monitoramento dos novíssimos movimentos sociais. Junho polarizou a sociedade civil e o ano de 2014 assistiu a novos protestos. Em São Paulo tentou-se reproduzir no dia 22 de março a "Marcha com Deus pela Família e a Liberdade"[21]. Cerca de quinhentos manifestantes saíram da Praça da República aos gritos de "Fora PT"[22].

Aproximava-se o megaevento da Copa do Mundo. 80% dos brasileiros eram contra os gastos da Copa do Mundo[23], embora este número tivesse caído depois.

Os eventos da nova direita militante eram insignificantes nas ruas. A direita não era reprimida e promovia *flash mobs* de jovens de classe média. Os protestos da esquerda autono-

---

19. *Página 13*, 16 de dezembro de 2013.
20. Pronunciamento da Deputada Benedita da Silva, *Diário da Câmara dos Deputados*, n. 177, Brasília, 9 de outubro de 2013.
21. Passeata de católicos que ajudou a "justificar" o Golpe Militar cinquenta anos antes.
22. Havia ali certa simpatia dos policiais pelos manifestantes. O locutor era visivelmente um profissional contratado e dois potentes carros modernos de som dirigiam o ato.
23. Pesquisa CNT/MDA, fevereiro de 2014.

mista contra os gastos da Copa do Mundo foram maiores e mais intensos, especialmente no Rio de Janeiro. Sob intensa repressão policial muitos manifestantes foram espancados e presos ilegalmente, sob acusações de formação de quadrilha e porte de explosivos acolhidas por juízes conservadores.

A tática *black bloc* (até então incomum no Brasil) foi condenada pela grande imprensa e por membros de alguns partidos de esquerda (incluindo o PT)[24] como uma prática fascista. Depois da morte de um cinegrafista (Santiago Andrade) pelo tiro de um rojão, um senador petista defendeu por ocasião do aniversário de 34 anos do seu partido uma lei contra o "terrorismo"[25]. Mas quando em setembro de 2014 um policial trabalhando para a prefeitura de São Paulo deu um tiro na cabeça de um camelô, o prefeito Fernando Haddad declarou apenas que era "um caso isolado"[26].

É claro que setores da esquerda petista atacaram a criminalização dos protestos[27]. A história do PT lhe cobrava posicionamentos contra a violência policial. Enquanto o Ministro da Justiça concordava com a repressão, outros líderes petistas respaldavam os presos políticos[28]. A luta de classes adentrava

---

24. Wladimir Pomar, "Ainda sobre os *Black Blocs*", 10 de setembro de 2013, p. 13.
25. Pronunciamento do Senador Jorge Viana em 11/2/2014, *Diário do Senado Federal*, 12 de fevereiro de 2014, p. 54.
26. *Folha de S. Paulo*, 19 de setembro de 2014.
27. *Página 13*, 11 de fevereiro de 2014.
28. O deputado estadual paulista Adriano Diogo e o advogado Luiz Eduardo Greenhalgh defenderam os manifestantes.

o PT, o que ainda denunciava sua ambiguidade: um partido de governo que acolhia ainda militantes questionadores. Foi para eles que no dia 17 de julho o presidente do partido Rui Falcão assinou uma nota de repúdio à prisão preventiva de manifestantes no Rio de Janeiro.

## *Eleições de 2014*

Nas raízes de junho estavam as políticas do próprio PT que mudaram a composição das classes sociais. Em virtude disso, o PT procurou discutir a "classe média", promovendo seminários e publicações[29]. Havia o temor de que a nova classe trabalhadora considerasse a sua ascensão econômica somente em função do esforço pessoal e não de políticas públicas e que mimetizasse o comportamento da classe média tradicional preferindo comprar serviços privados de saúde, educação e transporte.

Parte expressiva da classe média tradicional se incomodava com a explosão de consumo de outros segmentos. Pobres compravam automóveis e passagens aéreas e o desconforto com o governo saltou da leitura de jornais para a pessoa ao lado no banco apertado do avião.

O fato é que nas eleições de 2014 também a nova classe trabalhadora se dividiu e parte se deslocou para a oposição. Sob este clima polarizado a presidenta teve que radicalizar

---

29. Fundação Perseu Abramo e Fundação Friedrich Ebert, *Classes? Que Classes?*, São Paulo, FPA, 2014.

o discurso de campanha, especialmente porque enfrentava uma candidata que tinha sido do PT: Marina Silva (PSB). Além é claro, do candidato do PSDB, Aécio Neves.

O PT buscou "desconstruir" primeiro a candidatura de Marina Silva porque ela trazia um potencial de representação (ainda que distorcida) de junho. No II Turno, a candidatura do PSDB cresceu nas pesquisas eleitorais assustadoramente, movida por intensa mobilização antipetista da opinião pública e da grande imprensa[30].

Para setores de esquerda do PT ou fora dele o balanço político do governo Dilma não era dos melhores.

A construção da Barragem de Belo Monte junto ao Rio Xingu, Estado do Pará, causou a oposição do Movimento dos Atingidos por Barragens (MAB), fundado em 1991. Houve ainda a pior média de homologações de terras indígenas desde o fim da Ditadura Militar[31]. A Reforma Agrária foi praticamente abandonada. O governo Dilma Rousseff assentou menos famílias que os governos anteriores[32].

Já a Comissão Nacional da Verdade, instituída em maio de 2012 para esclarecer as violações do terrorismo de Estado durante a Ditadura Militar, não tinha nenhum poder punitivo e foi sabotada pelas autoridades militares que lhe

---

30. O Laboratório de Estudos de Mídia e Esfera Pública da Universidade do Estado do Rio de Janeiro mostrou que o PT foi o partido mais criticado em manchetes de jornais tanto nas eleições de 1998, por exemplo, quando era oposição, quanto em 2014.
31. *Brasil de Fato,* 18/07/2014.
32. *Carta Capital*, São Paulo, 27/04/2014.

negaram documentos solicitados. A presidenta declarou inúmeras vezes que era contra a revogação da Lei da Anistia que deixava impunes os criminosos da Ditadura. Ainda assim o relatório final foi bem visto pela esquerda e provocou uma reação raivosa na direita.

No primeiro turno de 2014 o partido perdeu quase 18% de sua bancada e elegeu apenas setenta deputados federais, a menor desde 2002, quando tinha 91. Em 2006, foram 83. Em 2010 foram 86.

A vitória de Dilma Roussef foi a mais apertada da história do Brasil até então (51,64% dos votos válidos). Seria depois superada pela eleição de Lula em 2022 (50,9%). No dia da votação ninguém tinha certeza do resultado. Vitoriosa, ela decepcionou rapidamente a militância social que a apoiara e anunciou ministros conservadores e um "reajuste fiscal".

Encerrou-se um ciclo e se instalou a "guerra aberta" com uma direita militante armada de novos escândalos de corrupção e com a proposta de *impeachment* da presidenta reeleita.

Mas a Direita guardava *in petto* o mesmo dilema de 2005: sem uma Esquerda de massas, o custo da dominação aumentaria. Mas como derrubar o governo sem destruir o condomínio político em que ela mesma e seus *literati* também habitavam?

## As Novas Formas de Organização

O PT já havia deixado de ser um partido de núcleos de base.

A expansão do partido com a experiência do PED assumiu duas formas. A primeira foi a criação de diretórios municipais, seguindo a exigência legal, e não pela criação autônoma de núcleos. Estes passaram a depender muito mais da existência de uma militância profissionalizada nas administrações municipais.

A segunda forma foi pela substituição da participação militante nas instâncias internas pela presença esporádica nos PEDs. A participação girou em torno de 40% dos filiados. A direção optou por "formas de militância mais inclusivas, mas de menor intensidade"[33]. Para o campo majoritário petista tratava-se de "abrir o PT".

Claro que com isso parlamentares recorreram à filiação em massa. As plenárias de confirmação de filiação, ditas "batismo" no jargão petista, foram simplesmente ignoradas[34].

---

33. Oswaldo Amaral, "As Transformações nas Formas de Militância no Interior do PT", *RBCS*, vol. 82, junho de 2013.
34. No Diretório Zonal do Butantã (São Paulo), de um total 150 filiações feitas pouco antes do PED 2013, cerca de 20% apareceram para o "batismo". Durante as visitas de militantes aos recém-filiados, houve relatos de indignação com o PT quando sabiam da quitação de sua contribuição financeira feita por parlamentares que abonaram suas filiações.

Não há dúvida de que ainda assim o PT continuou sendo o mais democrático dos grandes partidos brasileiros.

No IV Congresso (2011) aprovou-se o limite de mandatos parlamentares porque em vez de contar os crachás erguidos pelos delegados, como era habitual, a direção resolvera experimentar o voto eletrônico[35]. Com o crachá sempre houve um controle mútuo de fidelidade entre os delegados e, em última instância, o olhar vigilante do *Capa Preta*. É possível que houvesse o desejo de medidas democratizantes da estrutura partidária[36], mas a surpresa manifestada pelos dirigentes com o resultado também mostrava que se havia uma atmosfera difusa de insatisfação, por outro lado não se esperava que ela viesse a se concretizar nas votações.

## O "Vandalismo"

Embora práticas como o nepotismo, desvio de recursos do erário, alianças com a Direita e o apego aos cargos públicos já existissem desde a fundação do PT, eram limitadas. Nos seus anos de formação os petistas repetiam: "a luta faz a lei", logo transformado em nome de uma plenária permanente do mandato do deputado Greenhalgh. Florestan Fernandes tinha como lema de campanha: "Contra as ideias da força, a força das ideias". O neopetismo foi a aderência

---

35. No IV Congresso foi entregue um aparelho que contabilizava num painel eletrônico, e em tempo real, os votos favoráveis e contrários a cada proposta.
36. Cf. Valter Pomar, mensagem ao autor, 29 de janeiro de 2015.

às ideias da força e a recusa àquilo que no velho jargão da esquerda petista se definia como "tensionar a legalidade".

A tradição petista era multifacetada, como já vimos, porém trazia a forte marca da luta de classes. Em 1983, com as demissões de mais de cinco mil operários em Diadema (SP) na Mercedes Benz, os trabalhadores marcharam da fábrica até o hotel em que estavam reunidos a empresa e o sindicato. A passeata chegou por volta de 13:30 h. Todos exaustos, com sede e fome. O dono do hotel com medo que eles ocupassem o estabelecimento distribuiu lanches e refrigerantes para os manifestantes. Raimundo Nonato, um operário nordestino de grande força física, chutou as bandejas[37]. Embora a direção sindical fosse muito próxima de sua base, esta eventualmente quebrava os pratos da negociação.

O próprio sindicato promovia ações de confronto, embora a orientação de Lula nas assembleias fosse a de não quebrar vidraças[38]. A colagem ilegal de cartazes, às vezes sob tiros de criminosos[39] ou perseguição policial, eram o batismo de fogo do militante petista.

Ainda nos anos 1990 os sindicalistas bancários de São Paulo atiravam bolinhas de aço com estilingues nas vidraças dos bancos. Não andavam mascarados, mas faziam aquilo

---

37. Depoimento do Deputado Federal Vicentinho (PT/SP) ao autor, setembro de 2005.
38. Guilherme G. Pogibin, *Memórias de Metalúrgicos Grevistas do ABC Paulista*, São Paulo, Instituto de Psicologia da USP 2009.
39. R. Jacino, *Histórico de uma Candidatura Operária*, São Paulo, SCP, 1987.

nos desvãos da noite. Já na greve de outubro de 2014 um sindicalista adentrou uma agência bancária e conclamou os trabalhadores a aderir ao movimento. Subiu numa cadeira e em vez de gritar "companheiros!", ele deixou escapar: "Colaboradores!". Ninguém teve coragem de avisá-lo que aquela era a linguagem dos patrões...

Os petistas ganharam a batalha eleitoral, mas perderam a luta política. No dia 15 de março de 2015 houve a primeira grande manifestação de massa em São Paulo pela derrubada de Dilma Rousseff. No dia 13 de março do ano seguinte novas manifestações no país deram o respaldo que faltava para o *impeachment*, embora sem lastro em qualquer crime de responsabilidade da presidenta.

O golpe de 2016 não destruiu o PT e nem devolveu o poder ao PSDB. O triunfo deste escondia sua derrocada. O PT sofreu o abalo e perdeu prefeituras em 2016 e 2020 (em alguns casos porque ex-prefeitos petistas abandonaram o partido). Mas a resiliência do partido foi demonstrada na disputa presidencial de 2018 quando chegou ao segundo turno mesmo com Lula preso.

Ao PT parecia que lhe roubavam a bandeira da ética sem que pudesse erguer a do socialismo. Ainda assim, o seu legado social e o desastre do governo Bolsonaro permitiram a vitória de 2022. Foi uma conquista histórica.

# Cronologia

1978. Em maio ocorre a Greve da Scânia em São Bernardo do Campo. É ventilada a ideia de um Partido dos Trabalhadores no Congresso dos Petroleiros, em Salvador. Em 30 de outubro, à revelia do sindicato, duzentos mil[1] operários participam da greve geral dos metalúrgicos em São Paulo.

1979. Em Lins (SP) é aprovada criação de um Partido dos Trabalhadores. I Congresso da Oposição Metalúrgica de São Paulo. É lançada a Carta de Princípios do PT.

1980. Fundação do PT no Colégio Sion em São Paulo. Intervenção no Sindicato dos Metalúrgicos do ABC. Lula é preso por 31 dias.

1981. I Encontro Nacional em São Paulo.

---

1. Maria Rosângela Batistoni, *Entre a Fábrica e o Sindicato: Os Dilemas da Oposição Sindical Metalúrgica de São Paulo (1967-1987)*. São Paulo, PUC, 2001, p. 216, tese de doutorado.

1982. O partido disputa a primeira eleição para a Câmara, elegendo oito deputados. Entre cinco concorrentes, Lula fica em quarto lugar na disputa pelo Governo do Estado de São Paulo. II Encontro Nacional do PT, em São Paulo.

1983. Fundação da CUT e da Articulação dos 113. Intervenção da Ditadura Militar no Sindicato dos Metalúrgicos do ABC (a diretoria é cassada). Greve Geral envolve dois milhões de trabalhadores.

1984. Em Cascavel, PR, é fundado o MST. Acontece o III Encontro Nacional do PT em São Bernardo do Campo. I Congresso da CUT. O PT se opõe à candidatura de Tancredo Neves e toma posição contrária ao Colégio Eleitoral.

1985. Três dos oito deputados federais do PT, Airton Soares, Bete Mendes e José Eudes, votam em Tancredo no Colégio Eleitoral e saem do partido. Encontro Nacional Extraordinário em Diadema.

1986. IV Encontro Nacional em São Paulo reconhece o direito de tendência, mas deixa a regulamentação para o Diretório Nacional. Eleições para a Câmara dos Deputados. O PT elege dezesseis deputados. É fundada a CUT pela Base que congrega os sindicalistas de esquerda da CUT, especialmente da Oposição Sindical Metalúrgica de São Paulo.

1987. V Encontro Nacional em Brasília. Primeira regulamentação genérica das tendências.

1988. O PT vota contra a nova Constituição.

1989. VI Encontro Nacional em São Paulo. Forma-se a Frente Brasil Popular e Lula chega ao segundo turno das eleições presidenciais, sendo derrotado por Fernando Collor de Mello.

1990. VII Encontro Nacional. O Diretório Nacional regulamenta efetivamente o direito de tendência. É criado o Foro de São Paulo, espécie de associação internacional das esquerdas da América Latina.

1991. Primeiro Congresso do PT.

1992. A Esquerda do PT defende nas ruas o *slogan* "Fora Collor", o que leva o partido a se tornar ativo nas CPIs no Congresso e a se posicionar oficialmente pelo *impeachment*.

1993. Contrariando o partido, a ex-prefeita de São Paulo Luiza Erundina aceita o convite de Itamar Franco para o ministério. O PT suspende por um ano seus direitos partidários. VIII Encontro do PT em Brasília confere maioria à esquerda partidária pela primeira vez.

1994. VIII Encontro Nacional em Brasília aprova a fidelidade partidária dos parlamentares e mandatários de postos executivos. É lançado o Plano Real e Lula é derrotado no primeiro turno por Fernando Henrique Cardoso (PSDB).

1995. X Encontro Nacional em Guarapari, ES, condena a participação de petistas no programa Comunidade Solidária. O Governo FHC convoca o Exército para massacrar a Greve dos Petroleiros.

1996. Chacina de dezenove trabalhadores rurais em Eldorado dos Carajás.

1997. XI Encontro Nacional no Rio de Janeiro

1998. Encontro Nacional Extraordinário em São Paulo. Paulo de Tarso Venceslau é expulso. Ele havia denunciado que Roberto Teixeira usava o nome de Lula para obter recursos ilegais. Helio Bicudo, responsável pela Comissão de Ética, não aprofundou a investigação, arrependendo-se depois. Terceira derrota de Lula à presidência da República.

1999. II Congresso do PT em Belo Horizonte. Passeata dos cem mil rumo a Brasília.

2000. Dilma Rousseff ingressa no PT.

2001. XII Encontro Nacional em Olinda. Ocorre em Porto Alegre, o primeiro Forum Social Mundial, enquanto Olívio Dutra era Governador do Rio Grande do Sul.

2002. Lula é eleito presidente da República.

2003. O PT expulsa a senadora Heloísa Helena por votar contra a reforma da Previdência defendida pelo governo Lula. João Paulo Cunha (PT-SP) manda a polícia reprimir servidores públicos que protestavam contra a mesma reforma na Câmara.

2004. Waldomiro Diniz, principal assessor do então chefe da Casa Civil, José Dirceu, é gravado negociando propina com empresário do ramo dos jogos.

2005. O deputado federal Roberto Jefferson, em entrevista à *Folha de S. Paulo*, denuncia que deputados da base do Governo recebiam dinheiro do tesoureiro do PT, Delúbio Soares, em troca de votos. Surge o escândalo do mensalão. São instaladas a CPI dos Correios (ou do mensalão) e a dos Bingos (caso Waldomiro). Dirceu é cassado, Genoíno abandona a presidência do partido e inúmeras lideranças petistas são publicamente desmoralizadas.

2006. XIII Encontro Nacional do PT em São Paulo. Lula discursa solidarizando-se com os petistas supostamente envolvidos em escândalos de corrupção. Queda do ministro da Fazenda, Antonio Palocci. Bruno Maranhão lidera ocupação da Câmara dos Deputados e é afastado da Executiva Nacional do PT. Apesar dos escândalos, Lula é reeleito presidente da República.

2007. III Congresso do PT em São Paulo.

2008. O PT mantém nas eleições municipais de 2008 sua trajetória de crescimento, que vem desde a fundação. Elege 559 prefeitos, crescendo 36% em relação aos eleitos em 2004.

2009. A senadora Marina Silva que comandara o Ministério do Meio Ambiente anuncia sua saída do PT. O senador Flávio Arns faz o mesmo.

2010. IV Congresso do PT em Brasília. A candidata petista Dilma Rousseff, ex-ministra da Casa Civil, é eleita presidente da República.

2011. Delúbio Soares é reintegrado ao PT e José Eduardo Dutra renuncia à presidência do partido por motivo de saúde, sendo substituído pelo Deputado Estadual paulista Rui Falcão.

2012. O PT reconquista a prefeitura de São Paulo.

2013. Jornadas de Junho reúnem 10 milhões de pessoas. Militantes do PT são expulsos das ruas.

2014. Dilma Roussef vence a eleição mais apertada da história até então. Obtém 38,2% (ou 51,64% dos votos válidos).

2015. V Congresso do PT em Salvador.

2016. Golpe Parlamentar destitui Dilma Rousseff.

2018. Lula é preso e Fernando Haddad é o candidato do PT à presidência da República, sendo derrotado.

2022. Lula é eleito e o PT conquista o quinto mandato presidencial.

# Glossário[1]

*Aggiornamento*: Do italiano "atualização". Termo usado historicamente pela esquerda para sugerir a adaptação do partido às novas condições históricas. Normalmente, tem sido utilizado pelas alas moderadas contra aquelas que se aferram aos princípios partidários originais.

*Antártica*: À unidade dos militantes de oposição à direção cutista (ligada à Articulação Sindical), era muitas vezes atribuído o nome peculiar de "antártica" ou anti-articulação.

*Bagrinho:* era o termo contraposto ao capa preta. Nos anos 1980 surgiu a expressão *revolta dos bagrinhos* que seria a dos militantes comuns. Como "peixes pequenos", eles teriam que se unir para não ser devorados pelos grandes. A expressão foi popularizada por um texto de Gilney Vianna. Em outubro de 2008 Lula usou a expressão numa conferência de países "emergentes" em Nova Delhi.

1. Auxiliaram-me neste glossário Ciro Seiji Yoshiyasse e Eduardo Bellandi.

*Base*: Toda a militância que não ocupa cargos de direção em nenhum nível partidário.

*Basismo*: Defesa exacerbada da imposição de políticas pela base aos dirigentes.

*Bater Cartão*: Registro do ponto. Antes do uso de controle magnético, o cartão era inserido na máquina que, mediante o movimento de uma manivela, "batia" nele e registrava o horário de entrada e saída dos funcionários de uma empresa.

*Boca de Urna*: Panfletagem para candidatos do partido próxima aos locais de votação.

*Camarada*: termo utilizado normalmente entre comunistas.

*Campo*: No PT trata-se de uma articulação menos orgânica do que a tendência. Uma união não permanente de várias tendências, grupos locais e personalidades políticas.

*Capa Preta*: No jargão petista o chefe de tendência, dirigente partidário ou parlamentar.

*Companheiro(a)*: termo utilizado na linguagem sindical e socialista, se contrapunha aos Patrões ou à Patronal, o termo foi disseminado e durante muito tempo era sinônimo de petista.

*Congresso*: Instância que decide os rumos estratégicos do partido. Só começou a funcionar em 1991.

*Delegado*: Militante eleito na base para participar com direito de voto nos Encontros Municipais, estaduais e Nacional. Observadores são, geralmente, membros da direção e parlamentares no âmbito da instância que organiza o encontro/congresso – no nível zonal (para capitais com mais de quinhentas mil pessoas e cidades com mais de

um milhão de pessoas), municipal, estadual ou nacional
– que, por algum motivo, não foram eleitos delegados)
e convidados (escolhidos a critério da direção que organiza o encontro/congresso).

*Diretório Nacional*: Órgão eleito inicialmente pelo Encontro Nacional e, posteriormente, pelo PED. Cabe-lhe eleger a Executiva.

*Diretório Zonal*: Organização determinada pela justiça eleitoral como órgão mínimo de base territorial nas capitais. Para contornar a legislação e suas delimitações territoriais, o PT criou os núcleos e, por algum tempo, os Conselhos Deliberativos Zonais (mais amplos territorialmente) e de depois dos Diretórios Distritais, menos anchos territorialmente.

*Diretório*: é o órgão de direção partidária, eleito por um respectivo encontro/congresso, existindo em um determinado período de tempo, correspondente ao mandato (tempo de três anos estabelecido pelo estatuto partidário), dessa respectiva direção. Nas várias instâncias (zonal, municipal, estadual ou nacional) em que existir, a composição da direção partidária varia – quantitativa e qualitativamente – de acordo com a instância a que cabe dirigir. (A instância zonal, por exemplo, tem em média quinze membros, as instâncias com representação parlamentar – municipal, estadual ou nacional – incorporam o líder da bancada, se houver e pode ser normatizada pelo estatuto partidário, ou pelo regulamento do PED – Processo de Eleição Direta – ou regimento do encontro que elege a respectiva direção.)

*Duas Camisas*: Membro de grupos organizados que supostamente faria entrismo no PT. A expressão foi popularizada num discurso de José Dirceu nos anos 1980.

*Encontro*: Instância máxima deliberativa do PT. Elegia o Diretório nacional e a tese guia que, depois de emendada, se tornariam as resoluções partidárias que nortiariam a ação da Direção nacional. Com a instituição do PED perdeu parte das atribuições. Podia ser ordinário ou extraordinário.

*Entrismo*: Tática usada por grupos de extrema esquerda para atuar dentro do PT com suas próprias finalidades (cooptação de novos membros e uso da legenda do partido para eleger deputados).

*Executiva Ampliada*: Reunião da Executiva com a participação do diretório ou de convidados.

*Executiva*: Eleita pelo respectivo diretório (zonal, municipal, estadual ou nacional), à exceção de seu presidente eleito diretamente em cada uma das instâncias em que se realizar o PED (Processo de Eleição Direta, que também pode não se realizar caso uma determinada instância não conte com número suficiente de filiados). Sua função é executar as decisões da direção partidária da instância a que pertence.

*Firma*: Empresa.

*Fiscal de Apuração*: Os militantes eram organizados dias antes das eleições para fiscalizar a contagem manual dos votos nas eleições brasileiras. Era uma atividade que envolvia milhares de simpatizantes do PT.

*Grupelho*: termo pejorativo utilizado para definir os pequenos grupos normalmente esquerdistas que se impunham pela organização e ação em bloco, compensando o tamanho reduzido.

*Lulismo*: Termo que passou a designar a popularidade de Lula como presidente da República e sua capacidade de ter mais votos do que o próprio PT. No entanto, o termo já existia e era usado pejorativamente pelas tendências de esquerda contra a Articulação.

*Macro (ou micro) regiões*: constituem formas de organização a abranger determinadas regiões de amplitude geográfica, num estado ou cidade, por exemplo, de modo a congregar diretórios municipais (no âmbito estadual), ou zonais (no âmbito municipal).

*Majoritariedade*: sistema de representação onde o grupo vitorioso assume integralmente a diretoria da entidade de classe.

*Manobra*: Uso de estratagemas para dirigir uma reunião a um determinado fim preestabelecidos sem que a maioria dos presentes o soubesse.

*Militante*: Membro ativo do partido e não mero filiado ou simpatizante. Atua mais frequentemente na vida interna do PT.

*Moranguinhos*: primeira leva em massa de militantes pagos para trabalhar na campanha municipal do PT em São Paulo em 2004. O termo se referia ao uniforme da "cor de morango" dos cabos eleitorais contratados.

*Núcleo*: Menor órgão de base do PT, constituído por nove pessoas (originalmente, 21 pessoas), sendo um coordenador que dirige as reuniões, um secretário para fazer as atas e um tesoureiro responsável pela arrecadação das contribuições dos filiados.

*Partido de Interlocução*: Expressão usada no I Congresso do PT. Partido que sacrifica a hegemonia e procura ser mais um ente num espaço de comunicação e formação coletiva das políticas públicas (com outros partidos e movimentos sociais).

*Partido Dirigente*: Partido com capacidade de exercer hegemonia nos movimentos sociais.

PED: Processo de Eleição Direta para escolha das direções do PT. Criado em 1999. Foi regulamentado pelo estatuto partidário (Título II, Seção IV) elaborado pela direção nacional eleita pelo II Congresso, passando a vigorar em 2001.

*Plenária*: Reuniões da militância de caráter não deliberativo. As reuniões ampliadas uniam a direção e a base. As assembleias tinham caráter deliberativo, mas se restringiam ao movimento sindical.

*Pré-tese*: documento produzido com o objetivo de dialogar com outras forças no sentido de orientar o grupo político na direção da unidade ou distinção com o intuito de disputar a política a ser definida em congresso.

*Prévia*: Eleição interna para escolha do candidato do partido a cargo eletivo majoritário.

*Proporcionalidade*: sistema de representação baseada na composição proporcional entre as forças que disputam uma diretoria de entidade de classe, chapa de delegados ou organização política.

*Questão de Ordem*: Durante as reuniões só se podia falar oficialmente depois de fazer a inscrição e respeitando a ordem das inscrições e a pauta estabelecida pela mesa diretora dos trabalhos. A mesa dava a palavra extraordinariamente ao militante que fizesse uma questão de esclarecimento, de ordem ou de encaminhamento. Questão de ordem é, por isso, a maneira pela qual, numa reunião, uma pessoa no plenário (de uma reunião, encontro ou congresso, por exemplo) se dirige à mesa diretora dos trabalhos (da reunião), caso não esteja inscrita ou queira abordar um tema fora da pauta, previamente definida (pela mesa ou pelo plenário). A questão de ordem sempre precede à questão de encaminhamento e esta à de esclarecimento (num encadeamento lógico) prioritariamente no direito à palavra, que deve sempre ser concedido a critério da mesa diretora dos trabalhos (reunião).

*Racha*: Dissidência no seio do partido ou de uma tendência.

*Regimento*: Respectivo a cada instância (zonal, municipal, estadual e nacional) no âmbito de seu encontro e, desse modo, elaborado por essa respectiva instância (tendo por função, normatizar o processo de um determinado encontro/congresso).

*Regulamento*: Com a criação do PED (Processo de Eleição Direta), a partir de 2001, a direção nacional elabora um regulamento (sempre novo a cada processo), cuja função será regular o processo eleitoral direto durante sua duração (em torno de 120 dias), no qual estão incluídos o dia do PED – eleição direta, propriamente dito, assim como os dias dos encontros de cada instância (zonal, municipal e estadual) e os dias do encontro ou congresso nacional.

*Setoriais*: Tipo de organização interna, partidária, cuja função é agregar discussão temática – tais como questões de gênero (setorial de "mulheres", por exemplo), etnia (setorial de "combate ao racismo"), educação, saúde etc. Sua organização se dá por encontro específico – no âmbito da realização dos encontros e congressos partidários – reunindo apenas militantes daquele movimento (como o movimento estudantil, por exemplo) ou setorial. As normas partidárias mais recentes, que regem os encontros setoriais, permitem que o filiado participe apenas de um único encontro setorial (como o de meio ambiente, por exemplo), o qual elege secretários setoriais, responsáveis pela organização do partido no respectivo setor e um coletivo de militantes responsável pela direção do partido (também no respectivo setor).

*Showmício*: Causou polêmica no PT e na CUT a substituição do comício, onde só falavam líderes políticos e cantavam artistas identificados com a causa dos trabalhadores pelo showmício. Neste, a atração principal são os grupos de cantoria, em geral sem nenhuma relação com a causa e ungidos pelo sucesso momentâneo na televisão. Também o recurso a sorteios de casas e automóveis para os presentes surgiu nos anos noventa, enquanto as barracas de livros e utensílios partidários foram desaparecendo.

*Tendência*: Corrente de opinião estruturada e organizada no interior do PT. No início eram verdadeiros partidos que usavam o PT como fachada legal para suas atividades clandestinas. Depois foi regulamentada e reconhecida. Tem sede oficial ou não, jornal próprio oficialmente dirigido apenas aos membros do partido (na prática a qualquer interessado) e finanças próprias, embora proibidas pelo PT, mas deixadas de lado por envolverem parcos recursos destinados apenas à manutenção de suas atividades básicas.

*Tese-guia*: documento político produzido e adotado em congresso normalmente produzido pelo grupo majoritário.

*Voto Útil*: Voto de eleitores do PT que, com receio da vitória de um candidato de extrema direita, escolhiam o "menos pior" com mais chances eleitorais do que o PT. As eleições de Estados e capitais só tinham um turno.

*Xiitas*: Membros das alas radicais do PT. O termo, de uso comum na imprensa nos anos 1990, aludia aos xiitas da Revolução Iraniana.

# Apêndices

## 1. Principais Lideranças das Tendências ao Longo da História do PT

AE: Valter Pomar
Articulação (Campo Majoritário, CNB): Lula, José Dirceu
Brasil Socialista: Bruno Maranhão
Causa Operária: Anaí Caproni e Rui Costa Pimenta
Convergência Socialista: Valério Arcary e José Maria de Almeida
DR: José Genoíno, Tarso Genro
DS: Raul Pont, João Machado
Força Socialista: Ivan Valente
HV (Novo Rumo): Rui Falcão
Mensagem ao Partido: Tarso Genro
Movimento PT: Arlindo Chinaglia e Maria do Rosário
MT: Augusto de Franco
MTM: Ronald Rocha, Artur Scavone
OT: Markus Sokol, Julio Turra, Misa Boito
PT de Aço: Manoel da Conceição
PTLM: Família Tatto

PT Vivo: Pedro Dallari
VS: Eduardo Jorge

### 2. *Principais Tendências do PT no I Congresso*

| Esquerda | Centro-Esquerda | Centro | Direita |
|---|---|---|---|
| MTM | DS | Articulação | Nova Esquerda |
| Força Socialista | VS | | PT Vivo |
| Brasil Socialista | | | |
| O Trabalho | | | |
| Causa Operária | | | |
| CS | | | |

### 3. *Principais Tendências do PT no III Congresso*

| Esquerda | Centro-Esquerda | Centro | Direita |
|---|---|---|---|
| O Trabalho | AE | Novo Rumo | CNB |
| Esquerda Marxista | | Movimento PT | |
| Brasil Socialista | | PTLM | |
| | | Mensagem | |

### 4. *Lista de Presidentes do PT*

1980-1987: Lula
1987-1988: Olívio Dutra
1988-1990: Luiz Gushiken
1990-1994: Lula
1994: Rui Falcão
1995-2002: José Dirceu
2002-2005: José Genoíno
2005: Tarso Genro (interino)

2005- 2006: Ricardo Berzoini
2006-2007: Marco Aurélio Garcia (interino)
2007-2010: Ricardo Berzoini
2010-2011: José Eduardo Dutra
2011: Rui Falcão
2017: Gleisi Hoffmann

## 5. *Símbolos do Partido*

De acordo com o Estatuto do PT, modificado em 2007, os símbolos oficiais do partido são a estrela vermelha de cinco pontas com as iniciais do PT no seu interior e os verbetes "OPTEI" e "LULA LÁ".

A estrela vermelha e branca do PT era tricolor (a cor preta saiu depois). Foi idealizada por Demerval Julio de Grammont (1952-1998)[1], que nasceu em Botucatu (SP), militou na Ala Vermelha e foi jornalista do Sindicato dos Metalúrgicos de São Bernardo. O *slogan* "OPTEI" foi criado pelo mineiro de Lavras, o publicitário Carlito Maia (1924-2002), o qual também teria sido o criador do símbolo "LULA LÁ"[2]. O publicitário Paulo de Tarso Santos[3] afirma que este símbolo foi uma criação coletiva da campanha de Lula.

---

1. Foi numa conversa com Mário Serapicos e Augusto Portugal em 1980. Cf. Julio de Grammont, "A Bandeira e o Domec", *Linha Direta*, n. 258, São Paulo, 23 a 29 de março de 1996.
2. De acordo com a coluna do Zózimo no *Jornal do Brasil*, 7 de dezembro de 1988, caderno B-3.
3. Fundação Perseu Abramo, *Partido dos Trabalhadores-Trajetórias: das Origens à Vitória de Lula*, São Paulo, Fundação Perseu Abramo, 2003.

## 6. Número de Filiados ao PT

Em 1994, o número de filiados incluía pessoas que não mais compareciam nos processos eleitorais internos do partido. Por isso, se realizou um recadastramento, o que explica em parte a queda de 1994-1999. Ainda assim, a fase de "partido de oposição parlamentar" foi de recuo, mesmo se não contabilizássemos aquela diminuição. Em 2001 o PT tinha menos filiados do que em 1985.

O PT também adotou a carteira nacional. A primeira versão trazia a data de filiação informada pelo membro, já que antigos militantes nem sempre constavam no cartório eleitoral. Para anos anteriores a 1999 os dados são da Secretaria de Organização do PT (Sorg). A partir de 2003 os dados são do Tribunal Eleitoral, exceto 2022 em que os dados são da Sorg.

| Ano | Número de Filiados |
|---|---|
| 1980 | 26.000 |
| 1981 | 210.930 |
| 1984 | 260.027 |
| 1985 | 290.000 |
| 1988 | 455.044 |
| 1989 | 500.000 |
| 1993 | 533.456 |
| 1994 | 700.000 |
| 1999 | 212.320 |
| 2001 | 227.461 |
| 2003 | 419.941 |

| Ano  | Número de Filiados |
|------|--------------------|
| 2005 | 840.108            |
| 2006 | 864.273            |
| 2007 | 1.387.682          |
| 2009 | 1.322.644          |
| 2010 | 1.390.821          |
| 2013 | 1.590.000          |
| 2022 | 2.196.206          |

# Fontes

## Fontes Primárias

A TÁTICA para a Eleição Municipal de 88. São Paulo, 25 de fevereiro de 1988.

A ALTERNATIVA Democrático-popular e a Questão do Poder: Contribuição ao Debate do VI Encontro Nacional, s./l., junho de 1989, mimeo.

ACERTO de Contas / Encontro do Núcleo. Manuscrito de 2 de abril de 1989.

À DIREÇÃO Nacional e às Demais Instâncias do PT. São Paulo, junho de 1992.

A POLÍTICA dos Revolucionários no Movimento Sindical. São Paulo, fevereiro de 1986.

A REVOLUÇÃO Social é Possível no Brasil, s./l., março de 1990.

AOS MILITANTES do Partido dos Trabalhadores. Documento de circulação interna. Goiânia, novembro de 1983.

ARTICULAÇÃO: Por uma Alternativa Democrática e Popular. São Paulo, 15 de novembro de 1984.

*Articulação: Por uma Proposta Democrática e Socialista*, s./d. Provavelmente o texto é de 1985.
*Ata Padrão do Encontro do PT* de 2 de abril de 1989.
*Boletim do Diretório Zonal do Butantã.*
*Boletim do Núcleo Quarteirão da Saúde.*
*Boletim do PT São Vicente*
*Boletim Informativo Municipal de Florianópolis.*
*Boletim Informativo.* Secretaria de Organização PT-SP, fevereiro de 1982.
*Boletim Nacional do PT.*
*Boletim Nacional do PT.* Agosto de 1985.
*Boletim Nacional do PT.* Junho de 1985.
*Boletim O Trabalho*, n. 5 (259). São Paulo, junho de 1987 (editado pela maioria, anunciando as resoluções do X Encontro) e *Boletim O Trabalho*, n. 5 (259), São Paulo, julho de 1987 (editado pela minoria).
*Boletim Zonal 2.*
*Boletim Zonal da Bela Vista*
*Brasil Revolucionário*, ano IV, n. 19. São Paulo, Instituto Mário Alves, ago./set. 1995.
*Cadernos do Presente*, n. 2. São Paulo, julho de 1978.
*Carta aos Companheiros da Vertente Socialista.* São Paulo, 10 de abril de 1990, mimeo.
*Continuação: Não Refundação.* São Paulo, junho de 1991.
*Convergência Socialista*, n. 138, 25.8 a 2.9.1987.
*Correio Braziliense.*
*Correio da Cidadania*, edições 255, 256 e 257.
Depoimento de Gilson Menezes. *História Imediata*, n. 2. São Paulo, 1979.

Dirceu, José. *O PT e o Socialismo*. 19 de julho de 1987 (transcrição de debate no escritório político de Florestan Fernandes em São Paulo), mimeo.

*Documentos Básicos do Partido dos Trabalhadores*. São Paulo, 1991.

*Em Defesa de José Dirceu*. São Paulo, julho de 2007.

*Em Tempo*.

Escouto, A. C. *Articulação: Reafirmação de uma Tendência*. Sapucaia (RS), s./d.

*Estado de S. Paulo*.

*Folha de S. Paulo*.

Fornazieri, A. *Pontos para Discussão sobre o Caráter da Tendência*, s./d., mimeo.

Fortes, A. (org.). *Muitos Caminhos, uma Estrela: Memórias de Militantes do PT*. São Paulo, Editora Fundação Perseu Abramo, 2008.

*Frente Operária*, n. 419, julho-agosto 1983.

Fundação Perseu Abramo. *Partido dos Trabalhadores: Trajetórias: das Origens à Vitória de Lula*. São Paulo, Fundação Perseu Abramo, 2003.

*Lista de Presença na Reunião do NUC. USP de 8.3.1989*, manuscrito.

Martí, Gabriel. *Em Tempo de Iluminados*. São Paulo, 10 de outubro de 1983. Provavelmente pseudônimo de Glauco Arbix, mimeo.

Genoíno, J. *Mandato Popular*. Brasília, 1990.

Genro, Tarso & Vares, Pilla. *Manifesto por um Marxismo Vivo*. S./.l, s./.d. Provavelmente o texto é de maio de 1990, mimeo.

*Informe da Comissão de Legalização de Campinas.*

Instituto Cajamar. *Estratégia e Tática*. Jordanésia, SP, março de 1990.

*Isto É.*

*Jornal da UEE.*

*Jornal do Brasil.*

*Jornal do Congresso*, n. 5, setembro de 1991.

*Manifesto do PT*. Comissão Nacional Provisória do Movimento Pró-PT. São Paulo, 1980 (CSBH).

*Manifesto dos 113*. São Paulo, 2 de junho de 1983.

Ministério do Desenvolvimento Agrário/Incra. Balanço 2005.

Movimento por uma Tendência Marxista. *A Luta Revolucionária pelo Poder e a Luta Institucional*, janeiro de 1990.

*MTM Informa*, n. 7, junho de 1991.

*MTM, Projeto de Resolução*. 6 de abril de 1990.

*Núcleo de Base Passo a Passo*. São Paulo, PT – Secretaria Estadual de Nucleação, junho de 2009.

*O Desafio de uma Nova Era na Luta pelo Socialismo*. São Paulo, 28 de fevereiro de 1990.

*O Momento Político e as Tarefas do PT*. São Paulo, março de 1990, mimeo.

*O Partido dos Trabalhadores e as Demais Correntes Políticas de Esquerda*. S./l., mimeo.

*O PT e a Construção do Socialismo*. Segundo Encontro Estadual da Vertente Socialista, São Paulo, maio de 1992.

*O Trabalho.*

Oposição Sindical Metalúrgica. *Comissão de Fábrica*. Rio de Janeiro, Vozes, 1981.

*Os Limites da Concepção Democrática Popular*. São Bernardo do Campo, 18 de abril de 1996.

Partido Comunista Brasileiro. *Uma Alternativa Democrática Para a Crise Brasileira*. São Paulo, Novos Rumos, [1984].

Partido Revolucionário Comunista. *Eleições Diretas: Avançar no Caminho da Revolução (Manifesto do Partido Revolucionário Comunista Fundado em 21 de janeiro de 1984)*. São Paulo, Comitê Regional do PRC, 1984.

PCB. *Informe de Balanço da CER à Conferência Estadual de São Paulo* (1981).

PCB. *Resolução Política*. Dezembro de 1975.

*Perseu*, n. 2. São Paulo, agosto de 2008 (Eduardo Jorge, José Dirceu e Reginaldo Prandi).

*Por que Saímos da CPB*. São Paulo, 17 de fevereiro de 1991.

*Por um PT de Massas, Democrático e Socialista*. São Paulo, PPS, maio de 1987, mimeo.

PRC. III congresso, abril de 1989.

PRC. *Projetos de Resolução*. S./l., março de 1989.

PRC. *Teses para Discussão*. III Congresso, agosto de 1987, p. 12.

PRC. *Nova Tática*. Primeira Conferência Nacional Extraordinária. S./l., setembro de 1988.

PRC. *Tribuna de Debates*, n. 5. S./l., maio de 1989.

*Problemas*. Revista internacional, n. 10, jul./set. 1984.

*Programa Nacional de Televisão do PC do B*. 25 de abril de 1986.

*PT – Diretório Municipal*. Panfleto. Botucatu, junho de 1989.

*PT Vivo*. São Paulo, agosto de 1985 (inserido numa coletânea *PT Vivo: Documentos Políticos*, São Paulo, 1991, mimeo).

*Resolução Política do V Encontro Nacional do PT*. Brasília, 4, 5, e 6 de dezembro de 1987.

RESOLUÇÃO *Política do III Encontro Municipal PT*. São Paulo, s./d., p. 4.
RESOLUÇÃO *Sindical dos Comunistas do Estado de São Paulo*. 1981. Cedem-Unesp.
RESOLUÇÕES *da Conferência Municipal do PCB em São Paulo* (1981).
RESOLUÇÕES *da Tendência Poder Popular e Socialismo*. S./l., janeiro de 1989, mimeo.
RESOLUÇÕES *de Encontros e Congressos*. Fundação Perseu Abramo, 1998.
RESOLUÇÕES *do 1º Congresso*. São Bernardo do Campo, dezembro de 1991.
RESOLUÇÕES *do Primeiro Congresso do Movimento Comunista Revolucionário*. S./l., outubro de 1985.
RESOLUÇÕES *do Seminário Nacional da Articulação*. Agosto de 1988.
RESOLUÇÕES *do Seminário Nacional da Articulação*. S./d.
RUPTURA *Popular: A Alternativa dos Trabalhadores contra o Pacto Social e a Transição Burguesa*. São Paulo, 11 de janeiro de 1985. Vide também: *Articulação*, 21 de junho de 1985.
SECRETARIA de Finanças do DM PT/SP, Recibo 0074/89. No emaranhado de papéis sobre o Núcleo USP, encontram-se até notas velhas de 10 e 50 cruzados e cheques assinados e jamais descontados.
SECRETARIA Nacional de Formação Política. "O PT para Novos(as) Filiados(as)". *Cadernos de Formação*, n. 4. São Paulo, 1999.
SOBRE A SAÍDA *da Vertente Socialista da CUT pela Base*. São Paulo, março de 1991. Também: *Circular*, São Paulo, junho de 1991.
SOCIALISMO: *Princípios, Práticas e Perspectivas*. Moscou, Agência Novosti, números de março, junho e outubro de 1987.

TEIXEIRA, Eros. *Independentes do PT: O Futuro lhes Pertence*. Rio de Janeiro, 3 de fevereiro de 1981, mimeo.
*TEORIA e Debate*.
UNIDADE *da Classe Operária*. São Paulo: PC do B – Comitê Regional, 1981, ano 1.
VAPTVUPT, *Boletim dos núcleos do PT Popular*, Mooca, São Francisco, Bebidas, Minérios, Brinquedos, n. 12, abril de 1993.
*VEJA*.
VIANNA, G. *A Revolta dos Bagrinhos*. S./d.
*Voz da Unidade*.

## Depoimentos, Cartas etc.

Conversa com Elói Pietá, Brasília, 27 de fevereiro de 2011.
Mensagem eletrônica de Vladimir Milton Pomar, março de 2011.
Entrevista com Maria Alice Viciros, março 2011.
Depoimento de Antonio Carlos de Andrade, 16 de março de 2011.
Depoimento de Antonio Donato, mensagem eletrônica ao autor, fevereiro de 2011.
Depoimento de Flavio de Campos, 17/02/2011.
Depoimento de Marcos Cordeiro Pires, fevereiro de 2011.
Depoimento de Maria Helena Lopes, Brasília, 26 de fevereiro de 2011.
Depoimento de Rogério Chaves, 2 de março de 2011.
Depoimento de Sergio Domingues, 16 de março de 2011.
Conversa pessoal com Claudio Barroso durante a festa de 31 anos do PT/SP.

Depoimento de Cloves Castro durante a festa de 31 anos do PT/SP.

Depoimento de Ioná Gabrielli, Brasília, 26 de fevereiro de 2011.

Mensagem eletrônica de Valter Pomar, fevereiro de 2011.

Mensagem de Marco A. Piva (SP).

## Bibliografia (Livros, Artigos, Teses, Dissertações)

ALMEIDA, Alberto C. *Por que Lula?* São Paulo, Record, 2006.

AMARAL, Oswaldo M. E. *As Transformações na Organização Interna do Partido dos Trabalhadores 1995 e 2009*. Universidade Estadual de Campinas, 2010.

ANTUNES, R. *Uma Esquerda Fora de Lugar*. Campinas, Autores Associados, 2006.

ARCARY, Valério. "Qual É a Tua, Convergência?" *Teoria e Debate*, n. 10. São Paulo, abr./maio/jun. 1990.

AZEVÊDO, Alessandro Augusto. *Sem Medo de Dizer Não: O PT e a Política no Rio Grande do Norte (1979-1990)*. Natal, Universidade Federal do Rio Grande do Norte, 1996 (dissertação de mestrado).

AZEVEDO, Ricardo. "Uma Varinha de Condão?" *Teoria e Debate*, n. 4. São Paulo, setembro de 1984.

\_\_\_\_\_. *Por um Triz: Memórias de um Militante da AP*. São Paulo, Plena, 2010.

BAIA, Paulo Fernandes, *A Economia Política do Partido dos Trabalhadores. Um Estudo sobre o Discurso Petista (1979-1994)*. São Paulo, PUC-SP, 1996.

BATISTONI, Maria Rosângela. *Entre a Fábrica e o Sindicato: Os Dilemas da Oposição Sindical Metalúrgica de São*

*Paulo (1967-1987)*. São Paulo, PUC, 2001, p. 216 (tese de doutorado).

BELANDI, Eduardo. "Hegemonia e Democracia: Ensaio sobre o PT no seu Trigésimo Aniversário". *Mouro: Revista Marxista*, n. 3, julho de 2010.

BENJAMIN, C. & ARAÚJO, T. B. *Brasil: Reinventar o Futuro*. Rio de Janeiro, Sindicato dos Engenheiros, 1995.

BERBEL, Marcia. *Partido dos Trabalhadores: Tradição e Ruptura na Esquerda Brasileira*. São Paulo, FFLCH-USP, 1991 (dissertação de mestrado).

BETTO, Frei. *Lula: Biografia Política de um Operário*. São Paulo, Estação Liberdade, 1989.

BITTAR, J. (org). *O Modo Petista de Governar* (Prefácio de Lula). PT – Diretório Regional de São Paulo, 1992.

BOBBIO, Norberto. *Destra e Sinistra*. Roma, Donzelli, 1995.

BORGES JÚNIOR, Lauro Luis. *As Relações Perigosas: O PT e o Governo Municipal de Pelotas (2001-2004)*. Pelotas, UFPE, 2009 (dissertação de mestrado).

BORGES, Arleth S. *A Construção do Partido dos Trabalhadores no Maranhão*. Campinas, Unicamp, 1998 (dissertação de mestrado).

BRAUDEL, F. *Ecrits sur L'Histoire*. Paris, Flammarion, collection Science, 1969.

CAMAROTTI, G. & LA PEÑA, B. *Memorial do Escândalo*. São Paulo, Geração Editorial, novembro de 2005.

CARDOSO, E. & HELWEGE, A. *A Economia da América Latina*. São Paulo, Ática, 1993.

CARONE, Edgard. *A II Internacional pelos seus Congressos*. São Paulo, Edusp, 1993.

Carvalho, Apolônio. "Momento de Exclusão". *Teoria e Debate*, n. 9. São Paulo, jan./fev./mar. 1990.

Cavalcante, F. & Vieira, Ruth H. G. *Comunicação Militante. O Papel da Comunicação no Governo de Belém (1997-2000)*. S.l.p, 2000.

Cavalcanti, L. O. *Como a Corrupção Abalou o Governo Lula*. Rio de Janeiro, Ediouro, 2005.

Cesar, B. T. *pt: A Contemporaneidade Possível (1980-1991)*. Porto Alegre, ufrgs, 2001.

Cesar, Benedito Tadeu. *Verso, Reverso, Transverso. O pt e a Democracia no Brasil*. Campinas, Unicamp, 1995 (tese de doutorado).

Chaia, Miguel. *Intelectuais e Sindicalistas: A Experiência do dieese 1955-1990*. Ibitinga, Humanidades, 1992.

Chaia, Vera. *A Liderança Política de Jânio Quadros*. Ibitinga, Humanidades, 1991.

Chauí, M. et. al. *Leituras da Crise – Diálogos sobre o pt, a Democracia Brasileira e o Socialismo*. São Paulo, Editora Perseu Abramo, 2006.

Coggiola, Osvaldo. *Fome, Capitalismo e Programas Sociais Compensatórios*. São Paulo, usp, 2008, inédito.

Conceição Tavares, M. *Folha de S. Paulo*, 4 de dezembro de 1994.

Corrêa, H. *O abc de 1980*. Rio de Janeiro, Civilização Brasileira, 1980.

Dacanal, J. H. & Weber, J. H. *A Nova Classe. O Governo do pt no Rio Grande do Sul*. 3 ed. Porto Alegre, Novo Século, 1999.

Dias, Reginaldo. "A Trajetória do pt em Maringá". Perseu, n. 7, 2011.

Dirceu, José. *Repensar o Brasil*. Brasília, Câmara dos Deputados, 2001.

Doimo, A. M. "Os Rumos dos Movimentos Sociais nos Caminhos da Religiosidade". In: Krischke, P. J. & Mainwaring, S. (orgs.). *A Igreja nas Bases em Tempo de Transição (1974-1985)*. Porto Alegre, LPM, 1986.

Dulci, Luiz. "Os Intelectuais e a Criação do PT". In: Aguiar, Flavio (org.). *Antonio Candido: Pensamento e Militância*. São Paulo, Editora Fundação Perseu Abramo, 1999.

Erundina de Souza, L. *Exercício da Paixão Política*. São Paulo, Cortez Editora, 1991.

Fausto, B. *História do Brasil*. São Paulo, Edusp, 1996.

Fernandes, Florestan. *As Lições da Eleição*. Brasília, Câmara dos Deputados, 1990.

_____. *O PT em Movimento*. São Paulo, Cortez/Autores Associados, 1991.

Fernandes, Marcos I. *O PT no Acre*. Natal, UFRN, 1999.

Ferreira, Jaqueline. *O Partido dos Trabalhadores e os Núcleos de Base*. Marília, Unesp, 2008 (dissertação de mestrado em Ciências Sociais).

Ferreira, M. M. & Fortes, A. (orgs.). *Muitos Caminhos, uma Estrela: Memórias de Militantes do PT*. São Paulo, Editora Fundação Perseu Abramo, 2008.

Fialho, Carlos E. M. *Enfim Sós: O Partido dos Trabalhadores e o Poder no Município de Campinas*. Campinas, Unicamp, 1999 (dissertação de mestrado).

Gadotti, M. & Pereira, O. *Pra que PT. Origem, Projeto e Consolidação do Partido dos Trabalhadores*. São Paulo, Cortez, 1989.

GAGLIETTI, Mauro. *Ambivalências de uma Militância*. 2. ed. Porto Alegre, edição do autor, 2003.

GARCIA, Cyro. *Partido dos Trabalhadores: Rompendo com a Lógica da Diferença*. Niterói, Universidade Federal Fluminense, 2000 (dissertação de mestrado).

GENOÍNO NETO, J. *Entre o Sonho e o Poder*. São Paulo, Geração Editorial, 2006.

GENOÍNO, José. *Repensando o Socialismo*. Prefácio de Tarso Genro. São Paulo, Brasiliense, 1991.

GIANOTTI, V. & NETO, S. *CUT por Dentro e por Fora*. 2. ed. Petrópolis, Vozes, 1991.

GOMES, Luiz Marcos. *Os Homens do Presidente*. São Paulo, Viramundo, 2000.

GORENDER, J. *Marxismo sem Utopia*. São Paulo, Ática, 1999.

GRAMMONT, Júlio de. "A Bandeira e o Domec". *Linha Direta*, n. 258. São Paulo, 23 a 29 de março de 1996.

GUATARRI, F. *Lula (Entrevista)*. São Paulo, Brasiliense, 1982.

GUIMARÃES, J. "A Estratégia da Pinça". *Teoria e Debate* n. 12. Out./nov./dez. 1990.

GURGEL, C. *Estrelas e Borboletas*. Rio de Janeiro, Papagaio, 1989.

HABERMAS, J. "Teoria Política". *Cadernos da Escola do Legislativo*. Belo Horizonte, 1995.

HARNECKER, Marta. *O Sonho Era Possível*. São Paulo, Mespla, 1994.

HECK, Selvino & RECH, Hildemar. *A Conjuntura, o PT, a Democracia e o Socialismo*. Porto Alegre, Assembleia Legislativa do Rio Grande do Sul, 1987.

HOBSBAWM, E. *Mundos do Trabalho*. Rio de Janeiro, Paz e Terra, 1987.

Hobsbawm, Eric. *Interesting Times*. London, Penguin, 2002.
Holanda Barbosa, F. de. "As Origens e Consequências da Inflação na América Latina". *Pesquisa e Planejamento Econômico*, 19 (3). Rio de Janeiro, dezembro de 1989.
Jacino, R. *Histórico de uma Candidatura Operária*. São Paulo, SCI, 1987.
Keck, Margareth. *A Lógica da Diferença: o Partido dos Trabalhadores na Construção da Democracia Brasileira*. São Paulo, Ática, 1991.
Kowarick, L. & Singer, A. "A Experiência do Partido dos Trabalhadores na Prefeitura de São Paulo". *Novos Estudos Cebrap*, n. 35, 1993.
Kucinski, Bernardo. *As Cartas Ácidas na Campanha de Lula de 1998*. São Paulo, Ateliê, 2000.
Kurz, R. *O Colapso da Modernização*. Rio de Janeiro, Paz e Terra, 1992.
Lênin, V. I. *Que Fazer?* Apresentação de Florestan Fernandes. São Paulo, Hucitec, 1979.
Lima, Tatiana Polliana Pinto de. *A Concepção de Educação do Partido dos Trabalhadores (PT): Marcos Institucionais e Registros Documentais*. Campinas, Unicamp, 2004 (dissertação de mestrado).
Lopes, Walson. *Da Negação à Integração: Um Estudo da Trajetória Política do Partido dos Trabalhadores (1979-2002)*. São Paulo, PUC, 2009 (dissertação de mestrado).
Macedo, F. B. *Vidas Operárias: Redes Informais de Sociabilidade e Formação da Classe Operária em São Bernardo do Campo (1960-1980)*. São Paulo, USP, 2007.
Machado, A. "Os Católicos e o Partido dos Trabalhadores". *Perseu*, n. 7, 2011.

Maciel, David. *De Sarney a Collor: Reformas Políticas, Democratização e Crise (1985-1990)*. Goiânia, UFG, 2008.

Maringoni, Gilberto. *Um Novo Pacto de Classes?* http://www.cartamaior.com.br/templates/colunaMostrar.cfm?coluna_id=5055.

Marossi, Tânia M. *Utopia e Realidade: Os Núcleos de Base do PT na Cidade de São Paulo nos Anos 80*. São Paulo, PUC, 2000 (dissertação de mestrado).

Martinez, Paulo. H. "O Partido dos Trabalhadores e a Conquista do Estado". In: Reis, D. A. & Ridenti, M. (orgs.). *História do Marxismo no Brasil*, vol. 6, 2007.

Mazzucchelli, F. *Os Anos de Chumbo. Economia e Política Internacional no Entreguerras*. Campinas, Unesp, 2009.

Mendes, Leandro de Aquino. *O Povo de Deus na Política: Partido dos Trabalhadores e Igreja Católica em Montes Claros – MG na Década de 1980*. Universidade Federal de Uberlândia, 2010 (dissertação de mestrado).

Meneghello. *PT: A Formação de um Partido: 1972-1982*. Rio de Janeiro, Paz e Terra, 1989.

Menegozzo, C. H. M. *Partido dos Trabalhadores:* Bibliografia Comentada (1978-2002). São Paulo, Fundação Perseu Abramo, 2013.

Menezes Braz, A. *Nossa Luta. PT Barretos*. 2 ed., Slp: s./d.

Melo, C. *Collor: O Ator e suas Circunstâncias*. São Paulo, Novo Conceito, 2007.

Miranda, N. *Memória Essencial. A Trajetória Vitoriosa do PT em Minas Gerais*. Belo Horizonte, 2000.

Musse, Ricardo. "As Aventuras do Marxismo Brasileiro". São Paulo, USP – LeMarx, 2010 (inédito).

_____. "Prefácio". In: IASI, M. *O PT Entre a Negação e o Consentimento*. São Paulo, Expressão Popular, 2006.

NOGUEIRA, Marco; CAPISTRANO FILHO, David & GUEDES, Cláudio (orgs.). *O PCB em São Paulo: Documentos 1974-1981*. São Paulo, Livraria Ciências Humanas, 1981.

NOVAES, Carlos A. Marques. "PT: Dilemas da Burocratização". *Novos Estudos Cebrap*, n. 35, 1993.

NUNES, Paulo G. A. *O Partido dos Trabalhadores e a Política na Paraíba: Construção e Trajetória do Partido no Estado (1980-2000)*. João Pessoa, Sal da Terra, 2004.

OLIVEIRA, F. In: SADER, E. (org.). *E Agora PT?* São Paulo, Brasiliense, 1986.

OLIVEIRA, Isabel. *Trabalho e Política: As Origens do Partido dos Trabalhadores*. Petrópolis, Vozes, 1988.

OZAÍ DA SILVA, A. "Caminhando para o Centro: Uma Análise da Conjuntura Interna do Partido dos Trabalhadores no Processo de Eleições Diretas de 2007". *Revista Espaço Acadêmico*, n. 78, novembro de 2007.

_____. *História das Tendências no Brasil*. São Paulo, 2. ed. São Paulo, s./d.

PALOCCI, Antonio. *Sobre Formigas e Cigarras*. São Paulo, Objetiva, 2007.

PARANÁ, Denise. *Lula, o Filho do Brasil*. São Paulo, Fundação Perseu Abramo, 2009.

PAZ, Luiz P. *O Exemplo e as Ideias Permanecem*. São Paulo, s./ed., 2002.

PEDROSA, M. *Sobre o PT*. São Paulo, Ched, 1980, pp. 83-106.

PERICÁS, Luiz B. *Che Guevara and the Economic Debate in Cuba*. Atropos, 2009.

Petit, Pere. *A Esperança Equilibrista: A Trajetória do PT no Pará*. São Paulo, Boitempo, 1996.

Pinto, Carolina Júlia. *História do Partido dos Trabalhadores na Grande Vitória (1975-2000)*. Comunicação apresentada na UFES, s./d.

Pomar, Pedro E. R. *Comunicação, Cultura de Esquerda e Contra-hegemonia: O Jornal Hoje (1945-1952)*. São Paulo, ECA--USP, 2006 (tese de doutorado).

Pomar, Valter. *A Metamorfose. Análise Econômica, Programa e Estratégia Política do Partido dos Trabalhadores: 1980-2005*. São Paulo, USP, 2005.

Poppino, R. *International Communism in Latin America: A History of the Movement 1917-1963*. London/New York, Macmillan, 1966.

*Proposta de Manifesto de Reconstrução da UNE*. São Paulo, DCE--USP, 1979.

Ribeiro, P. F. *Dos Sindicatos ao Governo: A Organização Nacional do PT de 1980 a 2005*. São Carlos (SP), Edufscar, 2010.

Rocha, Ronald. *Democracia Divina e Democracia Profana*. Belo Horizonte, Projeto, 1992.

Rodrigues Lidiane. "A Produção Social do Marxismo Universitário: Florestan Fernandes e um Seminário de Marx". São Paulo, USP, 2011, mimeo.

Rodrigues, Leôncio M. "Partidos, Ideologia e Composição Social". *Revista Brasileira de Ciências Sociais*, vol. 17, n. 48, fevereiro de 2002.

\_\_\_\_\_. "Tendências Futuras do Sindicalismo Brasileiro". *Revista de Administração de Empresas*, n. 4. Rio de Janeiro, FGV, dezembro de 1979.

_____. CUT: *Os Militantes e a Ideologia*. Rio de Janeiro, Paz e Terra, 1990.

_____. "Análise da Composição Social dos Partidos". *História Viva*. São Paulo, s./d.

Rovan, J. *Histoire de la Social-Démocratie Allemande*. Paris, Seuil, 1978.

Salomão, Roberto Elias. *Os Anos Heróicos: o Partido dos Trabalhadores do Paraná do Nascimento até 1990*. Curitiba, PT, 2010.

Santana, Marco A. "Esquerdas em Movimento: A Disputa entre PCB e PT no Sindicalismo Brasileiro dos Anos 1970/1980". *Revista Perse*, n. 1, dezembro de 2007.

Santos, Agnaldo. *Juventude Metalúrgica e Sindicato. ABC Paulista, 1999-200*. São Paulo, Edição do Autor, 2010.

Santos, Fernando Silva. *Os Efeitos da Modernização Conservadora na Luta Política e Sindical dos Trabalhadores no Sudoeste Goiano: O Bonapartismo, a Autocracia Burguesa e o Partido dos Trabalhadores (1975-1982)*. São Paulo, PUC, 2010.

Santos, J. A. F. *Estrutura de Posições de Classe no Brasil*. Belo Horizonte, UFMG, 2002.

Santos, M. *A Urbanização Brasileira*. São Paulo, Hucitec, 1993.

Santos, Nilton C. M. *Resgate da História. Partido dos Trabalhadores*. São Paulo, STS, 2003.

Secco, L. *Caio Prado Junior: O Sentido da Revolução*. São Paulo, Boitempo, 2009.

Silva, Carmem Sílvia Maria. *Contribuições para uma Análise da Política de Formação do PT*. São Paulo, PUC, 1996 (dissertação de mestrado em História e Filosofia da Educação).

Singer, André. "A Segunda Alma do Partido dos Trabalhadores". *Novos Estudos Cebrap*, n. 88, dezembro de 2010.

_____. "Raízes Sociais e Ideológicas do Lulismo". *Novos Estudos Cebrap*, n. 85, novembro de 2009.

_____. "O PT". *Folha de S. Paulo*. São Paulo, 2001.

SINGER, Paul. "Inflação e Mercado como Sistemas Alternativos de Regulação". *Estudos Avançados*, vol. II, n. 3. São Paulo, set./dez. 1988.

_____. "A Fundação". *Folha de S. Paulo*, 14 de fevereiro de 1980.

_____. "Reflexões sobre Inflação, Conflito Distributivo e Democracia". In: REIS, F. W. & O'DONNEL, G. (orgs.). *A Democracia no Brasil: Dilemas e Perspectivas*. São Paulo, Vértice, 1988, p. 128.

_____. "Desemprego e Exclusão Social". In: SECCO, L. & SANTIAGO, C. (orgs.). *Um Olhar que Persiste. Ensaios sobre o Capitalismo e o Socialismo*. São Paulo, Anita, 1997.

SKIDMORE, Thomas. *Brasil: de Castelo a Tancredo*. Rio de Janeiro, Paz e Terra, 1988.

SODRÉ, N. M. *Memórias de um Soldado*. Rio de Janeiro, Civilização Brasileira.

SOUZA, Lincoln M. "Das Marcas do Passado à Primeira Transição do PT". *Perseu*, n. 2. São Paulo, agosto de 2008.

TAVARES, Julio & MONTE, Gonzaga. *PT Diadema: Uma História de Militância e Luta*. São Paulo, Terra das Artes Ed., 2004.

TEIXEIRA, J. P. *Escritos Militantes*. Florianópolis, Edição do Autor, 1996.

VENTURI, Gustavo, "PT 30 Anos: Crescimento e Mudanças na Preferência Partidária. Impacto nas Eleições de 2010". *Perseu*, n. 5. São Paulo, julho de 2010.

VINICIUS, Leo. *Guerra das Tarifas*. São Paulo, Faísca, 2006.

VISCOVINI, Lenir F. *A Política Cultural do Partido dos Trabalha-*

*dores em Santo André: Da Inovação à Tradição.* Campinas, Unicamp, 2005 (dissertação de mestrado).

WALESA, Lech. *Um Caminho de Esperança.* São Paulo, Best Seller, 1987.

WEFFORT, F. (org.). PT: *Um Projeto para o Brasil.* São Paulo, Brasiliense, 1989.

WEFFORT, Francisco C. *Participação e Conflito Industrial: Contagem e Osasco 1968.* Cadernos Cebrap.

## *Arquivos*

CEDEM – Centro de Documentação e Memória (Unesp)

CENTRO SERGIO BUARQUE DE HOLANDA – Fundação Perseu Abramo

ACERVOS PESSOAIS: Eduardo Bellandi, Ciro Seiji Yoshiyasse, Lincoln Secco, Agnaldo dos Santos.

BIBLIOTECA DO NÚCLEO de Estudos de *O Capital* – PT / SP.

# Índice Onomástico

Abramo, C. W.: 226 (n)
Abramo, Fulvio: 109, 152
Abramo, Laís W.: 39 (n)
Abramo, Perseu: 90, 112
Ab'Saber, Aziz: 164
Afif Domingos, Guilherme: 134
Aguiar, Flavio: 26/27 (n)
Alckmin, Geraldo: 191 (n), 236
Alencar, José de: 205, 225
Almeida, Alberto C.: 198 (n)
Almeida, Jorge: 191 (n)
Almeida, José Maria de: 303
Altman, Breno: 111
Altman, Max: 111
Amadeo, Edward: 164
Amâncio, Osmarino: 52
Amano, Takao: 10
Amaral, Amadeo: 10
Amaral, Maria Helena: 139
Amaral, Oswaldo: 282 (n), 283 (n)

Amazonas, João: 134
Amorina, Henos: 41, 43
Anderson, Perry: 200, 256
Andrade, Antonio Carlos: 10, 52 (n)
Andrade, Firmo: 43
Andrade, Marília: 112
Andrade, Santiago: 277
Angelo, V.: 44 (n)
Antunes, R.: 228 (n), 232 (n)
Arantes, Paulo: 274 (n)
Araújo, T. B.: 37 (n)
Arbix, Glauco: 95 (n)
Arcary, Valério: 156 (n), 303
Arns, Dom Paulo Evaristo: 179
Arns, Flávio: 291
Arraes, Miguel: 118
Auto, Francisco: 43
Azeredo, Eduardo: 213, 230
Azevêdo, Alessandro Augusto: 52 (n), 65 (n)

327

Azevedo, C. B.: 92 (n), 172 (n)
Azevedo, Ricardo: 47 (n), 49 (n), 57 (n), 91 (n), 112

Babá: 156 (n)
Bagé: 61
Baia: 133 (n)
Barbalho, Jader: 55
Barbosa, F. Holanda: 170 (n)
Barbosa, Wilson do Nascimento: 180 (n)
Barros, Ademar de: 32 (n)
Barroso, Claudio: 10
Batistoni, Maria Rosângela: 287 (n)
Bellandi, Eduardo: 9, 34 (n), 244 (n), 293 (n)
Benevides, Wagner: 41, 43
Benjamin, C.: 37 (n), 175
Berbel, Marcia: 41 (n), 42 (n), 47 (n)
Berliguer, Enrico: 72
Bernardi, Iara: 58 (n)
Bernstein: 173
Berzoini, Ricardo: 195, 209, 221, 222, 225, 237, 305
Beuys, Joseph: 267
Bicudo, Hélio: 28, 152, 290
Bisol, J. P.: 135, 176
Bittar, Jacó: 41, 43, 165 (n)
Boito, Misa: 303
Bom, Djalma: 29 (n), 63, 95, 119

Bonaparte, Luiz: 145
Boni: 131-132
Borges Júnior, Lauro Luis: 57 (n)
Borges, Arleth S.: 43 (n), 54 (n), 57 (n), 64 (n), 86 (n)
Borges, Carlos: 42
Bornhausen, Jorge: 220
Braga, Maria S. S.: 44 (n)
Brandão, M. A.: 78 (n)
Brizola, Leonel: 72 (n), 134, 137, 190, 200
Bruno, Walcir: 9
Buaiz, Vitor: 51, 129
Buarque, Cristovam: 198
Bucci, Eugênio: 112

Caiado, Ronaldo: 130, 134
Camargo, José Marcio: 164
Camargo, Robson: 41
Camarotti, G.: 218 (n)
Campos, Flavio de: 10, 71 (n)
Candido, Antonio (*ver* Bagé): 61
Candido, Antonio: 217
Canuto, Tibério: 10, 126 (n)
Capistrano Filho, David: 72 (n)
Caproni, Anaí: 303
Cardoni, Edson: 130
Cardoso de Mello, Zélia: 166
Cardoso, Fernando Henrique: 25, 117, 154 (n), 165, 166, 168, 173, 177, 178, 189-192, 197, 201, 205, 217, 289
Cardoso, Irede: 76

Cardoso, Ruth: 173
Cardozo, José Eduardo: 238, 271, 276
Carneiro, Henrique: 10
Carone, Edgard: 258 (n)
Carreira, Evandro: 60
Carvalho, Apolônio: 30, 155 (n), 156 (n)
Carvalho, Gilberto: 56, 108
Carvalho, L. M.: 176 (n)
Casimiro, Fabio Rogério: 10
Castelucci Jr., Wellington: 10, 163 (n)
Castelucci, Aldrin: 10
Castro, Cloves: 10, 271 (n)
Cavalcanti, L. O.: 219 (n), 229 (n)
Cavalcanti, Severino: 214
Cechinel, Luiz Antonio: 60
Cesar, Benedito Tadeu: 48 (n), 61 (n)
Chaia, Miguel: 38 (n)
Chaia, Vera: 117 (n)
Chauí, Marilena: 221
Chaves, Aureliano: 134
Chaves, Rogério: 10, 108 (n), 111 (n)
Chávez, Hugo: 228
Cheida, Luiz Eduardo: 165
Chinaglia, Arlindo: 194, 237, 303
Cicote, José: 95
Cipriano, Perly: 51
Coggiola, Osvaldo: 10
Cole, G. D. H.: 260 (n)

Collor de Mello, Fernando: 107 (n), 134, 137-139, 141, 142, 155, 157, 166, 167, 176, 289
Collor, Leopoldo: 139
Collor, Rosane: 107 (n)
Conceição, Manoel da: 30, 43, 56-57, 59, 303
Cordeiro, Miriam: 139
Corrêa, Fabio Rogério C.: 58 (n)
Correa, R.: 241
Coser, João Carlos: 51
Costa, Caio Túlio: 141 (n)
Costa, Emilia Viotti da: 17
Costa, Manoel da Silva (*ver* Manuca): 54
Couto e Silva, General Golbery do: 72
Couto, A. Paula: 141 (n)
Couto, C. G.: 129 (n)
Covas, Mário: 134, 137, 152 (n), 177
Cunha, João Paulo: 213, 214, 290

Dacanal, J. H.: 59 (n)
Dallari, Pedro: 304
Daniel, Celso: 91, 204
Dávalos, Pablo: 280 (n)
Deaecto, Marisa Midori: 10
Delfim Netto, A.: 38, 203
Delgado, Paulo: 129
Dias, Natacha: 76 (n)
Diniz, Abílio: 138-140
Diniz, Freitas: 44, 60, 61

Diniz, Waldomiro: 213, 290
Diogo, Adriano: 278 (n)
Dirceu, José: 10, 95, 145, 174, 175, 189, 190, 194, 195, 198-201, 209, 210, 215-218, 223, 225, 226, 236, 258, 275, 290, 296, 303-304
Doimo, A. M.: 78 (n)
Domingues, Sergio: 9
Donato, Antonio: 10, 43 (n), 273
Duarte, Ozéas: 108
Dulci, Luiz: 26 (n), 43, 69 (n)
Dutra, José Eduardo: 198, 209, 238, 291, 305
Dutra, Olívio: 43, 59, 129, 198, 209, 290, 304
Duverger, Maurice: 31

Engels: 77
Erundina de Souza, Luiza: 53, 76, 85, 92, 129, 131, 134, 136, 148 (n), 158, 182, 289
Escouto, A. C.: 124 (n)
Eudes, José: 116, 288

Falcão, Rui: 108, 112, 160, 174, 193, 196 (n), 276, 278, 291, 303-305
Faoro, Raimundo: 135
Farias, Lindbergh: 157, 271
Farias, P. C.: 157
Fausto, Boris: 37 (n)
Fernandes, Florestan: 30, 39, 75 (n), 89, 128, 129, 133, 142, 152, 153 (n), 174, 260, 285
Fernandes, Marcos I.: 53 (n)
Ferreira Neto: 141
Ferreira, Jaqueline: 86 (n)
Ferreira, Kennedy: 10
Ferreira, M. M.: 29 (n), 53 (n), 55 (n), 63 (n), 69 (n)
Feuerwerker, Alon: 234 (n)
Fialho, Carlos E. M.: 85 (n)
Figueiredo, João Batista: 42
Filippi: 103
Fleury Filho, Luiz Antônio: 139
Fontenelle, Maria Luíza: 53, 117
Fornazieri, A.: 147 (n), 152
Fortes, A.: 29 (n), 53 (n), 55 (n), 63 (n), 69 (n)
Francenildo: 245
Francis, Paulo: 141
Franco, Augusto de: 154, 173, 303
Franco, Gilmara: 10
Franco, Gustavo: 167
Franco, Itamar: 158, 159, 167, 168, 289
Franco, Luis Fernando: 9
Frei Betto: 30, 38 (n), 41, 45
Freire, Alípio: 95, 108
Freire, Roberto: 110, 134, 137
Freitas, José Eudes: 116

Gabeira, Fernando: 134
Gabrielli, Ioná: 10, 185 (n)
Gadotti, M.: 101 (n)

Gaglietti, Mauro: 183 (n), 184 (n)
Ganzer, Avelino: 55 (n)
Garcia, Cyro: 104 (n)
Garcia, Marco Aurélio: 95, 305
Garotinho, Antony: 190, 200
Gegê: (*ver* Silva, Luiz Gonzaga da)
Genoíno, José: 49 (n), 119, 120, 126, 129, 151, 152, 157, 172, 198, 209, 210, 213 (n), 216--218, 229, 275, 303-304
Genro, Luciana: 156 (n)
Genro, Tarso: 147 (n), 152, 157 (n), 218, 219, 303-304
Gianotti, V.: 40 (n)
Gomes, Luiz Marcos: 192 (n)
Gomes, Menezes: 10
Gomes, Rosa: 280 (n)
Gonçalves, R.: 269 (n)
Gorender, Jacob: 10, 256, 262
Goulart, João: 135
Goulart, Serge: 238
Graco, Caio: 111
Grammont, Demerval Julio de: 70, 305
Gramsci, Antônio: 21, 105, 244 (n), 251
Greenhalgh, Luiz Eduardo: 130, 214, 218, 278 (n), 285
Grossman, Henrik: 280 (n)
Guatarri, F.: 81 (n)
Guedes, Cláudio: 72 (n)
Guerra, Erenice: 240 (n), 245
Guimarães, J.: 145 (n)
Guimarães, Ulysses: 134, 137
Guimarães, Virgílio: 129, 213
Gurgel, C.: 102 (n), 118 (n), 130 (n)
Gurgel, Claudio Roberto Marques: 10
Gushiken, Luiz: 95, 129, 151, 209, 236, 304

Haddad, Fernando: 268, 271, 273, 278
Heloísa Helena: 290
Henfil: 251
Hernandez, Ignácio: 43
Hilário, Janaina Carla S. Vargas: 56 (n)
Hobsbawm, Eric: 201, 256, 262 (n)
Hoffmann, Gleisi: 305
Hohlfeldt, Antonio: 61

Ianni, Octávio: 75 (n)
Iasi, Mauro: 10, 46 (n), 145 (n), 173 (n), 195 (n), 253 (n), 261 (n)
Ibrahim, José: 43
Iliada, Iole: 10

Jacino, R.: 285 (n)
Jaruzelski, General: 71
Jefferson, Roberto: 215, 217, 226, 290
Jinkings, Ivana: 10
João Antônio: 193, 247
João Paulo II, Papa: 70
João Paulo: 198, 225
João XXIII, Papa: 260

Jorge, Eduardo: 81, 129, 159, 187, 191 (n), 304
José, Emiliano: 10
Jousselandiere, Victor Santos Vigneron de La: 10, 47 (n)
Justino, Antonio (*ver* Tonhão): 131

Keck, Margareth: 58 (n), 82 (n), 86 (n)
Khair, Edson: 35 (n), 42-43, 60
Kondratiev, Nikolai: 262, 263
Konopnicki, Guy: 250
Kowarick, L.: 96 (n)
Krischke, P. J.: 78 (n)
Kurz, Robert: 261

La Peña, B.: 218 (n)
Lacerda, Carlos: 227 (n)
Lacerda, Hamilton: 236
Lagoa, Maria I.: 174 (n)
Lajolo, Teresa: 76
Lênin: 92, 186, 261
Leonelli, D.: 113 (n)
Lianza, Sidney: 43
Lima, Tatiana Polliana Pinto de: 105 (n)
Lins, Luiziane: 51
Lopes, Iriny: 238
Lopes, Maria Helena: 10, 46 (n)
Lopes, Walson: 72 (n)
Lourenço, Theo: 270 (n)
Lula da Silva, Luiz Inácio: 16-17, 19, 21, 28, 30, 33, 38 (n), 39, 40, 41, 41 (n), 42, 43, 45, 48 (n), 49, 50, 55, 59, 60, 66, 67, 69-71, 73, 81 (n), 85, 87, 93, 95, 96, 101, 102, 107, 115, 119, 121, 129, 130, 132-135, 137-142, 151, 161-165, 169, 170, 172, 176-178, 189-191, 198-200, 202, 203, 205, 207-210, 212, 213, 215, 217, 218, 219 (n), 226 (n), 227-236, 239, 241-243, 246, 254, 256 (n), 264, 266, 267-270, 274 (n), 275, 285, 287-291, 293, 297, 303-305
Luxemburgo, Rosa: 280 (n)

Macedo, F. B.: 40 (n)
Machado, Antonio: 251
Machado, João: 112, 303
Maciel, David: 9, 61, 120 (n)
Maffei, Claudio: 58 (n)
Magela, Geraldo: 238
Magno, Athos: 95
Maia, Carlito: 92, 132, 183, 204, 305
Mainwaring, S.: 78 (n)
Maluf, Paulo: 32 (n), 134, 204
Mandel, Ernest: 95 (n)
Manuca: 54
Mao Junior, José R.: 9, 181 (n)
Maranhão, Bruno: 108, 291, 303
Maringoni, Gilberto: 9
Marinho, Mauricio: 214
Marossi, Tânia M.: 83 (n)

Martí, Gabriel (*ver* Glauco Arbix): 95 (n)
Martinez, Paulo Henrique: 9, 26 (n), 62 (n)
Martins, Caio: 273 (n), 274 (n)
Marx, Karl: 35, 77, 145, 147, 199, 261, 266
Mazzucchelli, F.: 168 (n)
Meirelles, Henrique: 207
Mello, Arnon de: 157
Mendes, Bete: 116, 288
Mendes, Chico: 52, 136
Mendes, Leandro de Aquino: 84 (n)
Mendes, Teodoro (emenda): 115
Mendonça, Duda: 204, 229
Meneghello: 81 (n)
Menezes, Gilson: 39 (n), 54, 103 (n)
Mercadante, Aloísio: 176, 198, 202, 269
Michels, Robert: 255, 256
Milhomem, Gumercindo: 129
Miranda, N.: 58 (n)
Miranda, Nilmario: 10
Moisés, José Álvaro: 95, 173
Monte, Gonzaga: 82 (n), 104 (n), 132 (n)
Montoro, Franco: 113
Moral, Francisco Hernandez Del: 10
Moro, Aldo: 140
Mota, Sergio: 190
Moura, P.: 171 (n)
Mourão, Nilson: 53
Musse, Ricardo: 10, 69 (n), 261 (n), 264 (n)

Neto, S.: 40 (n)
Neves, Aécio: 279
Neves, Tancredo: 72, 115-117, 288
Noce, Oswaldo: 58 (n)
Nogueira, M. A.: 72 (n)
Nonato, Raimundo: 285
Novaes, Carlos A. Marques: 79 (n)
Nunes, Paulo G. A.: 51 (n), 57 (n)

O'Donnel, G.: 171 (n)
Olitta, Henrique: 10
Oliveira, Antônio Carlos de: 60
Oliveira, D.: 113 (n)
Oliveira, Dante de: 115
Oliveira, Francisco de: 69
Oliveira, Isabel: 44 (n)
Olivetto, Washington: 141

Padre Josimo: 46
Paim, Paulo: 129
Palocci, Antonio: 165, 204, 207, 219, 236, 245 (n), 291
Palmeira, Vladimir: 129, 174
Paraná, Denise: 48 (n)
Passoni, Irma: 129
Passos, Edésio: 55
Paz, Francisco: 62
Paz, Luiz P.: 213 (n)
Pedrosa, Mário: 30, 36 (n)

Pêra, Marília: 137
Pereira, Hamilton: 53 (n), 174, 175
Pereira, Márcia: 10
Pereira, O.: 101 (n)
Pereira, Silvio: 216, 227 (n)
Pericás, Luiz B.: 9
Petit, Pere: 46 (n), 55 (n), 65 (n)
Pietá, Eloi: 10
Pih, Lawrence: 107
Pimenta, Rui Costa: 303
Pinheiro, Milton: 10
Pinheiro, Wilson: 52
Pinho, Valdemar Pereira: 57 (n)
Pinto, Carolina Júlia: 45 (n)
Pinto, Godofredo: 43
Pires, João Paulo: 129
Pires, Magno: 117
Pires, Marcos Cordeiro: 10, 71 (n)
Pires, Salvador: 10
Pires, Waldir: 118
Pogibin, Guilherme G.: 285 (n)
Pomar, Milton: 10, 111
Pomar, P. E. R.: 32 (n)
Pomar, Valter: 10, 73 (n), 104 (n), 187 (n), 214 (n), 221, 222, 225, 253 (n), 284 (n), 303
Pomar, Wladimir: 138-139, 265 (n), 277 (n)
Pont, Raul: 195, 221, 222, 225, 303
Poppino, R.: 32 (n)
Portugal, Augusto: 305 (n)

Prestes, Luiz Carlos: 134
Prestes: 72 (n)
Przeworski, Adam: 250 (n), 256 (n), 261

Quadros, Jânio: 32 (n), 117, 135, 228
Quadros, Julio: 195
Quércia, Orestes: 135, 138, 140

Rainha, José: 33
Rambo (policial): 104 (n)
Ramos, José Augusto da Silva (*ver* Zé Augusto): 131
Reagan, Ronald: 18
Rebelo, Aldo: 223, 271
Reis, D. A.: 26 (n), 62 (n)
Reis, F. W.: 171 (n)
Reisewitz, Marianne: 9
Restrepo, J. E.: 167 (n)
Ribeiro, Devanir: 95
Ribeiro, P. F.: 106 (n), 108 (n), 213 (n)
Ricci, Rudá: 10
Ricupero, Rubens: 177
Ridenti, M.: 26 (n), 62 (n)
Rocha, Ronald: 152, 303
Rodrigues, Leôncio M.: 27 (n), 249 (n)
Roio, Marcos Del: 10
Rosário, Maria do: 222, 303
Rouseff, Dilma: 16, 240-242, 245, 268-269, 275, 280-281, 290-291
Rovan, J.: 25 (n)

Sader, Eder: 112
Sader, Emir: 10, 69 (n), 202, 220
Safatle, Vladimir: 206 (n)
Saint-Hillaire, Auguste: 99
Salomão, Roberto Elias: 56 (n)
Sampaio, Plínio de Arruda: 103, 120, 129, 203 (n), 222, 224
Sandalo, Heitor: 9
Sandroni, Paulo: 75 (n)
Santana, Jaime: 45 (n)
Santana, Marco Aurélio: 67 (n)
Santiago, Tilden: 174, 195
Santillo, Henrique: 44, 60
Santo Antonio: 107
Santos, Agnaldo dos: 9
Santos, Agnaldo: 184 (n)
Santos, Fernando Silva: 60 (n)
Santos, Luciana: 225
Santos, M.: 37 (n)
Santos, Nilton C. M.: 53 (n)
Santos, Paulo de Tarso: 305
Santos, Valmir: 119
Sarney, José: 115, 118, 120 (n), 135
Scavone, Artur: 9, 303
Schacht, Hjalmar: 167
Secco, L.: 280 (n)
Serapicos, Mário: 305 (n)
Serra, José: 205, 236, 240, 245
Serra, Monica: 240
Silva, Antonio Messias da: 10
Silva, Arnóbio: 42
Silva, Benedita da: 63, 129, 190, 276 (n)

Silva, Carmem Sílvia Maria: 105 (n)
Silva, Edinho: 247
Silva, Fabrício P.: 113 (n)
Silva, Luiz Gonzaga da (*ver* Gegê): 222
Silva, Marina: 52, 279, 291
Silva, Vicente Paulo da (*ver* Vicentinho): 9, 136, 285 (n)
Simonsen, Mario Henrique: 38
Singer, André: 10, 96 (n), 118 (n), 140 (n), 211 (n), 235, 269
Singer, Paul: 10, 36 (n), 92, 116, 131 (n), 166 (n), 171
Siqueira, Geraldo: 30
Skidmore, Thomas: 45 (n)
Skromov, Paulo: 30, 41, 146 (n)
Soares, Airton: 115, 116, 288
Soares, Delúbio: 215, 216, 290, 291
Soares, Maurício: 67
Sodré, Nelson Werneck: 135
Sokol, Markus: 195, 222, 238, 303
Souza, Luiz Eduardo S.: 9
Souza, Raimundo Nonato de: 10
Spis, Antonio Carlos: 177
Suplicy, Eduardo: 117, 120, 131, 140, 198, 222 (n), 251 (n)
Suplicy, Marta Matarazzo: 182
Sylvestre, Vicente: 62

Tarso Venceslau, Paulo de: 112, 176, 289
Thatcher, Margareth: 18
Tatto, família: 193, 196 (n), 303
Tatto, Jilmar: 237
Tavares, Julio: 82 (n) 104 (n), 132 (n)
Tavares, Maria da Conceição: 167
Teixeira, Eros: 95 (n)
Teixeira, J. P.: 184 (n)
Teixeira, Roberto: 141, 289
Temer, Milton: 189
Tonhão: 131
Turra, Julio: 303

Vacarezza, Candido: 174, 193
Valente, Ivan: 126 (n), 303
Valério, Marcos: 213, 215, 216, 229, 230 (n)
Vares, Pilla: 147 (n)
Vargas, Getúlio: 16, 69, 135, 227, 228, 259
Venturi, Gustavo: 235 (n)
Viana, Jorge: 277 (n)

Vianna, Gilney: 94
Vicentinho: (*ver* Silva, Vicente Paulo da)
Vieira, Carlos Félix: 9
Vieira, Maria Alice: 10
Villa, M.: 44 (n)
Vinicius, Leo: 272 (n)
Viscovini, Lenir F.: 43 (n)

Wagner, Jaques: 174
Walesa, Lech: 70
Weber, J. H.: 59 (n)
Weffort, Francisco C.: 38 (n), 133 (n), 173

Yamasato, Ligia: 9
Yamashiro, Marisa: 9
Yoshiyasse, Ciro Seiji: II, 9, 181 (n), 293 (n)

Zé Augusto: 103, 131
Zeca: 225
Zimbarg, Luis: 10
Zózimo: 305 (n)

| | |
|---:|:---|
| *Título* | História do PT |
| *Autor* | Lincoln Secco |
| *Editor* | Plinio Martins Filho |
| *Produção editorial* | Aline Sato |
| *Capa* | Adriana Garcia |
| *Editoração eletrônica* | Adriana Garcia |
| | Camyle Cosentino |
| *Formato* | 11 x 18 cm |
| *Tipologia* | Adobe Garamond Pro |
| *Papel da capa* | Cartão LD 250 g/m² |
| *Papel do miolo* | Chambril Avena 80 g/m² |
| *Número de páginas* | 342 |
| *Impressão e acabamento* | Bartira Gráfica |